你不可不知的经济学定律

江　东◎编著

# 超有味经济学

西苑出版社
XIYUAN PUBLISHING HOUSE
北京

图书在版编目（CIP）数据

超有味经济学：你不可不知的经济学定律 / 江东编著.—北京：西苑出版社，2012.2
ISBN 978-7-5151-0154-5

Ⅰ.①超…　Ⅱ.①江…　Ⅲ.①经济学－通俗读物
Ⅳ.① F0-49

中国版本图书馆 CIP 数据核字（2012）第 017008 号

**超有味经济学：你不可不知的经济学定律**

编　　著　江东
责任编辑　刘荔　010-88637291
出版发行　西苑出版社
通讯地址　北京市海淀区阜石路15号　邮政编码：100143
　　　　　电　话：010-88624010　　传　真：010-88637120
网　　址　www.xycbs.com　E-mail：xycbs8@126.com
印　　刷　北京九天志诚印刷有限公司
经　　销　全国新华书店
开　　本　640mm×960mm　1/16
字　　数　180千字
印　　张　16
版　　次　2012年10月第1版
印　　次　2012年10月第1次印刷
书　　号　ISBN 978-7-5151-0154-5
定　　价　32.00元

# 前 言

如今，可以找出很多学习经济学的理由。比如理财的需要，比如经济活动在人们生活中的重要性提高后，掌握经济学知识可以多一种认识世界的角度，再比如交流和沟通的需要。在经济学知识需求暴涨的背后，渴望财富是很现实的动力。但是，经济学知识与财富获取能力是否成正比？从历史记录看，投资回报很高的经济学家有，比如凯恩斯。但也不乏真刀真枪一败涂地的例子，比如大经济学家费雪。

了解经济学有什么意义呢？经济学提供的理论框架给予人看待世界的某种角度。亚当·斯密在 18 世纪中叶出版了《道德情操论》、《国富论》两部伟大著作，这就是经济学的奠基之作。从书名可以看出，经济学脱胎于古典道德伦理哲学。现代经济学融汇了大量文明成果，它或许永远只能是“不精确的科学”，但它与几乎所有其他学科“交叉”的宽广，以及试图对所有与人有关问题“插嘴”的禀赋，使它既被用来解释柴米油盐的琐碎，也触及对宗教、哲学等玄妙范畴的追问。

在很多人的印象中，经济学是一门既枯燥又抽象的学科，太深奥太艰涩，还涉及很多数学模型和计算，这些都是经济学家玩的游戏，与普通民众无关。其实经济学正生动地编织着生活的方方面面，人们身边的大事小事都可以用经济学原理来一一破解，经济学也包含着许许多多生活小智慧，爱尔兰文豪萧伯纳就曾经说过：经济学是一门使人幸福的学问。

如今，工资越挣越多，为什么手头的钱却越来越不够花；日本发生大地震，中国内地却发生了盐荒；为了获得理想的婚姻，我们需要在茫茫人海中千挑万选……面对我们所迷惑的这些现象，我们有意无意地会联想到一些经济学知识。

萨缪尔森说得好："学习经济学并非要让你变成一个天才，但是不学经济学，命运很可能会与你格格不入。"无论是国际社会动向、政府决策，还是日常生活中的柴米油盐、衣食住行，我们都可以从经济学中获得有益的启示。对于每个人而言，自利是最高的价值导向，精于算计是所有人的行为标准；供需是市场经济的永恒主题，买卖中蕴涵无限的玄机；宏观经济的大势中，个人必须学会如何读懂宏观数据，从而做出某种经济决策；用经济学的眼光为人处世，会发现很多隐藏在个人行为背后的种种秘密。

本书从不同侧面通过经济学的表象剖析经济学的规律与法则。作为经济学的通俗读物，本书生动形象地将经济学的观点寓于故事、生活实例中，为你展示经济学真实的一面，并能让你随时随地在享受阅读的乐趣中学会实用的经济学知识。读完本书，你会发现，在那些你耳熟能详的故事中，在你每天都会见到的生活现象中，无不闪耀着经济学的光芒。

我们相信你是一个"理性人"，我们也相信这本书也能给你带来启发和收获。

# 目录

CONTENTS

## 第五章 消费迷局：需求背后的那只“推手” /081



## 第六章 第三只耳朵：为什么有些人总比我们多知道一些 /101



## 第七章 热点面面观：《新闻联播》里的经济学密码 /116

## 第十章　不是教你诈：人脉的法则 /169



## 第十一章　篮子里的鸡蛋：理财需要与经济学亲密接触 /182



## 第十二章　几斤几两的男女：你为自己的婚恋估算过市值吗 /199

# 第一章
# 从最基本的说起：进入经济学的奇妙世界

## 人人都精于算计——理性人假设

人们通常以为自利是可鄙的，无私是高尚的。在很多人的眼里，自利是无私的天然反对面。或许是人们憎恶人性“自利”的一面，“无私”总成为文人墨客笔下永远的追求，如清代小说《镜花缘》就为我们描述了一个“君子国”：

有一个君子国，在这个国家，人人都大公无私，绝不存半点私心。

君子国也有交易行为，但卖者却少要钱，而买者却要多给钱。以下是其中的一幕场景：

买东西的人说：“我向你买东西所付的钱已经很少了，你却说多，这是违心的说法。”

卖东西的人说：“我的货物既不新鲜，又很平常，不如别人家的好。我收你付价的一半，已经显得很过分，怎么可能收你的全价？”

买东西的人说：“我能识别好货物，这样好的货物只收半价，太有失公平了。”

卖东西的人又说：“如果你真想买，就照前价减半，这样最公平。如果你还说这价格太低了，那你到别的商家那儿去买，看还能不能买到比我儿这更贵的货物。”

他们一番争执不下，买东西的人给了全价，拿了一半的货物转身就走。卖主坚决不让走，路人驻足观看，都说买东西的人“欺人不公”。最后，买东西的人拗不过大家，只好拿了上等与下等货物各一半才离开。

“君子国”无疑是一个大公无私的社会。当然，现实生活中，这种完全利他的社会是不可能存在的。在社会以及经济活动中，人人都具有自利的一面。比如说买一件商品时，人们都希望买到“物美价廉”的商品，绝不会希望买“物次价高”的商品，因为在经济活动中人们都会保持最大的自利。

在经济学世界中，假定人人都是理性经济人，这是经济学的研究基础。经济学正是在理性经济人的假设下，研究资源既定的利益最大化问题：对个人是收入和效用最大化，对企业是利润最大化和企业资产价值最大化，对国家而言就是GDP和社会福利的最大化。

换句话说，经济学认为所有人一切行为的目标只为个人利益最大化。理性经济人假定人思考和行为都是目标理性的，唯一试图获得的经济好处就是物质性补偿的最大化。

亚当·斯密在《国富论》中的一段话对理性经济人有较为清晰的阐述：“我们每天所需要的食物和饮料，不是出自屠户、酿酒家和面包师的恩惠，而是出于他们自利的打算。我们不说唤起他们利他心的话，而说唤起他们利己心的话；我们不说我们自己需要，而说对他们有好处。”亚当·斯密的这段论述向我们表明：人和人之间是一种交换关系，能获得食物和饮料，是因为每个人都要获得自己最大的利益。

在经济学世界里，千差万别的活生生的人都是理性人：不懈地追求自身最大程度满足的理性的人。它包含两层意思：人是自利的，同时人又是理性的。也就是说，每个人做事情都是为了有利于自己，并且每个人都知道做什么事情和怎样做事情才能有利于自己。

显然，经济人都是自利的，以自身利益的最大化作为自己的追求。当一个人在经济活动中面临若干不同的选择机会时，他总是倾向于选择能给自己带来更大经济利益的那种机会，即总是追求最大的利益。

经济人的理性思维，就是每个人都知道自己的利益所在，都会用最好的办法去实现自己的利益。当然，这里的“理性”指的是有限理性。因为人不是全知全能的上帝，人的行为受到各种因素的制约，如占有信息的多少、理智和聪明的程度，以及外部条件的复杂多变使人难以驾驭等。尽管如此，每个人还是会尽力做出最有利于自己的决策。

一家商店正在清仓大甩卖，有一套餐具：8个菜碟、8个汤碗和8个点心碗，共24件，每件都完好无损。还有一套餐具，共40件，其中有24件和前面那套的种类大小完全相同，也完好无损；此外，还有8个杯子和8个茶托，不过有2个杯子和7个茶托已经破损了。在这种情况下，第二套餐具比第一套多出了6个好的杯子和1个好的茶托，但人们愿意支付的钱却反而少了。

大多数人做出这样的选择，无非出于这样的心理：一套餐具的件数再多，只要有一件破损，就认为整套餐具都是次品，理应价廉；而件数再少，如果全部完好，理所当然全都是合格品，当然应当高价。这就是有限理性的例子。

可能有人会有这样的疑问：如果人人都是理性人，都是理性且自利的，社会秩序不会变得紊乱？以亚当·斯密为代表的经济学家给出了这样的回答：“他追求自己的利益，往往使他能比在真正处于本意的情况下更有效地促进社会的利益。”也就是说，人人都是理性经济人，更能在客观上维护社会的秩序。

可以说，理性人假设是经济学的根基，没有理性经济人假设，就不能正确认识经济规律，也不可能制定切实可行的经济政策。但另一方面，我们也应该要看到理性经济人只是一种人性假设，在现实生活中，人不可能处处都以理性经济人的视角观察世界。

经济学认为所有人都是理性人，并不是赞扬利己性，只是承认它是无法更改的人性，承认理性人的存在只是对人类趋利本性的一个认识和引导。在现实的经济活动中，我们不可能为了实现自身利益最大化就不择手段，我们必须遵循市场经济的规律以及法律制度的约束。

## “石油战争”真的存在吗——稀缺性

“如果你控制了石油，你就控制了所有国家；如果你控制了粮食，你就控制了所有的人；如果你控制了货币，你就控制了整个世界。”亨利·基辛格的这句经典名言，至今还在警醒着人们石油、粮食和货币在全球经济中的重要作用。

德国经济学家威廉·恩道尔在其著作《石油战争》一书中写道："过去 100 年的历史，是为攫取和控制世界石油储备而战斗的历史，任何其他因素都不能与此相提并论。"石油这一战略资源，竟是推动历史发展的最大因素，这是危言耸听，还是最真实的解读？

2011 年前 5 个月，中国原油对外依存度达 55.2%，已超过美国 (53.5%)。工信部的数据表明，在美国着力摆脱"石油魔咒"之际，中国却陷入了"魔咒"之中。

最早把国家对进口原油过度依赖称为"石油魔咒"的，是美国白宫前能源安全顾问戴维·桑德罗。近年来，美国为摆脱"石油魔咒"实施了包括提高国内石油产量、扩大天然气消费、提高机动车能源利用效率以及鼓励新能源开发等多项举措。

众所周知，石油是一种资源，并被认为是现代经济的血液，如果没了它，对社会经济造成的后果将无法想象。按有关专家统计，地球上的石油资源 100 年后将面临枯竭。地球上的其他资源也一样，因为地球本身的容量是有限的，所以资源必定是稀缺的。正是资源的稀缺性，才导致了国与国之间对资源的争夺，而"石油战争"也就不可避免地会一再重演。

稀缺性的概念在整个经济理论中起着至关重要的作用，一些经济学家认为稀缺性是经济学存在的前提条件，所以往往用稀缺性来定义经济学。由于稀缺性的存在，决定了人们在使用经济物品中不断做出选择，如决定利用有限的资源去生产什么，如何生产，为谁生产以及在稀缺的消费品中如何进行取舍及如何用来满足人们的各种需求，这些问题被认为是经济学所研究的主题。

我们所处的社会最大的遗憾就在于：人的需求是无限的，而物质总是有限的。

满足这种欲望的物品，有的可以不付任何代价随意取得，称之为"自由取用物"，如阳光和空气。但绝大多数物品是不能自由取用的，因为世界上的资源（包括人力资源和物力资源）有限，这种有限的为获取它必须付出某种代价的物品，称之为"经济物品"。这样一方面人类对经济物品的欲望是无限的；另一方面用来满足人类欲望的经济物品却是有限的。相对于人类无穷的欲望而言，经济物品或生产这些经济物品的资源是不足的。这种获得人们所需物品上存在的自然限制叫“稀缺”，所以经济物品又称“稀缺物品”。

因此，稀缺不是就资源和物品的绝对数量而言，而是就有限的资源和物品相对于人类的欲望而言，所以它是相对的，但它又是绝对的，存在于人类的任何地方和任何时期，是人类普遍永恒的问题。

其实资源的稀缺性，有些是天生的，如金子、钻石等。有些是衍生的，如耕地。随着人口的增多，人均耕地越来越少，因为稀缺才能更显其价值。用经济学中的稀缺性解释我们生活中的许多现象，会使我们明白很多经济学道理。以近期炒得火热的停车位收费为例：

在北京的一些年代较久远的小区，由于先天规划不足，车位太少，每天停车像打仗，来晚了肯定就没有车位；而在新建的小区，车库、车位的价格甚至比车还贵，没买车库、车位的业主只得让爱车“露宿街头”。如今，业主租个车位每月要花数百元，而买个地下车库则要花十几万元。由于车位价格飙升，加之规划的车位数量满足不了迅猛增长的停车需求等诸多原因，车位悄然间变成了稀缺商品，停车费、车位费的价格也随之越炒越高。

现实生活中，有限的资源不可能使每个人都得到满足，因此，在资源稀缺的前提下，对于停车位来说，人们就必须出高价才能获得。这也正是“物以稀为贵”的一个佐证。

资源的稀缺性是经济学的前提之一。稀缺性对社会、对人们的生活产生巨大的影响。我们必须深刻认识稀缺性。

首先，稀缺性导致了竞争和选择。也就是说，稀缺性促进了社会的发展。想象一下，如果资源不是稀缺的，而是极大富足的，那么世界会完全变样。自然界中不会有优胜劣汰，不会有厮杀，每个生物都可以得到满足。人们不用工作，不用考虑买房子了，因为土地是富足的，不用考虑衣食住行，一切资源都是富足的。那这样的世界就没有任何活力，就会变成死水一潭，最终毁灭。

其次，资源的稀缺性是有历史条件的。古代、近代、现代甚至十年以前，人们认为缺少的东西，在现在看来很多都已经很丰富了，比如粮食、生活用品等。而以前清新的空气到处都会有，而现在却由于环境污染，人们很难享受到了。还有古代的陶器，当时很多，但现在却很少，非常珍贵。

再次，资源的稀缺性也是因人而异的。对于一个没有工作的闲人来说，时间对他是廉价的，而资本（也就是金钱）则是稀缺的；相反对于工作事业狂来说，时间对他可能是一个奢侈品，相对而言资本是富足的。对于处于正常社会中的人来说，黄金非常珍贵，但对于一个困在岛上生存面临威胁的人来说，则一块馒头比黄金要珍贵得多。

最后，稀缺资源可以通过交换来实现再分配。从经济学上来说，资源的分配不均必然要通过交换来实现。婚姻就是一个最实际的例子。比如对于一个身材相貌不如意而事业有成的男人来说，先天的条件是无法改变的，对他来说，可能高个子和帅哥脸这辈子都无法实现了，那么他会把希望寄予婚姻，希望他的另一半能够满足他的这些期望，因为相貌对于他来说是稀缺资源，相比较而言，事业和资本可能他不是很看重，因为这些对于他是富足的。人们总是希望利用自己富足的资源去交换他稀缺的资源。

总体看来，资源的有限性与人们无限需要之间的矛盾是人类社会最基本的矛盾，而且资源的有限性、人们需要的无限性以及它们之间的矛盾，已成为当今世界一个不可回避的基本的事实。

## 到月球上买块地——商品的属性

对于印度的第一颗绕月飞行器即将发射，塞康德拉巴德一家非常兴奋，因为户主拉杰泽夫相信他在月球表面拥有五英亩土地。

拉杰泽夫以每英亩 1400 卢比（约合 200 元人民币）的价格，通过一个网站取得了一份月球买卖契约文件。拉杰泽夫并不认为该项交易是个恶作剧，他骄傲地展示他的“月球共和国公民证”，上面有一个地址和显示他的月球地皮的确切位置的卫星图像。

拉杰泽夫说，该网站告诉他已有 800 万人购买了月球土地，而且快要卖光了。

据报道，兜售月球土地是美国人丹尼斯·霍普的发明。这位“疯狂老头儿”根据联合国20世纪60年代出台的《外层空间条约》中关于月球“不受任何一个国家单独支配”的规定，将月球甚至太阳系内除地球外的所有星球都注册到自己的名下，并成立了一家“月球大使馆”公司，专心做起了月球的房地产生意。

负责在以色列出售月球土地的“疯狂店铺”公司，也正是获得了霍普公司的授权才开始做这项买卖的。根据“疯狂店铺”公司网站上的标价，每500平方米的月球土地售价为60美元，每位购买者将同时获得一份制作考究的月球土地产权证书及一张印刷精美的月球照片。

如今很多人都把购买月球土地看成一项能带来高额回报的投资。“疯狂店铺”公司经理达尼埃尔对此解释说：“美国的月球计划让人们意识到，搬到月球上生活将逐渐变成现实。对月球开发开始后，它的地价一定会成倍增长。”

在月球买地，还有许多除地价增值之外的附加功能，如男方出大手笔买月球土地，来俘获情人或妻子的心；“粉丝”买月球土地，来讨好他的偶像等。

在月球上买地，看起来确实是一个疯狂的行为，因为迄今为止，能够到达月球的人为数不多，而月球表面恶劣的环境，也让人无法生存。那为什么“在月球买地”一经推出，却如此火暴呢？这就要涉及商品的属性问题。

商品之所以能用来交换，是因为商品具有两种属性：使用价值和价值。使用价值是物品能够满足人们某种需要的属性，它是商品的自然属性。价值是凝结在商品中的无差别的一般人类劳动，它是商品的社会属性，也是商品所特有的属性，是商品最本质的因素。

对于商品的使用价值来说，具有以下三个特点：

商品必须具有使用价值。人们去交换商品的时候，首先考虑的是商品对自己是否有用。没有用的东西，是不会有人去交换的。所以商品要想实现交换就必须得有用——即有使用价值。

不同的商品具有不同的使用价值。比如说：煤能够满足人们取暖、做饭的需要，而蔬菜可以满足人们吃饭的需要。煤、蔬菜是不同的商品，那么它们满足的也是人们不同的需求，即它们的使用价值是不同的。

同一种商品可以有不同的使用价值。举一个很简单的例子：手机，这样一种商品，具有很多功能，接打电话、发短信、发邮件、上网、娱乐、摄像，甚至有的手机还可以看电视。同样是一种商品，它就可以满足人们许多不同的需求，即手机这一种商品就有很多不同的使用价值。

对于商品的第二个属性——价值，我们可以这样来理解。

1 头牛能够和 300 斤大米相交换，是因为在生产过程中人类所耗费的无差别的人类劳动是相等的，也就是说它们的价值相等。其实这个道理很简单，比如说：我生产了一支圆珠笔，你生产了一台电脑，我想用我的圆珠笔换你生产的电脑，你愿意和我交换吗？当然没有人愿意换，因为这样做很不划算。生产圆珠笔和生产电脑所耗费的劳动是不相等的，即它们的价值不相等。

我们知道了使用价值和价值是商品的两个基本的属性，商品的这两个属性之间是什么关系呢？概括地说，它们的关系就是对立统一的关系。

统一表现在：商品是使用价值和价值的统一体，二者同时存在，缺一不可。这是因为：

作为商品，它的价值是离不开使用价值的，因为使用价值是价值的物质承担者，是价值实现的基础。没有使用价值就不能用于交换，不能用于交换就不是商品，不是商品也就没有价值。

作为商品，它的使用价值也离不开价值，一件东西如果没有价值就肯定不是商品，即使它有很好的使用价值也不能成为商品。

对立表现在：商品的使用价值和价值是相互排斥，相互对立的。作为商品的生产者和消费者都不能够同时占有使用价值和价值。作为生产者想要获得商品的价值就必须让渡出商品的使用价值，作为消费者如果想得到商品的使用价值，就必须要支付商品的价值。

在月球上买地，实现买卖交易，这其中月球上的土地就成了商品，也具有使用价值和价值。只是月球土地的使用价值，不是人们常见的那样能够立即实现的，即买家不仅不能在上面盖房、种菜，而且就连亲眼看见自己的那块地，也是一件很难的事情。但这并不影响月球土地的其他使用价值，如作为馈赠礼物，或者一种长线的投资。只要是凝聚了人的智慧和劳动，就连月球的土地也会具有价值，这不能不说是人类伟大科技和雄心的又一次进步和彰显。

## 为什么一票难求——供需

2010 年 11 月 12 日，火箭客场挑战华盛顿奇才。在这个被媒体称为“中国德比”的夜晚，姚明首先上场，所有人都期待着他与另一名来自中国的球员易建联的对决。如果你作为姚明忠实的“粉丝”，想去现场观战，就要想方设法去弄票，其实也无非有两种方法：

1. 到售票处购买一张季度票或者单一比赛门票；

2. 从“黄牛”手中买到一张门票。

可是实际情况是，人们在知道这场比赛是姚明与易建联的对决时，可能会蜂拥而至，相当多的人会选择从“黄牛”手中购票。

为什么会出现“一票难求”的情形呢？因为此次是姚明与易建联的首次对决，使得本场比赛极具看点，所以越来越多的人都希望能够买到票，到现场去一睹两位中国篮球巨星的风采，而门票的数量一定，其供给跟不上需求，这样一来必然会出现供需不平衡的状况，“黄牛党”便有空可钻了。

美国著名经济学家萨缪尔森曾经说过，学习经济学是再简单不过的事了，你只需要掌握两件事，一个叫供给，一个叫需求。什么叫供给和需求？

供给指的是生产者在一定时期内在各种可能的价格下愿意而且能够提供出售的该商品的数量。这种供给是指有效供给，必须满足两个条件：生产者有出售的愿望和供应的能力。

需求指的是消费者在一定时期内的各种可能的价格下愿意而且能够购买的该商品的数量，指的是消费者想得到某种商品的愿望。需求不是自然和主观的愿望，而是有效的需要，它包括两个条件：消费者有欲望地购买和有能力地购买。

关于供给与需求的关系，人们普遍认为需求决定供给，如人们有穿皮鞋的需求，市场上才会出现皮鞋的生产与销售。不过，供给学派强调经济的供给方面，认为需求会自动适应供给。

一般来说，供需平衡时，市场价格就是正常价格。当供大于求时，市场价格低于正常价格；当供不应求时，市场价格高于正常价格。

鲁迅先生在其散文集《朝花夕拾》中的《藤野先生》一文中有这

样的句子："大概是物以稀为贵吧。北京的白菜运往浙江，便用红头绳系住菜根，倒挂在水果店头，尊为'胶菜'；福建野生着的芦荟，一到北京就请进温室，且美其名曰'龙舌兰'。"

供需不平衡导致了这些商品的尊贵，因此，白菜在浙江能卖出好价钱，而芦荟在北京也能卖出好价钱。我们熟悉的"洛阳纸贵"的故事也说明了供不应求，导致纸的市场价格成倍增长。

在一般情况下，需求与价格的关系成反比，即价格越高，需求量越小；价格下降，需求量上升。例如，如果每勺冰激凌的价格上升了两毛钱，你将会少买冰激凌。价格与需求量之间的这种关系对大部分物品都是适用的，而且，实际上这种关系如此普遍，以至于经济学家称之为需求规律：在其他条件相同时，一种物品价格上升，该物品需求量就会减少。

另外，供需的变化与市场环境的变化也息息相关。例如，当2011年日本"3·11大地震"导致的"核辐射"袭击中国的时候，部分地区的食盐、碘片和含碘食品的价格都上升了，一些日用品也成了普通消费者的抢购对象，这主要是因为突如其来的"核泄漏"造成了消费者对这些防辐射物品需求的剧增。在欧洲，每年夏天当新英格兰地区天气变暖时，加勒比地区饭店房间的价格就会直线下降。当中东爆发战争时，美国的汽油价格上升，而二手凯迪拉克轿车价格下降。这些都表现出供给与需求对市场的作用，而所有的这一切都是通过价格来反映的。

但在少数情况下会出现相反的情形，即价格越高，需求量越大；价格越低，需求量反而越小。这种商品通常是社会上具有象征地位的炫耀性商品，比如钻石、古董等，它们常常会因为价格的提高需求量反而增加。

## 婚前买的房子究竟归谁——产权

最近小黄很郁闷，因为他和女朋友看中了一套房子，9月份就要去签购房合同了，但这几天却被售楼小姐告知，婚前买房、贷款按揭，只能写一个人的名字，也就是说这套房子只能归一个人所有。他和女朋友一起付的首付，而且两家各出了一半的钱。因为小黄的女朋友没有住房公积金，如果用商贷的话，利息更高。所以，小黄用他自己的住房公积金贷了款，但这样房产证上却只能写他一个人的名字，这对他女朋友来说，也不公平。

身边的朋友建议他先去领个结婚证，但小黄感觉还没做好心理准备，这一下子太突然了。更何况领结婚证也不能这么匆忙的，双方家长还未仔细商议，一些礼数之类也没商量过，所以，小黄现在很迷茫：婚前一方买的房，到底归谁呢？

2011 年 8 月 3 日实行的最高法院公布的《〈中华人民共和国婚姻法〉若干问题解释（三）》对小黄面临的这个问题做出了明确规定：夫妻一方婚前签订不动产买卖合同，以个人财产支付首付款并在银行贷款，婚后不动产登记在首付款支付方名下的，离婚时可将该不动产认定为不动产权利人的个人财产，尚未归还的部分贷款为不动产权利人的个人债务。

简单来说，就是婚前买房，房子写一方名字的，房子就属于其个人财产。

“一石激起千层浪”，婚姻法的新规自公布以来就引发诸多争议和讨论。对于大多数男方而言，这无疑使他们大大地松了一口气，有的男士不禁振臂高呼：“翻身男奴把家唱！”而女方则宛如被泼了一盆凉水，不少女士都毫不掩饰地表达了自己对新婚姻法的反对。产权为何有如此重要的作用，竟然让准备步入婚姻殿堂的人如此纠结？这就需要我们先来认识一下房产交易所涉及到的一种权利——产权。

产权的产生和发展也有一段历史过程。市场交易的出现导致了产权的诞生。但人们进行市场交易并不是从人类出现之时就有的，而是人类社会发展到一定历史阶段的产物。市场交易的产生，必须具备一个基本条件：产权不同。因为生产资料和劳动产品属于不同的所有者，才发生了交换行为。可以说，产权是市场交易得以进行的第一前提。那么产权究竟是什么，我们不妨举个例子来说：

假设小黄有一套房产，他将这套房子租给小李，小李每年付给小黄 5 万元人民币。

实际上，小黄就拥有这套房产的完整产权，具体来说：

1．拥有房屋的占有权。这种占有权具有排他性，即产权是属于小黄的，他在占有房产的同时，意味着其他人不能占有这一财产。

2．拥有房屋的使用权。小黄能够自主决定房产使用的权利，比如他可以选择自己住，也可以选择出租，他对房产有自主处理的权利益。

3．拥有房屋的转让权。其实小黄的这套房产还可以在市场上自由地买卖，因此产权可以像任何一种商品一样可以自由交易、转让。

4．拥有房屋的受益权。说所有者可以获得并占有财产使用和转让所带来的利益，又称为剩余索取权。比如小黄向小李收取的每年5万元的租费，就是房屋产权的收益。

产权的问题之所以引起人们的重视，在于产权与市场秩序有密切的关系。如果产权不明晰，就会导致资源浪费、效率低下，导致市场交易无法进行等后果。因此，只有通过产权界定，才能使资源得到有效的保护和利用，同时，市场交易行为才能得以延续。

产权之所以重要是因为产权使所有者权责一致，即所有者有权使用自己的资源，获得由这种使用得到的利益，也承担使用不当的责任。在这种情况下，所有者就会最有效地利用自己的资源。

市场经济的制度基础是产权明晰，所以，保护产权无疑是非常重要的。

1866年，刚打赢对奥地利战争的普鲁士国王威廉一世，来到他在波茨坦的一座行宫。他兴致勃勃地登高望远，然而，行宫前的一座破旧磨坊却让他大为扫兴。威廉一世让侍从去跟磨坊主交涉，付他一笔钱，让他拆除磨坊。磨坊主不肯，说这是祖业。威廉一世很生气，命令人强行拆除了磨坊。

不久，磨坊主一纸诉状将威廉一世告到法庭。法庭裁定：威廉一世擅用王权，侵犯原告由宪法规定的财产权利，被责成在原址重建一座同样大小的磨坊，并赔偿磨坊主的损失。威廉一世只好派人将磨坊在原地重建了起来。

现在这座磨坊还屹立在波茨坦的土地上，成为著名的游览景点。

皇帝与磨坊主的故事表明，磨坊属于磨坊主所有，他作为这一财产的所有者，其财产所有权和产权也会得到国家法律的相应保护。威廉一世的权力再大，也得服从法律。磨坊主的磨坊挡住了国王的视线，但磨坊的产权属于磨坊主，国王无权处置。也就是说，产权是受到法律保护的。

在实际的经济生活中，注意保护自己的财产权利，在经济活动中要保护好财产获得的法律依据，如购买房产时须办理房屋产权登记证，有了这个证件，你的房产才能够被合法地使用、抵押、保险、出租、转增、出售等。

产权是市场交易得以进行的根本前提，如果不能保护个人的产权，市场交易秩序将不能维持。可以说，产权制度是市场交易的基础，建立一套完整、有效、可操作性强的产权保护制度，无疑是重要和必要的。

## 纸币有价值吗——货币

美国的新版美钞出现严重的印刷错误，迫使美国政府停止印刷，并封存了已经印制好的10亿多张100美元面值的新钞，这些美钞的总价值约占目前全球美钞流通总量的十分之一。

美国原定于2011年2月份发行的新版纸币，采用了许多高科技防伪技术，比如3-D防伪标识和可变色钟型图案等。但正是这些高新技术使印刷变得特别复杂。美国媒体报道称，目前已经印刷了11亿张100美元面值的新版纸币，但是这些纸币根本无法使用，因为纸张在印刷过程中起皱，导致纸币上出现不连贯的空白部分。

由于无法把有问题的新钞区分出来，美国政府不得不封存所有的新版纸币。也就是说，总价值达1100亿美元的新版美钞将被封存在得克萨斯州沃思堡市和华盛顿的仓库中，直到能够从中挑出可用新钞的机器被开发出来。目前，全世界范围内美元纸币的总供应量大约为9300亿美元。

纸币，人们随身离不开的东西，也会出现印刷失误而不能进入人们的口袋，这不禁让代表金钱和富有的它，跌下了神坛。人们恍然大悟：不流通、不进入人们的口袋，那它也就是一堆废纸而已！

人类使用货币的历史产生于物物交换的时代。在原始社会，人们使用以物易物的方式，交换自己所需要的物资，比如一头羊换一把石斧。但是有时候受到用于交换的物资种类的限制，不得不寻找一种能够为交换双方都能够接受的物品。这种物品就是最原始的货币。

经过长年的自然淘汰，在绝大多数社会里，作为货币使用的物品逐渐被金属所取代。使用金属货币的好处是它的制造需要人工，无法从自然界大量获取，同时还易储存。数量稀少的金、银和冶炼困难的铜逐渐成为主要的货币金属。

随着经济的进一步发展，金属货币同样显示出使用上的不便。在大额交易中需要使用大量的金属硬币，其重量和体积都令人感到烦恼。金属货币使用中还会出现磨损的问题，据不完全的统计，自从人类使用黄金作为货币以来，已经有超过两万吨的黄金在铸币厂里或者在人们的手中、钱袋中和衣物口袋中被磨损掉。于是作为金属货币的象征符号的纸币出现了。

后来，纸币发展成不兑现纸币，即政府将纸币宣布为法定偿还货币（即在支付债务时，人们必须接受它），而不能转化成硬币或贵金属。纸币比硬币和贵金属轻得多，但是只有在人们对货币发行当局有充分的信任，并且印刷技术发展到足以使伪造极为困难的阶段时，纸币方可被接受为交易媒介。

在西方国家，纸币最早称为银行券。银行发行银行券，用以代替金属货币流通，以其商业信用保证银行券能够兑换金属货币。随着西方国家市场经济的高度发展，为维护国家的经济稳定，便把银行券的发行权集中于少数银行甚至中央银行的手中，用法律规定发行银行的发行条件、银行券的强制兑现以及发行储备等。在金银本位制的历史条件下，纸币基本是以其所代表的金属含量获得了广泛的流通，金银等金属则是作为它的等价物保存起来，但可以被要求进行兑换。

纸币从本质上分为两种：兑换型纸币和流通型纸币。

兑换型纸币指在金银本位制下的可兑换金属货币的纸币，如中国古代的代替金属货币流通的飞钱、交子以及西方国家的银行券。

流通型纸币指现在各国所实行的纸币本位制下的不能兑换金属的纸币。兑换型纸币并非货币形态的发展，它只是代替金属货币被使用的。因此，此时真正的货币仍然是金属货币。对于兑换型纸币来说，可称之为“货币符号”、“价值符号”，但不能推及流通型纸币。可见，兑换型纸币仍然是商品货币形态的一种表现形式，也是由商品货币形态向独立的信用货币形态过渡的形式。

《中华人民共和国人民银行法》第 15 条规定："中华人民共和国的法定货币是人民币。以人民币支付中华人民共和国境内的一切公共的和私人的债务，任何单位和个人不得拒收。"该法第 17 条规定："人民币由中国人民银行统一印制、发行。"相关的 16、18、19、20、21 条，都说明了我国现在的法定货币，就是流通中的纸币、辅币。该法第 15 条用法律强制规定其支付职能，具有无限的法偿能力。所以说，人民币包括各种面额不同的纸币和不足值的金属铸币。在法律上，流通型纸币就是货币，而不是"货币符号"。

货币主义者认为，要保证通货稳定，必须控制货币存量，使其按照同基本的经济增长率相关的某一比率逐渐增长，即把货币存量增长同经济增长率联系起来，才能保证通货稳定，防止通货膨胀。如经济每年增长 5%，那就允许货币存量增加 5%。在实际生活中，比较稳健的货币当局，通常还把低于 3 个百分点的物价上涨率考虑在货币存量的经济发行范围以内。如果滥发纸币，会对经济造成严重的影响。

国际"三大"信用评估机构之一标准普尔公司，在 2011 年 8 月 4 日将美国信用评级从顶级的 AAA 级下调至 AA + 级。这是标准普尔 70 年来首次对美国主权信用评级"降级"，也被舆论认为是美国历史上首次遭"降级"，风声鹤唳的全球金融市场有可能陷入"二次探底"的恐慌。作为世界最大经济体、最大债务国、主要储备货币发行国，美国应在货币政策上作出反思。

在我国，货币发行权属于国家。国家根据国民经济发展的需要，核准年度人民币最高发行限额。中国人民银行根据国务院批准的发行限额，具体办理人民币的发行工作，并集中管理发行基金。

长期以来，我国要求货币发行不用于弥补财政赤字，不用于没有物资保证的信贷投放，而用于满足商品流通的需要。

由于社会生产规模的扩大、商品劳务交易的增长、人民收入水平的上升，会导致对货币需求的增加。每个人以及每项经济活动都需要用货币作为媒介来购买各种必需品。中央银行根据社会经济交易的实际需要，灵活地、可逆地调节市场货币需要数量，保持货币与经济协调和增长同步。

如果市场物价稳定，社会经济交易顺畅，社会作为整体，为适应生产和流通增长而保持的货币总量也会稳定。为发展经济和调节市场而出现的短期内提前支付，如投资领域里的短期（指半年左右）先支后收、季节性地生产投入和收购，以及单位和个人为应付可能的必需支出而增大的货币储备，都会出现较为明显的货币发行短期性的增多。这种发行有一定的弹性，不会引起经济波动和物价上涨。

## 什么是“看不见的手”——市场调节

李宁是众所周知的体操王子，在职业生涯中一共获得了 106 枚金牌，创造了体操历史上的神话。他在 1988 年退役后选择了下海经商，刚开始只是出于爱国主义情怀，希望能打破外国品牌垄断比赛服装的格局，创造属于中国自己的品牌。在下海成为商人后，他继续获得了巨大的成功。

李宁公司从原来只有几百万元资金的小厂，发展为国内外知名的体育用品企业。在 1992 年巴塞罗那奥运会上，“李宁”成为中国体育代表团专用领奖装备的提供商，终于结束了中国运动员在奥运会上穿着国外体育品牌服装的历史。

经过几年的实践，在 1994 年年初，他成立了李宁体育产业公司。1995 年，成立了李宁集团，他亲任集团董事长兼总经理。2004 年公司正式在香港主板市场上市。如今的李宁牌运动用品的知名度已经很好地证明当时李宁决定的正确性。

有人可能觉得名人在市场上的成功离我们太遥远，觉得市场是一个琢磨不透、全凭运气的名利场。其实对于我们每个人而言，市场是个再熟悉不过的地方。商店、集市、商场、批发站、交易所等，都与人们的生活有着密切的关系。当一个人进入超市买东西时，可以说，他就进入了一个市场。从某种程度上说，经济学就是伴随着市场的发展而发展起来的。如果一个人能够洞悉市场的规律，那这个人差不多就可以算是一个经济学专家了。

经济学家亚当·斯密 (Adam Smith) 在他 1776 年出版的著作《国民财富的性质和原因的研究》中提出了经济学中最有名的观察结果：家庭和企业在市场上相互交易，他们仿佛被一只“看不见的手”所指引，并导致了合意的市场结果。

市场提供了一种机制，使得人们相互进行交易，无论是企业还是个人，价格和利益的激励引导着他们各自的选择，这就是我们一般说的市场调节。市场调节就好比一只无形的手，而价格就是无形的手用来指引经济活动的工具。

乍一看，在市场经济中，没有一个人追求整个社会的经济福利。自由市场包括大量物品与劳务的许多买者与卖者，而所有人都主要关心自己的福利。尽管是分散的决策和千百万利己的决策者，但已经证明，市场经济在以一种促进普遍经济福利的方式组织经济活动方面非常成功。

正是因为市场经济有很多优点，所以才有那么多的人下海去经商。首先，市场调节就是价值规律的自发调节，企业可以根据市场上某种商品的价格分析供求情况，以此来指导企业生产。另外，市场通过价格机制和利润机制，可以在资源配置和经济结构调整中进行自我调节。还有，市场通过竞争机制，可以推动技术革新和结构调整。最后，市场机制不仅仅是在配置资源方面很灵活，还具有给予企业前进的动力，实现优胜劣汰。

关于看不见的手在指引经济活动中的技巧有一个重要推论：当政府阻止价格根据供求自发地调整时，它就限制了看不见的手协调组成经济的千百万家庭和企业的能力。这个推论解释了为什么税收对资源配置有不利的影响：税收扭曲了价格，也因此扭曲了家庭和企业的决策。这个推论还解释了租金控制这类直接控制价格的政策所引起的更大伤害。

亚当·斯密用这只“无形的手”介绍市场经济对于经济活动的重要性，通过分散的、无数的个人的决策在市场上进行相互交易，这样就能够促进社会的利益。市场经济的核心优势便是竞争机制，竞争机制带来“优胜劣汰”，而优胜劣汰的压力驱使人人都会更加努力，从而整个社会的效率就会提高，也就创造更多的财富。

市场调节是市场经济的灵魂，一个理想的现代市场体系是一个健全、开放、有序的体系，在这样的市场里，“无形的手”将对市场起到根本的均衡作用，从而实现市场的高效率。

## 税率越高政府越富？——拉弗曲线

2011 年 6 月 30 日，十一届全国人大常委会第 21 次会议表决通过了关于修改个人所得税法的决定。法律规定，工资、薪金所得，以每月收入额减除费用 3500 元后的余额为应纳税所得额；工资、薪金所得，适用超额累进税率，税率为 3% 至 45%。修改后的个税法将于 9 月 1 日起施行。

本次个税调整，是自 1994 年现行个人所得税法实施以来第三次提高个税免征额，而且此次修法涉及的减税额是最大的一次。2006 年，免征额从每月 800 元提高到 1600 元；2008 年，免征额从 1600 元提高到 2000 元。

这次个税调整将大幅度减轻中低收入纳税群体的负担。本次通过的新个税征收办法，工薪收入者的纳税面经过调整以后，由目前的约 28% 下降到约 7．7%，纳税人数由约 8400 万人减至约 2400 万人。个人所得税收入全年减收 1600 亿左右，其中提高减除费用标准和调整工薪所得税率级距带来的减收大约是 1440 亿元。

个税起征点提高到 3500 元，在现阶段来看是比较合理的，体现了政府让利于民及关注、改善民生的思路。首先，满足了相当多公众的诉求，是前一阶段全国人大常委会对社会征求意见的尊重，是国家在立法过程中采纳民意的体现。其次，更多地满足了中低收入群体减轻税收负担的愿望。使“低收入者不纳税，中等收入少纳税，高收入者适当多纳税”有更多体现，有利于改善社会分配不公。

个税起征点提高，确实可以还富于民，但是，是不是就会意味着减少政府的税收收入呢？要弄明白这个问题，就要先了解一下拉弗曲线。

拉弗曲线的主要含义是：当税率为零时，税收自然也为零；而当税率上升时，税收额也随之上升；当税率增至某一点时，税收达到最高额，这个点就是最佳税率。当税率超过这个最佳税率点之后，税收额不但不增，反而开始下降。因为当税率的提高超过一定限度时，企业的经营成本提高，投资减少，收入减少，即税基减小，反而导致政府的税收减少。

拉弗画的这条用来描绘税收与税率之间关系的曲线就被叫做“拉弗曲线”。而拉弗画这条线的意思是提醒政府：适时降低税率能够刺激生产，税收总额反倒会因为税率的降低而增加。

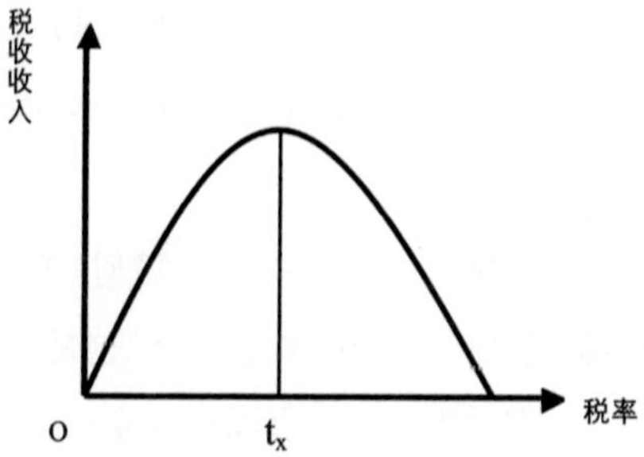


如上图所示，这条曲线是两头向下的倒 U 形。当税率超过图中抛物线的顶点时，挫伤积极性的影响将大于收入影响，所以尽管税率提高了，但税收收入却开始下降。

要理解这一理论，我们先从一般人的认识说起。一般人认为，税率越高，对于相同数量的税基来说，能征收到的税收越多。

对 100 元的收入征税，100 元是税基，如果税率是 5%，那么国家可以从中收取 5 元税收；而如果将税率提高到 10%，国家可以从中收取 10 元的税收，与原来相比，国库中多了 5 元钱。

但是，在一定范围内对征税对象多赚到的收入提高税率，国家的确可以多征到税；但税率提高一旦突破某个限度后，人们工作的积极性下降，加之主动纳税的热情不高，相反，偷税漏税的动机增强，由此导致税基下降，国家能征到的税反而在减少；如果国家将税率提高到更高的程度时，企业将因为利润下降而出现投资积极性下降，甚至可能因为不堪重负而倒闭，税基进一步下降，从而国家可能征到的税也进一步减少。

对公司来说，高税率降低了企业的投资回报，从而抑制了企业投资于生产、研究和其他促进经济增长的活动。如果税率过高，个人和企业可能会转入“地下经济”，选择违法和逃税。

如果税收增长远远高于主要经济指标增速，那么高税收对经济的反制作用会越来越明显。高税收再加上高收费，二者叠加在一起会扭曲实体经济成果的合理分配格局，使得实体、实业经营利润越来越薄甚至面临亏损的状况，会严重挫伤生产要素的积极性，扼杀经济发展后劲，最终可能毁掉经济良性健康发展的好局面。

税收原本是调节贫富收入差距的杠杆，按照累进原则对高收入阶层收取更高比率的所得税，原本是各国通行的惯例。但是过高的税收，不但会影响政府政策的稳定性，也会造成资金、人才的大量流失。事实上，历史上很多地区都曾有政府大幅提高富豪税率，导致大批企业外流，最终反倒令当地经济一落千丈的事例。

并且，高税收也并不意味着政府会把所有福利都给予了穷人。比如，最大的美国联邦福利项目是社会保障和医疗保险，这是给予所有美国人的，甚至包括非常富裕的人。通过为老人提供福利保障，这两个项目可能会降低个人储蓄。

# 第二章

# 通胀时代：我们能否掌控自己的生活

## 为什么感觉钱不值钱——通胀

我国宋朝时通货膨胀严重，铜钱面值赶不上铜料价值，导致铜钱大量被人销毁铸造铜器。这其实是很反常的，因为市面上的货币量少了，缺钱的经济应该表现为通货紧缩，为什么宋朝却深陷通货膨胀的泥沼呢？

答案很简单，宋朝不仅有铜钱和铁钱，它还印刷了远比铜钱面值大得多的古代纸币——楮币。楮币对于被钱荒折磨的大宋，真是一剂灵丹妙药。

大宋的铜钱不仅是本国的法定货币，而且“一国所铸，四朝共用”，在辽朝、西夏和金朝境内也是硬通货，大家都处于一个货币体系中，类似于今天欧元在许多欧洲国家中充当法定货币一样。大宋铜钱甚至还流向了不与本国接壤的高丽、日本、东南亚各国，进一步导致了大宋境内铜钱严重缺乏的状况。

铜钱缺乏，自然会引发通货紧缩，但纸币一发行，用少量的铁钱准备金放大出面额巨大的纸币，流通于世，立刻抵消了通货紧缩的趋势，市场上有了流通的货币，人们交易也就更加方便了。

北宋最初对纸币的使用很谨慎，严格遵守准备金比率发行，维护了纸币的市场信用，所以从宋仁宗到宋神宗的50年中，纸币币值保持稳定，为大宋的经济立下了汗马功劳。

但是到了宋徽宗的时候，蔡京太师主持朝政，开始大肆印刷纸币，把纸币的流通地区扩大到全国，搜刮民间财富，终于把北宋的经济局面引入了严重通货膨胀的深渊中。发行纸币时的准备金比率越来越低，准备金只有纸币面额的 1/60 时，也敢开印；甚至到了最后，没有准备金也照样发行纸币，汹涌的纸币搞乱了北宋末年的经济。

如果商品流通中所需要的金银货币量不变，而纸币发行量超过了金银货币量的一倍，单位纸币就只能代表单位金银货币价值量的 1/2。在这种情况下，如果用纸币来计量物价，物价就上涨了一倍，这就是通常所说的货币贬值。此时，流通中的纸币量比流通中所需要的金银货币量增加了一倍，这就是通货膨胀。

在现代经济社会中，通货膨胀一般是指，纸币发行量超过商品流通中实际需要的货币量，引发纸币贬值。

通货膨胀直接影响人们的生活。通货膨胀最典型的表现就是物价上涨。而且这种上涨有快速的传导性：一部分商品涨价，就会很快地引起其他商品涨价。以 2011 年的物价上涨为例，最先涨价的是猪肉等农产品，随之带来了一系列的物价上涨，之后定然引起生产成本的增加，在既定的价格水平下，生产厂商愿意而且能够供给的商品数量减少。这也就必然地带动整个市场物价的进一步上涨。

通货膨胀对生活的影响有很多方面，我们感受最深的就应该是货币贬值，购买力下降。通货膨胀还会对企业的经济发展有严重影响。价格是重要的指针，通货膨胀带来的物价上涨会使价格信号失灵，给投资和消费带来更多的不确定性，让生产者和投资者判断失误。通货膨胀还如同幕后的魔术师，操纵着金钱游戏。

2008 年 7 月，津巴布韦中央银行公布，该国的通货膨胀率已高达百分之二百二十万，从而使津巴布韦成为世界上通胀率最高的国家。一些人苦涩地开玩笑说，一卷卫生纸要卖 3 万津巴布韦元左右，用面额 100 元的纸钞做卫生纸反而更便宜一点。

对于津巴布韦的男人来说，通货膨胀让他们进入了“难以忍受”的时期。因为对那些作风不正的男人来说，寻花问柳的成本也在增加。

当男人手头紧时，他们只能选择减少婚姻外的暧昧关系。

同时，通货膨胀也让津巴布韦多妻传统难以为继。物价飞涨的程度夸张，以至于许多人现在处于贫困线以下。而很多以前的中产阶级，如教师、官员、工程师和工厂管理人员，每个月发放的工资大约一半用来付房租、日用品和作为养第二个老婆的费用。更多的老婆正渐渐远离他们的生活。

正是因为如此，在 2009 年 2 月，津巴布韦中央银行行长决定从其发行的巨额钞票上去掉 12 个零，这样一来，津巴布韦一万亿钞票相当于 1 元。此时，津巴布韦通货膨胀率已经达到百分之十亿，而一美元可兑换 250 万亿津巴布韦元。很多人笑言：在津巴布韦，人人都是“亿万富翁”。

成为“津巴布韦”的富翁，就算手中有亿万巨额，也不过是一种幻觉。拿钱来开玩笑，更多的人只会愁眉不展。

纸币发行量超过流通中实际需要的货币量，也就是货币供给率高于经济规模的增长率，是导致通货膨胀的主要原因。那么一般在什么样的情况下，纸币的发行量会超过实际需要的货币量呢？

首先是外贸顺差。因为外贸出口企业出口商品换回来的美元都要上交给央行，然后由政府返还人民币给企业，那么企业挣了很多的外汇，央行就得加印很多人民币给他们，纸币印得多了，但是国内商品流通量还是不变，那么就可能引发通货膨胀。

其次，投资过热。在发展中国家，为了使投资拉动经济发展，政府会加大对基础设施建设的投入，那么就有可能印更多的纸币。通货膨胀的实质就是社会总需求大于社会总供给，通常是由经济运行总层面中出现的问题引起的。

当发生通货膨胀，就意味着手里的钱开始不值钱，但是大家也不用提到“通货膨胀”即谈虎色变。一些经济学家认为，当物价上涨率达到 2.5% 时，叫做不知不觉的通货膨胀。他们认为，在经济发展过程中，搞一点温和的通货膨胀可以刺激经济的增长，因为提高物价可以使厂商多得一点利润，以刺激厂商投资的积极性。同时，温和的通货膨胀不会引起社会太大的动乱。温和的通货膨胀即将物价上涨控制在 1% ～ 2%，至多 5% 以内，则能像润滑油一样刺激经济的发展，这就是所谓的“润滑油政策”。

从宏观上来讲，普通老百姓对抑制通货膨胀无能为力，必须要依靠政府进行调控。政府必须出台相关的经济政策和措施，例如上调存贷款利率，提高金融机构的存款准备金率，实行从紧的货币政策，包括限价调控等。对于我们普通人而言，应该有合理的措施来抵消通货膨胀对财产的侵蚀，如进行实物投资、减少货币的流入等，以减少通货膨胀带来的压力和损失。

## 不能承受的物价上涨之重——CPI

2010年岁末，在各个网站甄选的2010年十大网络流行语中，“蒜你狠”系列登上榜单。蒜、豆、姜等农产品价格接力上涨，价格如坐过山车般上蹿下跳，并纷纷贵过猪肉价格。“蒜你狠”、“豆你玩”、“姜你军”、“糖高宗”、“苹什么”等网络流行词接踵而至。这些词的发明在幽你一默的同时，也将市民对物价飞涨的无奈体现得淋漓尽致。

2009年在甲流等疫情之下，大蒜价格疯涨，这波涨价周期一直持续至2010年。大蒜价格疯涨数十倍，一度越过10元/斤的蒜价甚至贵过肉、鸡蛋，买大蒜也只能论个来买。随后，2010年起不断攀升的绿豆价格也让市民的消暑成本大幅提高。绿豆价格从以往的每斤两三元飙涨至10元以上，部分地区甚至涨至14元。

在涨价最盛之时，国家发改委公布的2010年10月份城市食品零售价格监测的31种产品中，近八成价格上涨。

在过去的2010年，很多人都感受到了物价上涨所带来的“切肤之痛”。从网络流行语来看，“蒜你狠”、“姜你军”、“豆你玩”、“糖高宗”、“苹什么”、“玉米疯”等反映的就是农产品一路领涨物价的真实情景。农产品的上涨带动了其他一些与群众生活息息相关的商品价格的上涨。据国家统计局数据显示，2011年8月CPI同比上涨6.2%，大大超过了人们原有的预期。

很多人对物价感受的“现实之痛”，远远高于“数据增长”。对于2011年而言，物价走势随经济形势而风云突变。肉价的涨涨跌跌，CPI涨幅的增加和回落，价格干预政策的实施……物价在这一年无疑吸引着大众的眼球，牵扯着百姓敏感的神经。比如在价格大涨的2011年上半年，有人曾经很无奈地说：我想买房，结果房价涨了。我想买车，结果油价涨了。我想买点肉吃，结果猪肉价格涨了。那我吃方便面总可以了吧？结果方便面也涨价了。

任何人都不希望物价上涨，在中国现实的社会中，物价是和柴米油盐、家长里短息息相关的，物价成为国家高度关注的问题。CPI 就是反映市场物价的一个最基本的术语。

CPI，即消费者物价指数 (Consumer Price Index)，是反映与居民生活有关的产品及劳务价格统计出来的物价变动指标。通常作为衡量通货膨胀水平的重要指标，一般当 CPI 以 3% 为警戒线，当它大于 3% 时，表示物价上涨幅度太大，即会形成通常人们所说的通货膨胀，对人们的生活和经济的稳定发展十分不利。

国家统计局在构成 CPI 的八大类消费品中选出一个代表品，比如，大多数人是吃米还是吃面，是穿皮鞋还是穿布鞋等，把这些代表品的物价按每一月、每一季、每一年折算成物价指数，定期向社会公布，就是我们所说的 CPI 指数。

**居民消费价格分类指数 (2011 年 7 月)**

**（资料来源：国家统计局）**

| 项目名称 | 上年同月 =100 | | | 上年同期 =100 | | |
|---|---|---|---|---|---|---|
| | 全国 | 城市 | 农村 | 全国 | 城市 | 农村 |
| 居民消费价格指数 | 106.5 | 106.2 | 107.1 | 105.5 | 105.4 | 106.1 |
| 一、食　品 | 114.8 | 114.4 | 115.8 | 112.2 | 111.9 | 113.0 |
| 粮　食 | 112.4 | 112.3 | 112.5 | 113.7 | 113.5 | 114.1 |
| 肉禽及其制品 | 133.6 | 132.7 | 135.9 | 121.6 | 120.8 | 123.6 |
| 蛋 | 119.7 | 120.4 | 118.3 | 118.0 | 118.5 | 116.9 |
| 水产品 | 115.0 | 115.1 | 114.7 | 111.9 | 112.2 | 110.6 |
| 鲜　菜 | 107.6 | 107.5 | 108.1 | 101.6 | 101.2 | 103.0 |
| 鲜　果 | 104.9 | 105.0 | 104.6 | 122.9 | 122.8 | 123.3 |
| 二、烟酒及用品 | 102.8 | 103.0 | 102.5 | 102.3 | 102.5 | 102.1 |

续表

| | | | | | | |
|---|---|---|---|---|---|---|
| 三、衣　着 | 102.2 | 102.4 | 101.7 | 101.2 | 101.2 | 101.1 |
| 四、家庭设备用品及服务 | 102.7 | 103.0 | 101.7 | 102.1 | 102.3 | 101.2 |
| 五、医疗保健及个人用品 | 103.6 | 103.6 | 103.6 | 103.2 | 103.3 | 103.1 |
| 六、交通和通信 | 100.9 | 100.6 | 101.8 | 100.4 | 100.1 | 101.1 |
| 七、娱乐教育文化用品及服务 | 100.5 | 100.3 | 101.0 | 100.6 | 100.5 | 101.0 |
| 八、居　住 | 105.9 | 105.7 | 106.4 | 106.2 | 106.1 | 106.8 |

上表反映的是与人们生活息息相关的八大类商品的价格变动情况，我们再来看一下从 2011 年 1 月到 2011 年 8 月我国 CPI 的整体变化情况。

| 月　份 | 全　国 | | |
|---|---|---|---|
| | 当月 | 同比增长 | 累计 |
| 2011 年 08 月份 | 106.2 | 6.20 % | 105.6 |
| 2011 年 07 月份 | 106.5 | 6.50 % | 105.5 |
| 2011 年 06 月份 | 106.4 | 6.40 % | 105.4 |
| 2011 年 05 月份 | 105.5 | 5.50 % | 105 |
| 2011 年 04 月份 | 105.3 | 5.30 % | 105.1 |
| 2011 年 03 月份 | 105.4 | 5.40 % | 105 |
| 2011 年 02 月份 | 104.9 | 4.90 % | 104.9 |
| 2011 年 01 月份 | 104.9 | 4.90 % | 104.9 |

由上表可以看出，2011 年我国 CPI 的涨幅一再创下历史新高。很多人不禁问，前面提到我国的 CPI 已突破 3%“红线”，是不是说日常生活的普遍费用攀升太多？是不是要出现通货膨胀？这如实地反映出老百姓的生活情况了么？

国家统计局的专业人士认为，我国经济一直处于平稳快速增长的态势，尽管物价的上涨为经济带来了压力，但若仔细分析，就会发现这次的 CPI 并没有完全地反映出真实的日常生活费用情况，也不太可能形成通货膨胀。

我国 CPI 当中包含八大类商品：第一类是食品，第二类是烟酒及其用品，第三类是衣着，第四类是家庭设备用品和维修服务，第五类是医疗保健和个人用品，第六类是交通和通讯，第七类是娱乐、教育、文化用品和服务，第八类是居住。在这八大类中，食品类的权重最高，高达 30% 以上。

由于 CPI 是我们所有用到的消费品价格的平均数，通常就将其理解为所有的消费品价格的增长幅度，实际上，各大类别的真正涨幅却无法在这个整体性的数据中体现出来。CPI 所反映的是平均后的增长幅度，若想得到生活中费用每类都增长多少，还需单个分析。

柴米油盐、住房、电器等都与人们生活息息相关，它们的物价在现实的社会中已是国家高度关注的问题。CPI 数据的频繁使用和公布就说明此点。需要注意的是，CPI 是反映市场物价的最基本的术语，是市场经济活动与政府货币政策的一个重要参考指标，同时也是各项生活费用的均算结果。

研究 CPI 的时候，要清楚其所含内容，注意到推动其增长的因素，是各类别的普遍物价上涨还是某几项的物价上涨。清醒地判断经济情形，将更有利于人们采取经济行为和展开日常生活。

## 从柴米油盐看生活水准——恩格尔系数

不少网友都在各类社区网站热议物价。多数网友表示，跟上一年相比，今年的恩格尔系数变高了，在参与讨论的居民中，逾一半称自家的恩格尔系数处于贫困水平。

80 后小夫妻：

这一年来百姓真真切切地体会到了“涨声一片”带来的压力。我们小两口每月赚一万多，刚结婚那会儿日子过得还算宽裕，但 2011 年来物价涨得厉害，每月在吃喝、逛街买衣服和娱乐上都得花四千多块，加上还得给双方父母一千块钱，存不下几个钱。我们家的恩格尔系数，勉勉强强达到了温饱，就这样，周围还有不少朋友羡慕地说：“知足吧，我们还在贫困线上挣扎呢。”

低收入回迁户：

我家属于回迁户，两口子都没工作，靠低保和儿女们的一点补贴过日子，属于低收入家庭。去年一个月用于买菜的支出约 80 元左右，今年一个月 130 元也打不住了，猪肉、鸡蛋的价格翻了一番，都吃不起了。

普通市民：

早点也涨价了，鸡蛋饼从 1.5 元涨到了 2.5 元，还缩水了，就一个面皮一个鸡蛋,连火腿肠都少了;稀得像水一样的豆浆,从 1 元涨到了 1.5 元一袋；原本 2 元钱可以买 5 个小青菜包的，现在只能买 4 个了。

根据联合国粮农组织提出的标准，恩格尔系数在 59% 以上为贫困，50% ~ 59% 为温饱，40% ~ 50% 为小康，30% ~ 40% 为富裕，低于 30% 为最富裕。

恩格尔系数在这里是指食品支出总额占个人消费支出总额的比重。(个人消费支出指的就是日常生活中的全部支出)。它通常被用来衡量一个国家和地区人民生活水平的状况。根据 19 世纪德国统计学家恩格尔提出的理论，一个家庭收入越少，家庭收入中（或总支出中）用来购买食物的支出所占的比例就越大，随着家庭收入的增加，家庭收入中（或总支出中）用来购买食物的支出比例则会下降。总结成一句就是,一个家庭越穷（富），家庭收入中（或总支出中）用来购买食物的支出所占的比例就越大（小），恩格尔系数越高（低）。

2011 年由于食品价格上涨幅度较大，客观上拉升了人们在食品方面的开销，由此一定程度上拉升了恩格尔系数。

利用恩格尔系数来证明某一国家（地区）的富裕程度，在近年来的统计调查中常常出现。人均食品支出的减少，恩格尔系数的降低，显示北京已经进入了“富裕阶段”。令人感到惊讶的是，据北京的民众反映，他们中绝大多数并没有“富裕”的感受。

北京市的李某是一名中等收入的居民，但他发现收入常常无法满足日常的费用需求——医药费用逐年攀升，子女教育花销日益增大，住房的价格更是高得离谱。仅仅这三项，就要一个人省吃俭用，尽量缩减食品支出才能勉强实现。在这样的环境里，将李某推断为“富裕”就会成为对他生活的一种误读。

显然，只看食品支出总额占个人消费支出总额的比重会掩盖许多问题。很多北京市的居民情况都属于这种。

此处，恩格尔系数没有体现民众的真实情况，更别说决定每个人的富裕程度。难道我们都被恩格尔系数“忽悠”了？

专家解释为，恩格尔系数是判断一个地区富裕与否的参考指标，但应注意，它是必要不充分条件。必要是说富裕的地方恩格尔系数相对来说会比较低。但这句话反过来说并不成立，恩格尔系数低并不必然说明这个地区肯定富裕，也可能是整个消费总量都比较低，食品消费少导致的恩格尔系数很低。

随着经济的迅速发展，人们花在食物上的支出相对于以前已经多出不少，但是食物支出占整个家庭支出的比例已经呈现下降的趋势，花在住房、汽车、教育、娱乐等其他方面的支出占据越来越大的比重。这就是恩格尔系数在不断降低。

国家统计局的资料显示，改革开放以来，由于收入持续快速增长，我国居民家庭的恩格尔系数呈现下降趋势，与 1978 年的 57.5% 相比，2007 年我国城镇居民家庭恩格尔系数为 43.1%，这是居民消费结构改善的主要标志。这表明，我国人民以吃为标志的温饱型生活，正在向以享受和发展为标志的小康型生活转变。

## 是做房主还是房奴——房价

高涨的房价是最近几年来，中国特别是北京、上海等一线城市经久不息的老话题，不论是白领还是退休职工，都能对买房卖房的话题说上几句，而更多的人则是对高房价的无奈。

据统计，在中国的大中城市里，生活水平及家庭收入在平均线的普通百姓，占到了城市总人口的六成以上。随着房价不断上涨，对他们来说，一辈子的收入很难买起一套基本的住房。所以很多人都发出令人值得深思的感叹：辛辛苦苦忙一年，市区买不起厕所间。

家在河北的小飞是一名网络工程师，月收入 6000 元左右。因为要结婚，而女方家长要求必须购买 130 平方米左右的“婚房”一套，而且要求装修水平达到10万元级别。无奈之下，小飞在父母的帮助下，完成了18万元的首付，然后通过银行贷款35万元，买下了离父母家不远的一套128平方米的商品房作为婚房，现每月需要偿还银行贷款3000余元。

小飞的父母非常希望尽快抱上孙子，所以小飞的妻子暂时没有工作的打算，小家庭的开支和还贷都靠小飞一个人的收入。

购房前小飞有很多跳槽的经历，也是因为跳槽，他的收入才能这么高。但是小飞现在不敢轻易辞掉工作了。即使做得很不开心，但想到自己要养家糊口，还要还房子的月供，就要忍耐下来。

小飞唯一庆幸的是自己娶了一个肯跟自己一起节省开支，省下钱来供房的好妻子。

当今中国的房价之高，已经大大超过了普通老百姓的购买能力，对房价的预测也因此成了百姓和业界专家谈论的焦点。

“安得广厦千万间，大庇天下寒士俱欢颜”，这是唐朝诗人杜甫的良好愿望，也是很多老百姓发自内心的祈愿。每个人都希望自己能有“安身立命”之地，能有个遮风挡雨的家。而且拥有一套属于自己的住房，是每一个人最基本的内在需要，然而，在越来越高的房价面前，很多人都显得有点无可奈何。尤其对于20多岁的年轻人来说，面临着“成家立业”的压力，或自掏腰包或父母赞助，竭尽全家之力去买房，成为事实上的房奴，背负高房价带来的高额房贷的压力。

高涨幅的房价不仅让普通老百姓买不起房子，很多中等收入者也感觉压力沉重。高房价的挤压，已“畸变”成社会不可承受之重。许多事实都表明，住房问题已经成为绝大多数中国人的心病。

对于房价与老百姓购买能力的一个国际惯用指标是房价收入比，所谓房价收入比，是指住房价格与城市居民家庭年收入之比。

按照国际上的一般标准，房价收入比在3～6之间被认为是比较正常的。根据2008年《中国统计年鉴》的相关数据计算可知，2007年我国的房价收入比平均为15，远高于国际上普遍认为的正常水平。中国的房价高到什么程度，可以参考以下几个数据：美国目前房价中位数是20万美元，约200平方米的别墅，相当于美国中等家庭收入的4倍。而中国呢？

我国各个城市的房价收入比是不平衡的，中小城市的房价收入比多在6倍以上，属于房价过高的范畴，据调查，全国大部分大中城市房价收入比超过6，其中北京、沈阳、贵阳、南京、广州、大连和西安的比率都超过了10，甚至更高。

仔细分析起来，中国的高房价，是“众力”合推的结果。从经济学的角度讲，13亿人口对房子的巨大需求、炒房团的推动、国际热钱的推波助澜等都可以说是导致我们房价居高不下的重要原因。当然，地方政府对土地出让金的热衷、房地产行业追求暴利等因素也在推动房价的不断高升。

正是这些因素的存在，让中国的房市呈现与世界其他国家不一样的特点。这就需要政府发挥宏观调控的作用，采取相应措施，将房价控制在合理的水平，让房价收入比达到合理的水平。而我国政府也已经注意到了这个问题，特别是在2011年，各地政府纷纷出台措施，发布限购令，积极开工建设保障性住房，希望借此遏制房价的不良增长。

房价的最终走向牵动着国人的心弦，我们期待房价能回归到合理的价格水平，让买房不再成为我们遥远的梦。

## 钱值钱了？——人民币升值

2011年4月29日，美元/人民币汇率中间价首次跌破6.50的重要心理关口，许多分析师预计，人民币还将进一步升值。自2005年7月份以来，人民币兑美元已累计升值了23.7%。

从经济学来分析，人民币升值实际上指的是人民币兑换外币的比率增加。这里我们要先明白汇率的概念。

汇率指的是以一种货币表示另一种货币的价格。根据这个道理，倘若人民币对美元的汇率是1:8，1美元可以换8元的人民币；当汇率上升为1:7，1美元只能换7元的人民币。这样人民币相对于美元来说，就是升值了。

很多普通老百姓也关注人民币升值的问题，意识到它与我们的生活息息相关。在人民币升值的情况下，如果这时你拿人民币购买美国的东西，就比以前花的钱少了。因为人民币更“值钱”了。

人民币不断升值，而美元的不断贬值，给不少赴美留学的学生一个意外的惊喜，使美国的留学费用总体下降了很多。按照金融危机前的1：7.5的汇率计算，现在去美国留学每年至少节省了4万～5万元人民币，本科4年一共能节省费用15万～20万元。

据了解，去美国读本科，留学的总体费用平均在20万～25万元人民币，而且每年以一定的比例增长，涨幅均在5%～10%。但是由于美元贬值，使得美国的留学费用总体上下降很多。以一个普通本科生每年平均花费3万美元为例，按以前的汇率计算，约需人民币23万元，而现在则只需要20万元人民币，本科4年仅学费就可节省12万元。

另外，就英国留学而言，中国学生也受惠于人民币升值，这两年英镑对人民币从原有的1：15到现在的1：10.5，使得留学总费用出现较大幅度的下调。根据目前英国普通学校的收费情况，去英国读本科一年费用约为20万元人民币，现在可以节省1/3的费用，这是相当可观的。

由此可以看到，人民币升值极大地提高了国内人民的国际购买能力。同样的，对于进口商来说，他们进购商品也将会比以前更加便利，进口商品和进口原料便宜了，国内的一些加工产品也会变得更低。于是，国内百姓的购买力增加了，从而更进一步拉动内需，促进了消费。

人民币升值了，钱更值钱了，我们出国旅游等更便宜了，企业到国外投资的成本也降低了……人民币升值几乎与我们生活的方方面面都有关系，当然，这种关系不仅仅是积极的，还有消极的一面。

2008年，江苏省盛泽镇——原为中国四大丝绸之都之一，拥有数万台国内外领先的生产设备，全镇每年生产各种纺织品60亿米。但因人民币升值，停产了将近几百家企业。纺织协会的有关人员介绍，目前停产的中小企业约占整个中小企业数量的三分之一。令人悲痛的是，吴江的纺织企业也面临着同样的问题。人民币升值，造成当地企业的利润空间被极大地压缩。

按照中国纺织工业协会的统计，仅2007年一年，全国纺织企业蒙受的经济损失就在1500亿元以上，远远超过企业获得的利润，51%的企业陷入亏损边缘，纺织企业的形势堪忧。

人民币的升值带来的痛楚也会在一定的时间内由出口企业转移到其他

行业和领域，一旦人民币单边升值预期形成并得到强化，我国可能重新面临流动性过剩、资产价格上升、通胀压力抬头的不利局面。

当然，人民币升值以后，与老百姓最直接的影响无疑是劳动力就业出现问题。在国际市场上，我国产品尤其是劳动密集型产品的出口价格远低于别国同类产品价格。究其原因，一是我国劳动力价格低廉；二是由于激烈的国内竞争，使得出口企业不惜血本，竞相采用低价销售的策略。人民币一旦升值，为维持同样的人民币价格底线，用外币表示的我国出口产品价格将有所提高，这会削弱其价格竞争力；而要使出口产品的外币价格不变，则势必挤压出口企业的利润空间，这不能不对出口企业特别是劳动密集型企业造成冲击。

前两年的“民工谎”已经转变为如今的“民工荒”，而造成这一转变的一个直接原因就是人民币升值的影响。在金融危机期间，各国政府都竞相使本国货币贬值以促进出口，就是这个原因。而我国出口产品的大部分是劳动密集型产品，出口受阻必然会加大就业压力。

人民币升值有利有弊，但人民币究竟升值还是贬值，以及升值或贬值的幅度有多大，都需要政府依据各方情势仔细权衡。

作为普通的老百姓，我们能做的就是在人民币升值的时候，充分利用人民币升值带来的优势，并通过各种方式减缓其带来的冲击。

例如，在储蓄结构上，通过多存人民币，少存外币，特别是到外资银行存人民币来减少储蓄带来的风险问题。另外，我们也可以考虑拿出一部分人民币购买不动产，减少人民币升值带来的风险性。调整消费结构方面，还可以从多消费进口产品，多进行境外购物消费上来减少人民币升值带来的影响。

## 还钱容易借钱难——国家利率

毫无疑问，2011年新增信贷量将从宽松走向偏紧。各地银行却一反常态，对已有房贷客户，无论在效率上还是条件上都大开“绿灯”，以积极的态度“欢迎提前还贷”。在重庆和杭州更是出现了银行主动发信息通知客户“提前还贷免违约金”、“提前还贷获双倍积金”的状况。

以往需要提前至少两个月预约登记的房贷提前还款手续，“现在只要半个月到一个月，基本上半个月就可以完成扣款。”此外，对于原来就享受7折利率优惠的客户，提前部分还贷，剩余部分仍然“可以享受7折”。而此前，对于提前还贷取消优惠则是不少银行的普遍做法。

由于2010年年底两次加息提高了利息成本，因此在2011年的房地产借贷市场，将有可能出现“还钱容易借钱难”的反常现象。

利率又称利息率，它表示的是一定时期内利息量与本金的比率，通常用百分比表示，按年计算则称为年利率。其计算公式是：

利息率＝利息量/本金/时间 ×100%

利率通常由国家的中央银行控制。利率是经济学中一个重要的金融变量，几乎所有的金融现象、金融资产均与利率有着或多或少的联系。

利率与人们的生活联系较为紧密。在生活中，常常有民间借贷，有承诺的也好，无承诺的也好，还款时常要与同期的储蓄存款利息比一比。在炒股生涯中，常常要对自己的股票或资金算一算，自然而然要想到与同期的利率作比较。储蓄存款利率变了又变，涉及千家万户，千家万户要谈论储蓄存款利率。但令人费解的是，利率为什么在不同的时期有不同的变化？这代表着什么？利率的高低又是由什么决定的？

现代经济中，利率作为资金的价格，不仅受到经济社会中许多因素的制约，而且，利率的变动对整个经济产生重大的影响，因此，现代经济学家在研究利率的决定问题时，特别重视各种变量的关系以及整个经济的平衡问题。

在现代社会中，利息和利率是沟通实物市场和货币市场的桥梁。无论你是大企业家还是一名普通工人都会关注利息和利率的变化情况。如果你是企业家，那么你会非常乐意在利率大幅下调后向银行进行巨额贷款以增加投资扩展自己的业务；如果你是普通工人，那么在利率大幅上升的时候，你也许会缩减自己的消费，将节省的钱存入银行来赚取利息。

通常计算利率的途径有若干种，现值是最简单的方式。其中最重要的就是到期收益率。也就是使债务工具所有未来回报的限制与其今天的价值相等的利率。所谓到期收益，是指将债券持有到偿还期所获得的收益，包括到期的全部利息。

综合说来，利率出现的主要原因包括：

1. 延迟消费。当放款人把金钱借出，就等于延迟了对消费品的消费。根据时间偏好原则，消费者会偏好现时的商品多于未来的商品，因此在自由市场会出现正利率。

2. 预期的通胀。大部分经济会出现通货膨胀，代表一个数量的金钱，在未来可购买的商品会比现在较少。因此，借款人需向放款人补偿此段期间的损失。

3. 代替性投资。借款人可以选择把金钱放在其他投资上。由于机会成本，借款人把金钱借出，等于放弃了其他投资的可能回报。

4. 投资风险。贷款人随时有破产、潜逃或欠债不还的风险，放款人需收取额外的金钱，以保证在出现这些情况下，仍可获得补偿。

5. 流动性偏好。人会偏好其资金或资源可随时交易，而不是需要时间或金钱才可取回，利息也是对此的一种补偿。

这里存在一个问题，作为利率应该通过市场和价值规律机制，在某一时点上由供求关系决定的利率，它能真实地反映资金成本和供求关系。但是实际上，利率是由中央银行实施利率管制的，使利率尽力与市场变化相适应。

## 逃离“北上广”——生活成本指数

“逃离北上广”也成为在一线城市打拼的年轻人的一种潮流，近年来，一线城市的房价和生活成本一路飙升，而且由于竞争激烈，他们生活在窘迫与不安之中。城市的变化，使得部分都市白领开始考虑撤离，从一线城市向二线城市迁移，不再对大城市趋之若骛。

生活成本，主要是指房屋所在地与业主平时的工作、生活圈之间所产生的各类成本。但是，对于很多现代人而言，高昂的生活成本让人们倍感压力。实际上，不仅现代人感受到在大城市生活的压力，古代人也能感受到在大城市生活的压力。

白居易是唐代著名诗人，他自小聪明，生下来刚六七个月，就能辨认“之”、“无”两个字，五六岁就开始学写诗。大概在他十五六岁那年，他父亲白季庚在徐州做官，让他到京城长安去见世面，结交名人。长安是唐朝的都城，物价尤其是米价与其他地方相比，并不便宜。

当时，长安有一个文学家顾况，很有点才气，但是脾气高傲。白居易听到顾况的名气，带了自己的诗稿，到顾况家去请教。顾况听说白居易也是个官家子弟，不好不接待。

顾况看了看白居易，又看了看名帖，看到“居易”两个字，皱起眉头说：“近来长安米价很贵，只怕居住很不容易呢！”

白居易被顾况莫名其妙地数落了几句，也不在意，恭恭敬敬地站在旁边请求指教。顾况拿起诗卷随手翻着翻着，他的手忽然停了下来，眼睛盯着诗卷，轻轻地吟诵起来：

“离离原上草，一岁一枯荣；野火烧不尽，春风吹又生……”

顾况读到这里，脸上显露出兴奋的神色，马上站起来，紧紧拉住白居易的手，热情地说：“能够写出这样的好诗，住在长安也不难了。”

对于白居易来说，在长安生活的成本并不低廉，不过他的卓越才识并不会让他担心在长安的生活成本问题。

生活成本指数是指商品和服务的典型消费组合在当期的成本与基期的成本之比，理想生活成本指数是指以当前价格达到一个与基期相同的消费者效用水平的所花成本与基期的比值。该指数是以 1990 年作为基期，指数定为 100。

2009 年 7 月 7 日，美国著名咨询公司美世公司（Mercer）发布了《2009 年全球城市生活成本排名》调查报告。报告显示，日本首都东京成为全球生活成本最高的城市。北京的排名跃居前十，香港、上海、深圳、广州排名前 25 位。在这份调查报告中，调查者选取了全球六个大洲的 143 座城市作为调查对象，对各个地区 200 多个项目的花费进行了比较，其中包括住房、交通、食品、服装、家用品、娱乐消费等。在比较过程中，调查人员将美国生活费用最高昂的城市纽约作为评判标准，其指数为 100，其他城市的指数都同纽约对比。第一名东京的指数为 143.7，最后一名约翰内斯堡的指数为 49.6。

在这份排名榜上，位于前 25 名的城市大多属于发达国家；而在这“25 强”中，中国内地城市就占据了四个席位。

在生活成本升高的前提下，城市中的两类人群明显呈现出了不同的生活状态。以北京为例，大多数本地人口由于住房有保障，并且社会保障很齐全，个人收入也随着经济增长而提高。因此，生活成本的提高对他们不会带来太多的压力，他们的生活质量得到了提升。但对于在北京工作的外地务工者而言，收入增长速度赶不上生活成本的提高速度，这使得他们的压力越来越大，生活质量也会因此受到影响。

假设一个人漂在北京，他一个月最基本的生活费用应该达到多少呢？我们不妨举一个北漂族的具体例子。小黄在2008年大学毕业后只身来到北京，在中关村的一家私营企业找到一份工作，月收入大约3000元。小黄在朝阳区某地与他人合租了一套两居室，一个月的房租为1500元。每天早餐需要3元，午餐需要10元，晚餐需要10元，每个月的食物消费大约700元。每天的交通费大约需要5元，因此一个月的交通费大约150元。每个月日常用品费和服装费用大约400元。此外，手机通信费大约需要100元。我们综合一下这些花费，一共2850元。值得注意的是，这些计算并没有包括他的交际费用以及娱乐费用等，如果将这些也考虑进去的话，小黄真的“入不敷出”了。

为什么身在发展中国家的我们，会“享受”着发达国家的生活成本呢？我国正处于改革开放后30年高速发展的积累期，各地在城市化进程中，所需的生产要素很大部分都向北京、上海、深圳、广州等大型城市集中。这些要素包括劳动力、资本、技术等。大城市在日渐繁华的同时，流动人口也大大增加，物质消费需求和住房需求也越来越大，这些推高了城市的生活成本。

在北京、上海等大城市里工作、生活的人，有50%以上都是外地人口。在户籍制度的保障下，本地居民的生活质量随着城市发展迅速上升，但外地人的生活质量并不同步。

就目前来看，在北京等大城市要降低生活成本没有立竿见影的方法，政府应该通过一些经济手段控制房价及房租，减少其占劳动者收入支配的百分比，并尽量给外地务工者提供更完善的社会保障制度，才有可能降低他们的生活成本。

## 幸福究竟在哪里——幸福指数

2011 年 5 月，经济合作与发展组织对该组织的 34 个成员国进行了 11 个大类的综合指标调查，涉及健康、犯罪、教育、住房、政府管理、居民财产、环境和物价等，并分别做出了新的排名。

在全部指标综合排名中，澳大利亚、加拿大、瑞典分列前三甲，被认为是最适宜生活的三个国家，国民幸福指数最高。北欧国家的整体排名靠前。仅就“对生活感到幸福”这一项指数而言，90% 的丹麦民众对生活感到满意，86% 的芬兰民众对生活满意，挪威、瑞士都排在前五。韩国只有 36%，东欧国家更低。

**澳大利亚幸福指数最高**

调查显示，75% 的澳大利亚人对他们的生活感到满意，这个比例远远高于 34 个国家的平均数 59%。此外，尽管澳大利亚面临房价飙升、通货膨胀、经济低迷，但 83% 的民众对澳大利亚经济前景看好。

**卢森堡民众最有钱**

在居民财富方面，34 个国家人均全年可支配收入为 1.3725 万英镑 (14.5 万人民币 )。其中，卢森堡人全年可支配收入达 1.6758 万英镑 (17.7 万人民币 )，排名第一。其次是美国、瑞士、比利时和英国。

**瑞士、澳大利亚民众最健康**

在居民健康指标方面，瑞士和澳大利亚被认为是最为健康的国家。而英国儿童肥胖率世界最高，因肥胖引发的死亡事件也日益增多。2000 年，英国 65 岁以下民众中有 88 人死于肥胖引发的疾病；而 2009 年这一数字飙升至 190 人。

**日本人感觉“不幸福”**

虽然日本人在可支配收入、工作状况、受教育程度、健康状况等方面的得分均超过平均数，但日本民众普遍自我感觉“不幸福”，仅 40% 的民众对生活满意。

幸福感是一种心理体验，它既是对生活的客观条件和所处状态的一种事实判断，又是对于生活的主观意义和满足程度的一种价值判断。它表现为在生活满意度基础上产生的一种积极心理体验。而幸福感指数，就是衡量这种感受具体程度的主观指标数值。

“幸福感指数”的概念起源于30多年前，最早是由不丹国王提出并付诸实践的。20多年来，在人均GDP仅为700多美元的南亚小国不丹，国民总体生活却比较幸福。

如果说GDP、GNP是衡量国富、民富的标准，那么，幸福指数就可以成为一个衡量百姓幸福感的标准。幸福指数与GDP一样重要，一方面，它可以监控经济社会运行态势；另一方面，它可以了解民众的生活满意度。所以，人们也普遍认为：幸福指数，是体现老百姓幸福感的“无须调查统计的”反应：是挂在人民群众脸上的“指数”。

幸福指数包括A、B、C三类指标。A类指标涉及认知范畴的生活满意程度，包括生存状况满意度（如就业、收入、社会保障等），生活质量满意度（如居住状况、医疗状况、教育状况等）；B类指标涉及情感范畴的心态和情绪愉悦程度，包括精神紧张程度、心态等；C类指标指人际以及个体与社会的和谐。

美国经济学家保罗·萨谬尔森提出了一个关于幸福的方程式：

幸福 = 效用 / 欲望

简单地说，幸福就是效用和欲望的比较。效用是人消费某一种物品时得到的满足程度，欲望则是对某一种物品效用的强烈需要。比如金钱能够给人带来效用，每个人都有发财的强烈欲望，当一个人赚到了钱后，他就有一种幸福感。

根据这个公式，如果两个人的财富欲望水平相等，都是10万元，那么赚了5万元的人就比赚了2万元的人幸福。但是如果赚5万元的人的欲望是10万，赚2万元的人的欲望是2万，那么赚了2万元的人虽比赚了5万元的人穷，却比赚5万元的人幸福。如果效用超过了欲望，幸福感就会消失。

现代经济学认为，财富仅仅是能够给人带来幸福的因素之一，人们是否幸福，很大程度上还取决于许多和财富无关的因素，如感情、健康、精神等。一些社会学家和经济学家通过大量的调查研究，发现美国人拥有的财富比欧洲多，但是美国人的幸福指数却并不比欧洲人高。拿中国来说，人们的生活水平比改革开放前都有了非常大的提高,但是不少人却常常“端起碗来吃肉，放下筷子骂娘”，显然很多人对当前的生活水平并不满意。

幸福感和周围人的比较有关。比如你虽然买了一套自己的房子，和以前租房住相比是有了很大的改观，但是你的朋友都在住别墅，所以房子给你带来的效用仍然很小，你的欲望满足的程度很小，所以你幸福的指数也小。但是如果你住的是别墅，而你的同事朋友住的都是楼房，你就会感到非常幸福。所以我们常会用“比上不足，比下有余”、“知足常乐”来安慰自己。

# 第三章

# 财富不缩水：让钱袋子加速鼓起来

## 衡量经济发展的尺度——GDP

国家统计局于 2011 年 9 月 5 日发布公告：2010 年国内生产总值现价总量为 401202 亿元，按不变价格计算的增长速度为 10.4%。这一经济数据的发布，引来了国内外的广泛关注。

对于普通百姓来说，认识和了解 GDP 的含义，以使自己了解中国或本地区的宏观经济具有重要的参考价值。GDP 即英文 gross domestic product 的缩写，也就是国内生产总值。通常对 GDP 的定义为：一定时期内（一个季度或一年），一个国家或地区的经济中所生产出的全部最终产品和提供劳务的市场价值的总值。

自从 20 世纪 30 年代美国经济学家库兹理茨建立这个体系以来，GDP 这个指标一直在使用和改进中。应该说，GDP 是能基本反映一国整体经济运行状况与历史趋势的。到现在为止，还没有一个人能提出广为公众接受的另一种指标体系来替代 GDP，也没有一个国家不使用 GDP 这个指标，或者放弃 GDP 统计的计划。

网上流传着一则有关 GDP 的笑话：

A 国总理认为今年 GDP 增长太慢，就请经济强国 B 国的资深顾问来帮忙。B 国的顾问说，这好办。你只要让全国的家庭主妇都活动起来即可。即：让 C 家的主妇去 D 家做饭，赚取工资，让 D 家主妇去E家做饭，赚取工资……以此类推，主妇都不在自己家做饭，GDP就会涨！

家庭主妇到谁家做饭和GDP有何关系？在经济学中，GDP常用来作为衡量该国或地区的经济发展综合水平通用的指标，这也是目前各个国家和地区常采用的衡量手段。GDP是宏观经济中最受关注的经济统计标准，因为它被认为是衡量国民经济发展情况最重要的一个指标。

一般来说，国内生产总值有三种形态，即价值形态、收入形态和产品形态。从价值形态看，它是所有常驻单位在一定时期内生产的全部货物和服务价值与同期投入的全部非固定资产货物和服务价值的差额，即所有常驻单位的增加值之和；从收入形态看，它是所有常驻单位在一定时期内直接创造的收入之和，而GDP反映的就是国民经济各部门增加值的总额。计算GDP有几种不同的方法。

1. 生产法

生产法是从生产角度计算国内生产总值的一种方法。从国民经济各部门一定时期内生产和提供的产品和劳务的总价值中，扣除生产过程中投入的中间产品的价值，从而得到各部门的增加值，各部门增加值的总和就是国内生产总值。计算公式为：

总产出－中间投入＝增加值

GDP= 各行业增加值之和

也可以表示为：

GDP ＝∑各产业部门的总产出－∑各产业部门的中间消耗

2. 收入法

收入法是从生产过程中各生产要素创造收入的角度计算GDP的一种方法。即各常驻单位的增加值等于劳动者报酬、固定资产折旧、生产税净额和营业盈余四项之和。这四项在投入产出中也称最初投入价值。各常驻单位增加值的总和就是GDP。计算公式为：

GDP ＝∑各产业部门劳动者报酬＋∑各产业部门固定资产折旧＋∑各产业部门生产税净额＋∑各产业部门营业利润

3. 支出法

支出法是从最终使用的角度来计算GDP及其使用去向的一种方法。

GDP的最终使用包括货物和服务的最终消费、资本形成总额和净出口三部分。计算公式为：

GDP（国内生产总值）＝最终消费＋资本形成总额＋净出口

从生产角度，等于各部门（包括第一、第二和第三产业）增加值之和；从收入角度，等于固定资产折旧、劳动者报酬、生产税净额和营业盈余之和；从使用角度，等于总消费、总投资和净出口之和。

美国经济学家萨缪尔森认为，GDP是20世纪最伟大的发明之一。他将GDP比做描述天气的卫星云图，能够提供经济状况的完整图像，能够帮助领导者判断经济是在萎缩还是在膨胀，是需要刺激还是需要控制，是处于严重衰退还是处于通胀威胁之中。如果没有像GDP这样的总量指标，政策制定者就会陷入杂乱无章的数字海洋而不知所措。

GDP一直是人们关注的对象，而且也是每年年初人们都在讨论的话题之一。

2011年地方“两会”的闭幕后，各地2010年的GDP“成绩单”也陆续浮出水面。纵观各地公布的GDP数据，2010年我国又有3个省份（陕西、内蒙古、黑龙江）加入“万亿GDP俱乐部”，至此，全国共有17个省份GDP总量超过万亿元。

在过去的二十多年里，我国是世界上经济增长最快的国家之一，但是，由于资源的浪费、生态的退化和环境污染的加剧，在很大程度上抵消了经济增长的成果。

一直以来，一些地方政府始终将GDP增长放在第一位，往往忽视了环保。因为加强环保就要投入大笔资金，许多工程就不能开工，就会影响GDP的增长。在“重发展、轻环保”思想的指导下，有些领导甚至要求环保部门为违法建设开绿灯。

为正确衡量我国的经济总量并正确引导经济增长方式，我国正在积极推行绿色GDP的计算方法。绿色GDP是指一个国家或地区在考虑了自然资源（主要包括土地、森林、矿产、水和海洋）与环境因素（包括生态环境、自然环境、人文环境等）影响之后经济活动的最终成果，即将经济活动中所付出的资源耗减成本和环境降级成本从GDP中予以扣除。改革现行的国民经济核算体系，对环境资源进行核算，从现行GDP中扣除环境资源成本和对环境资源的保护服务费用，其计算结果可称为“绿色 GDP”。

绿色 GDP 用公式可以表示为：

绿色 GDP= GDP 总量—(环境资源成本 + 环境资源保护服务费用)

通过绿色 GDP 的试点，我们可以勾勒出一个日渐清晰的蓝本：民众需要舒适从容的生存空间，国家要走可持续的良性发展道路。

## 姚明为什么收入这么高——个人收入

2010 年 3 月 18 日，美国知名媒体福布斯杂志中文版率先发布了 2009 年中国名人榜。姚明继 2008 年以 5600 万美元（按照当时汇率折合大约 38780 万元人民币）年收入位居排名榜首之后，在 2009 年姚明同样以 35777 万人民币的收入继续雄踞所有排名榜首，几乎没有受到任何经济危机的影响。而刘翔的个人收入依然稳居第二名，以 13028 万傲视姚明之外的“名人榜群雄”。

此外，我们所熟悉的明星还有：章子怡 7800 万的个人收入虽然无法和姚明相提并论，但还是相当可观；易建联的个人收入从 2008 年的 2900 万人民币上升至 2009 年的 3710 万；而郭晶晶的个人收入也达到 3050 万；乒乓名将张怡宁的个人收入达到 1345 万元；王励勤个人收入达到 1150 万；而林丹的个人收入则为 1475 万。

近年来，个人收入的多少被看做是身份的象征，于是出现了各种类型的收入排行榜。不管是哪种排行榜，也无论在排行榜中位居第几，能在榜上留名的人物，他们的个人收入都非常可观。姚明这些明星们的收入如此之高，当然也是和他们的辛苦付出以及明星效应成正比例的。

个人收入作为一项经济指标，是指个人从各种途径所获得的收入的总和。个人收入反映的是个人的实际购买水平，预示了消费者未来对于商品、服务等需求的变化。个人收入指标可以用于预测个人的消费能力，是对未来消费者的购买动向及评估经济情况好坏的一个有效指标。

总体说来，个人收入提升总比下降的好，个人收入提升代表经济景气，下降当然是放缓、衰退的征兆，对货币汇率走势的影响不言而喻。如果个人收入上升过急，央行担心通货膨胀，又会考虑加息，加息当然会对货币汇率产生强势的效应。

对于大多数人来说，其个人收入主要由两部分组成：一是工资总额；二是工资外收入。关于工资总额很好理解，就是单位在一定时期内直接支付给本单位全部职工的报酬总额，包括计时工资、计件工资、奖金津贴、补贴、加班工资等。而工资外收入则是指职工在工资总额以外在本单位内或单位外获得的现金或实物，主要包括保险性福利费用、财产性收入、转移性收入等。

个人收入主要反映了居民的收入情况。随着全国经济运行质量的提高，人们的个人收入水平也得到较大幅度的增长。在个人收入的分配与再分配过程中，“个人可支配收入”比单纯的个人收入更有价值，因为它代表每个人可用于消费支出或用来储蓄的货币金额。个人可支配收入指个人收入扣除向政府缴纳的个人所得税、遗产税和赠与税、不动产税、人头税、汽车使用税以及交给政府的非商业性费用等以后的余额。

国家统计局数据显示，2010 年我国城乡居民收入稳定增长。全年城镇居民家庭人均总收入 21033 元，比上年增长 11.5%。其中，城镇居民人均可支配收入 19109 元，增长 11.3%，扣除价格因素，实际增长 7.8%。农村居民人均纯收入 5919 元，增长 14.9%，扣除价格因素，实际增长 10.9%。

但是很多人认为国家统计局公布的居民收入增长之快，与他们自身的真实收入相比，存在很大偏差。其实制约公众工资增长和消费“感觉”的，不单是收入和消费的绝对增长幅度，还有住房、养老、医疗、教育、保险等公共产品的供给与保障。目前这些公共产品的供给却始终难以让人乐观——昂贵的医疗救治、动辄大谈市场化的教育、坚挺飞涨的房价犹如三座大山，压得在俗世中生活的人们喘不过气来。尤其在经济危机的大背景下，人们生存的状况更是步履艰难。如此情境下，可支配收入自然感觉不到涨；消费支出，更是分分都要花在刀刃上。

我们的个人收入是在不断增长的，这一点毋庸置疑。在个人收入不断增长的同时，我国的 GDP 也在不断攀升，只是近些年来个人收入的增长幅度多数年份低于 GDP 的增长，居民最终对 GDP 的分享逐年减少，因此，居民个人收入与 GDP 之间的差距越拉越大。政府部门应该把更多的精力放在提高居民收入上，让更多人能从 GDP 的增长中分得一杯羹。

## 为什么富者更富，穷者更穷——基尼系数

世界银行在第60届联合国首脑峰会期间公布了一份长达190页的报告，公布了世界上最穷的国家和世界上最富的国家的前十名。

观看这个榜单，世界最穷的十个国家几乎全在非洲，亚洲仅有一席，那就是我们的近邻尼泊尔，排名世界最穷的国家第六名。而世界上最富的国家几乎全在欧洲，除此之外，美洲的美国排名第四，我们的近邻日本排名第六。

世界排名最穷的国家第一名是埃塞俄比亚，人均财富仅1965美元，世界最富的国家第一名是瑞士，人均财富达到了648241美元，两者相差将近330倍。而世界排名最穷国家的第十名马达加斯加，人均财富5020美元，世界排名最富的国家第十名比利时和卢森堡，人均财富451714美元，两者相差90倍。

世界上最穷的国家：1. 埃塞俄比亚 2. 尼日利亚 3. 布隆迪 4. 刚果（金）5. 尼日尔 6. 尼泊尔 7. 几内亚比绍 8. 莫桑比克 9. 乍得 10. 马达加斯加

世界上最富的国家：1. 瑞士 2. 丹麦 3. 瑞典 4. 美国 5. 德国 6. 日本 7. 奥地利 8. 挪威 9. 法国 10. 比利时

在经济学中有一个社会现象：富者很富，穷者很穷。用经济学术语来说，这就是收入分配中的“马太效应”。在国民收入分配领域，马太效应进一步显现出贫者越贫、富者越富的状态。因此，用以测量贫富差异程度的基尼系数应运而生。

基尼系数是意大利经济学家基尼于1912年提出的，定量测定收入分配差异程度，国际上用来综合考察居民内部收入分配差异状况的一个重要分析指标。

为了研究国民收入在国民之间的分配问题，美国统计学家洛伦兹1907年提出了著名的洛伦兹曲线。它先将一国人口按收入由低到高排队，然后考虑收入最低的任意百分比人口所得到的收入百分比。将这样的人口累计百分比和收入累计百分比的对应关系描绘在图形上，即得到洛伦兹曲线。

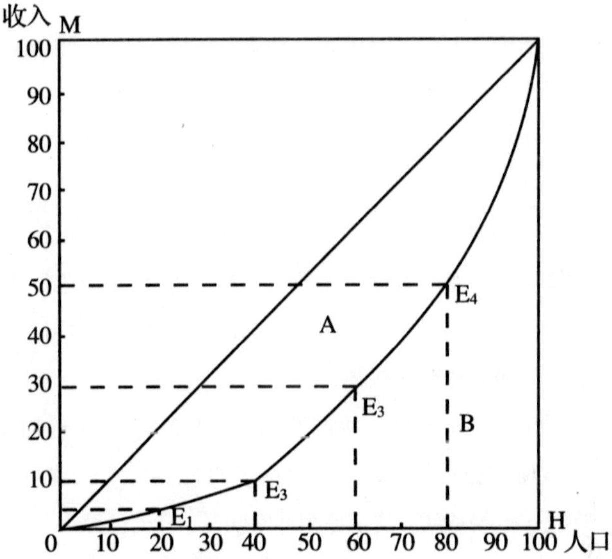


如图所示，横轴 OH 表示人口（按收入由低到高分组）的累积百分比，纵轴 OM 表示收入的累积百分比，弧线 OL 为洛伦兹曲线。

一般来讲，洛伦兹曲线反映了收入分配的不平等程度。弯曲程度越大，收入分配越不平等，反之亦然。特别是，如果所有收入都集中在一人手中，而其余人口均一无所获时，收入分配达到完全不平等，洛伦兹曲线成为折线 OHL。另一方面，若任一人口百分比均等于其收入百分比，从而人口累计百分比等于收入累计百分比，则收入分配是完全平等的，洛伦兹曲线成为通过原点的 45 度线 OL。

一般来说，一个国家的收入分配，既不是完全不平等，也不是完全平等，而是介于两者之间。相应的洛伦兹曲线，既不是折线 OHL，也不是 45 度线 OL，而是像图中这样向横轴突出的弧线 OL，尽管突出的程度有所不同。

将洛伦兹曲线与 45 度线之间的部分 A 叫做“不平等面积”，当收入分配达到完全不平等时，洛伦兹曲线成为折线 OHL，OHL 与 45 度线之间的面积 A+B 叫做“完全不平等面积”。不平等面积与完全不平等面积之比，就是基尼系数。用公式表达即 G=A/（A+B）。显然，基尼系数不会大于 1 也不会小于 0。

目前，国际上用来分析和反映居民收入分配差距的方法和指标很多。

基尼系数由于给出了反映居民之间贫富差异程度的数量界线，可以较客观、直观地反映和监测居民之间的贫富差距，预报、预警和防止居民之间出现贫富两极分化，因此得到世界各国的广泛认同和普遍采用。

国际上通常把 0.4 作为收入分配差距的“警戒线”。一般发达国家的基尼指数在 0.24 到 0.36 之间，美国偏高，为 0.4。将基尼系数 0.4 作为监控贫富差距的警戒线，应该说，是对许多国家实践经验的一种抽象与概括，具有一定的普遍意义。但是，各国、各地区的具体情况千差万别，居民的承受能力及社会价值观念都不尽相同，所以这种数量界限只能用作宏观调控的参照系，而不能成为禁锢和教条。

据世界银行的测算，2009 年，中国的基尼系数约为 0.47，远远高过欧洲与日本等国。在所有公布的 135 个国家中名列第 36 位。一些学者认为我国基尼系数现已越过警戒线，贫富差距非常明显，社会已经进入“危险”状态。出于验证上述观点的目的，很多权威经济学家对此展开研究。结果表明——基尼系数在我国适用的准确性有待验证。说我国进入“高危社会”有些危言耸听，他们其中还有人提出相反的看法，认为现下公布的基尼系数信不过。

经济学家萧灼基先生认为——对中国基尼系数“不要感到有多么严重、可怕”。他说：现在社会上有一种炒作基尼系数的现象，认为基尼系数高了，就要发生动乱。事实上，根据我国的国情，因基尼系数高而引起社会动乱可能性较小。首先，我国经济正处于上升阶段，全民生活状况在不断改善，贫困人口日渐减少。其次，政府对改善弱势群体生活的关注程度不断加强。贫困线、低保线和下岗职工的最低补助线——三条保障线，将有助于缩减贫富差距。

魏杰教授在发表的《基尼系数理论与中国现实的碰撞》的文章也认为，“用于判断城市化和工业化进程中国家的收入差距影响的标准应该适当放宽，而不是教条地使用 0.4 作为警戒线。中国的基尼系数超过 0.4，进入收入差距过大的区间，但其对于经济的负面影响并不突出，工业化和城市化的步伐仍在继续，不能据此判断中国收入差距影响超过警戒线。”

使用基尼系数作为监控贫富差距的指标，是很多国家实践经验的一种抽象与总结。但各国基本国情，如居民的承受能力及社会价值观念等都不尽相同，将其当做衡量居民收入分配情况的唯一性标准并不合理。并且，基尼系数本身具有抽象性和概括性，在反映收入分配公平性方面，只能从总体上作出抽象的反映，而无法体现具体到每个人的收入差异程度。可见，根据基尼系数并不能完整全面地判断一个国家或地区居民的收入分配状况。

现今，对于人们和社会来说，基尼系数的作用仅应体现在作为宏观调控的参考上，而非唯一的标准。

## 钱是不断贬值的——贴现率

小王大学毕业6年后，与友人集资100万元在家乡办了一个工厂，但今年企业却停产关闭了，从成立算起，这个工厂也存在了6年。在这6年时间里，企业每年的总收益是20万元，6年共收益120万元。这样算下来，总成本为100万元，总收益为120万元，利润为20万元，投资利润率为20%。

这种算法可以说是正确的，也可以说是不正确的。说这种算法不正确，是因为总收益、总投资、利润都是用货币计算的，而现在的20万元钱与未来的20万元钱的实际价值并不相同，也就是说20万元钱的实际购买力并不相同。

比如经济中会发生通货膨胀，假设通货膨胀率是10%，这种情况下，现在1元钱的购买力在一年以后就会贬值10%，即现在的1元钱在一年以后买不到同样的东西。换一个角度来看，即使没有通货膨胀，我们将1元钱存入银行，如果利率是10%，一年后就成为了1.1元，显然这1元钱在一年后已经不只1元了。

我们把未来某一年的货币转变为现在货币的价值称为贴现。贴现率指的是将未来资产折算成现值(present value)的利率，一般是用当时零风险的利率来当作贴现率。

经济学中有一个资本的时间价值的概念，即在商品经济条件下，即使不存在通货膨胀，等量货币在不同时点上，其价值也是不相等的。一般来说，今天的1元钱要比将来的1元钱具有更大的经济价值。我们在分析经营成本时，就不能不考虑资本的时间价值。

假设名义利率为 r，某一年的货币量为 Mn，货币的现值为 Mo，n 代表第 n 年。贴现的公式如下：

$$Mo=Mn/(1+r)^n$$

例如，未来一年后的货币量为 110 万，名义利率为 10%，这笔钱的现值为：

Mo=110 万 /（1+10%）=100 万

这就是说，当名义利率为 10% 时，一年后 110 万元的现值是 100 万元，或者说一年后 110 万元的实际价值在今年是 100 万元。

在确定一笔投资是否有利时，我们要比较的不是现在的投资与未来的收益，而是现在的投资与未来收益的现值。这是以利润最大化为目标的企业或者个人在决定投资时所采用的思维方式。换言之，不是在未来能赚多少钱，而是所赚的钱的现值是多少。在我们所举的小王投资的例子中，如果利率是 10%，各年收益的现值如下：

第一年（n=1）：20 万 / $(1+10\%)^1$ =18.18 万

第二年（n=2）：20 万 / $(1+10\%)^2$ =16.53 万

第三年（n=3）：20 万 / $(1+10\%)^3$ =15 万

第四年（n=4）：20 万 / $(1+10\%)^4$ =13.66 万

第五年（n=5）：20 万 / $(1+10\%)^5$ =12.42 万

第六年（n=6）：20 万 / $(1+10\%)^6$ =11.29 万

未来 6 年中总收益的现值为：

18.18+16.53+15+13.66+12.42+11.29=87.06 万

如果不进行贴现，总收益为 120 万，但按 10% 的利率进行贴现时，这 120 万的现值为 87.06 万元。投资为 100 万，未来收益的现值为 87.06 万，显然，这笔投资是亏的，亏损为 100−87.06=12.94 万。显然不能进行这笔投资。

由以上的分析还可以看出，一笔未来货币现值的大小取决于名义利率。我们假定名义利率为 5% 时，各年收益的现值如下：

第一年（n=1）：20 万 / $(1+5\%)^1$=19 万

第二年（n=2）：20 万 / $(1+5\%)^2$=18.18 万

第三年（n=3）：20 万／（1+5%）$^3$=17.24 万

第四年（n=4）：20 万／（1+5%）$^4$=16.52 万

第五年（n=5）：20 万／（1+5%）$^5$=15.74 万

第六年（n=6）：20 万／（1+5%）$^6$=15.02 万

未来 6 年中总收益的现值为：

19+18.18+17.24+16.52+15.74+15.02=101.7 万元

这表示只有在名义利率为 5% 时，这笔 100 万元的投资才略有微利，即 101.7−100=1.7 万元。由此可见，在利率为 5% 以上，这笔投资都是不合适的。

在做出长期投资决策时，贴现的概念是极为重要的。长期投资的收益是在未来若干年中，但离现在越远，同样一笔货币收益的现值越小。如果不考虑这一点，看来似乎是有利的投资实际上是亏损的。企业要避免这样的损失就必须对未来收益按名义利率进行贴现。

贴现的方法突出了时间因素在经济学中的重要性。人们对等量货币的现在偏好大于未来,这就体现了时间的作用。经济学家把这种现象称为“时间偏好”。在企业做出投资决策时，企业家也一定要考虑时间因素。收益期越长的投资，时间因素越重要。

在考虑时间因素时，不仅有贴现，而且有投资风险。建立一个工厂往往是一种长期投资。所以在做出这种投资时，不仅要考虑规模的确定，使产量达到平均成本最低的水平，而且要考虑这些产量所能带来的收益现值。当然，如果投资是在今后的多年时间内进行，也要考虑未来投资的现值。因此，做出长期投资一定要谨慎。

## 我们的财富究竟有多少——购买力平价

按照传统市场汇率算法，中国 2009 年 GDP 不到 5 万亿美元。但国际货币基金组织公布的按“购买力平价”调整后的 GDP 排名，2009 年中国为 87652 亿美元，仅次于美国的 142563 亿美元。世界大型企业联合会 11 月 10 日发布报告称，按“购买力平价”计算，中国经济规模在 2012 年就将超过美国。

经济学家保罗·萨缪尔森的著作《宏观经济学》所引用的数据中，早在1998年，国际组织用购买力平价对中国进行换算之后，中国的国内生产总值是用市场汇率计算的5倍，中国当时就一跃超过日本成为全世界的“第二大经济强国”。

2011年为全球新一轮ICP活动的调查基准年。ICP是一项全球性统计合作项目，主要目的是测算各种货币的购买力平价（Purchasing Power Parity，简称PPP），以便用PPP作为转换系数，将各国国内生产总值（GDP）转换为用统一货币单位表示，从而比较和评价各国的实际经济规模和结构。

从2011年1月开始，全球约180个国家和地区将同时开展ICP调查，整个活动预计于2013年年底结束。2011年开始的新一轮ICP项目主要有三个目标，其中之一是提高发展中国家的统计能力，特别是国民核算和价格统计能力，改善宏观经济数据的可比性。经国务院批准，2011年我国将首次全面参与新一轮世界银行组织的国际比较项目（ICP）活动，使得我国GDP可以通过购买力平价换算，与其他国家进行比较。中国国际比较项目部际协调小组已经成立，由国家统计局、财政部和国家发改委等10个部门参与。

在经济学上，购买力平价是一种根据各国不同的价格水平计算出来的货币之间的等值系数，以对各国的国内生产总值进行合理比较。但是，这种理论汇率与实际汇率可能有很大的差距。

购买力平价的大前提为两种货币的汇率会自然调整至一水平，使一篮子货物在该两种货币的售价相同（一价定律）。不过，该一“篮子”货品一般选用麦当劳连锁快餐店里售卖的巨无霸汉堡包。选择巨无霸的原因是，巨无霸在多个国家均有供应，而它在各地的制作规格相同，由当地麦当劳的经销商负责为材料议价。这些因素使该指数能有意义地比较各国货币。

最先提出“巨无霸指数”的是英国著名的杂志《经济学人》1986年9月的期刊中。巨无霸指数（Big Mac Index）是一个非正式的经济指数，用以测量两种货币的汇率理论上是否合理。假设一个巨无霸在美国的价格是4美元，而在英国是3英镑，那么经济学家认为美元与英镑的购买力平价汇率就是3英镑-4美元。而如果在美国一个麦当劳巨无霸的价格是2.54

美元，在英国是1.99英镑，在欧元区是2.54欧元，而在中国只要9.9元的话，那么经济学家由此推断，人民币是世界上币值被低估最多的货币。因为根据一价定律，相同的商品在全世界都应当有相同的价格。如果巨无霸指数大于1，则说明在这个国家麦当劳的价格较美国低，反之则比美国高。从汇率的角度说，就是这个国家货币的汇率被低估，或者美元汇率被高估。

同样的产品在世界各地的货币标价却相差巨大，而且与官方的汇率换算完全不符，因此在一些西方经济学家眼中，麦当劳的巨无霸已经成为评估一种货币真实价值的指数。

购买力平价理论认为：一个平衡的汇率是使所比较的两种通货在各自国内购买力相等的汇率，偏离于使国内购买力相等的汇率是不可能长期存在的。

现行的货币汇率对于比较各国人民的生活水平将会产生误导。例如，如果墨西哥比索相对于美元贬值一半，那么以美元为单位的国内生产总值也将减半。可是，这并不表明墨西哥人变穷了。如果以比索为单位的收入和价格水平保持不变，而且进口货物在对墨西哥人的生活水平并不重要（因为这样进口货物的价格将会翻倍），那么货币贬值并不会带来墨西哥人的生活质量的恶化。如果采用购买力平价就可以避免这个问题。

对购买力平价理论持批评意见的经济学者认为，假定所有国家的价格商品价的相等是错误的，不同国家的人对于同一种商品的估价是不同的。例如一种在甲国是奢侈品的商品，在另一个国家可能只是一般日用品。而购买力平价理论却没有考虑到这种情况。汇率表示你的本国货币在另一个国家的购买力，而购买力平价汇率跟你能在另一国买到多少东西无关。并且，购买力平价在统计学上具有欺骗性——例如可以通过精心的选择所用的商品获得对某国有利或者不利的结果。

## 收入高的人为什么不开心——累进税

2011年9月1日，新个人所得税法正式开始实行。按照新个人所得税法规定，将之前实行的9级超额累进税率修改为7级，取消了15%和40%两档税率，扩大了5%和10%两个低档税率的适用范围。

第一级5%税率对应的月应纳税所得额由现行不超过500元扩大到1500元，第二级10%税率对应的月应纳税额由现行的500元至2000元扩大为1500元至4500元。新个税法还扩大了最高税率45%的覆盖范围，将现行适用40%税率的应纳税所得额，并入了45%税率，加大了对高收入者的调节力度。按照新税率，一位月薪8.3万元的“金领”则多缴5%的税金（由40%税率提高到45%）。

“月收入2万元以上的纳税人税负逐步增加，收入越高，税额增加越多。”财政部财科所副所长白景明说，“此次改革加大了对全月应纳税所得额8万元至10万元人群的调节力度，加大高收入者税收调节力度的政策导向更加清晰，有利于对收入进行公平再分配。”对于45%的最高边际税率，财政部财科所副所长刘尚希表示，个人所得税的基本职责之一是调节收入差距，补低限高，让先富的人承担更多社会责任。

Spring是某跨国矿业公司的主管，不满30岁的她在同龄人中属于高收入阶层，扣除“三险一金”后，税前工资平均下来为22000元。“听说我们这个收入层次是个坎，从我们往上改革后比改革前的个税不同程度地涨了。我看了下，我每个月好像要多缴50块钱个税，变化不大，还能接受。”据Spring介绍，目前在其同事中，对本次的个税征收调整方案都能够比较平静地接受。

税收的一个重要功能就是调节收入差距。其原则是从富人那里多征一点，用于帮助低收入阶层的教育、医疗、市内交通等开支。一般所采取的办法是累进税。即按照课税对象数额的大小，规定不同等级的税率。课税对象数额越大，税率越高；课税对象数额越小，税率越低。通俗地说，就是谁收入越高，谁交的税就越多。比如，王先生和李先生是某公司的职员，王先生是普通销售员，每月实发工资3500元。李先生是销售经理，每月实发工资5000元。李先生就要比王先生多交个人所得税。

累进税率的形式有全额累进税率和超额累进税率。

1. 全额累进税率简称全累税率，即征税对象的全部数量都按其相应等级的累进税率计算征税率。金额累进税率实际上是按照征税对象数额大小、分等级规定的一种差别比例税率，它的名义税率与实际税率一般相等。

全额累进税率在调节收入方面，较之比例税率要合理。但是采用全额累进税率，在两个级距的临界部位会出现税负增加不合理的情况。例如：某甲月收入 5000 元，适用税率 3%；某乙月收入 5001 元，适用税率 10%。甲应纳税额为 45 元，乙应纳税额为 500.1 元。虽然，乙取得的收入只比甲多 1 元，而要比甲多纳税 450 多元，税负极不合理。这个问题，就要靠超额累进税率来解决。

2. 超额累进税率。超额累进税率简称超累税率，是把征税对象的数额划分为若干等级；对每个等级部分的数额分别规定相应税率，分别计算税额，各级税额之和为应纳税额，超累税率的“超”字，是指征税对象数额超过某一等级时，仅就超过部分，按高一级税率计算征税。如下表：

| 改革后 | | | |
|---|---|---|---|
| 级数 | 含税级距 | 税率（%） | 速算扣除数 |
| 1 | 0 ~ 1500 | 3% | 0 |
| 2 | 1500 ~ 4500 | 10% | 105 |
| 3 | 4500 ~ 9000 | 20% | 555 |
| 4 | 9000 ~ 35000 | 25% | 1005 |
| 5 | 35000 ~ 55000 | 30% | 2755 |
| 6 | 55000 ~ 80000 | 35% | 5505 |
| 7 | 80000 以上 | 45% | 13505 |
| 改革前 | | | |
| 级数 | 含税级距 | 税率（%） | 速算扣除数 |
| 1 | 0 ~ 500 | 5% | 0 |
| 2 | 500 ~ 2000 | 10% | 25 |
| 3 | 2000 ~ 5000 | 15% | 125 |
| 4 | 5000 ~ 20000 | 20% | 375 |
| 5 | 20000 ~ 40000 | 25% | 1375 |
| 6 | 40000 ~ 60000 | 30% | 3375 |

续表

| | | | |
|---|---|---|---|
| 7 | 60000 ~ 80000 | 35% | 6375 |
| 8 | 80000 ~ 100000 | 40% | 10375 |
| 9 | 100000 以上 | 45% | 15375 |

采用超累税率的税额可依照超累税率的定义计算。如计算所得额为2500元的应纳税额。

① 1500元适用税率3%：

税额 =1500元 ×3%=45元

② 1500 ~ 4500元部分适用税率10%：

税额 =(2500−1500)×10%=100元

所以，计算出应纳税额 =45+100=145元

但依照定义计算的方法过于复杂，特别是征税对象数额越大时，适用税率越多，计算越复杂，给实际操作带来困难。

因此，在实际中，采用速算扣除数法。

应纳税额 = 用全额累进方法计算的税额 − 速算扣除数

公式中，全方法计算时采用的税率即是征税对象全额在超累税率表所处等级的税率。

这种计算方法的出发点，是全额累进税率的计算方法简单。按全额累进方法计算的税额，比超额累进方法计算的税额要多一定的数额，这个多征的数是常数，就是速算扣除数。

计算所得额为2500元时的应纳税额。

用全额累计法计算的税额为：

2500×10%=250元

用超额累进法计算的税额为：145元

速算扣除数为 250−145=105元

用速算扣除数法计算的超额累进税额为

2500×10%−105=145元

一般认为，税收是调节社会收入分配的重要手段。那么，从经济学的角度看，对富人征收“累进税”应不应该呢？答案是肯定的。

经济学上有一条税收原理叫“支付能力原则”。这一原则认为，人们纳税的多少应该与他们的收入、财富或支付税收的能力相关联，其目的在于符合那种是合适的和公正的收入分配。简单点说，当一个社会的基尼系数突破了0.4的警戒线时，这种分配格局就被认为是“不合适和不公正”的，政府就应该加大对富人的税收征管力度，以调节分配差距。

需要强调的是，对富人征收“累进税”，并非对他们不公平。因为富人之所以富，也是因为包括穷人在内的全社会给予了合作的结果。“带血的煤”和煤炭富翁们的豪宅之间的内在联系，不是一目了然吗？哪怕是在那些普通的公司里，白领、蓝领们的兢兢业业加班加点，不也是老板们财源广进的基本前提吗？所以，富人有义务多交一点税，然后由国家通过各种社会保障制度转移给穷人。此外，从长远的角度看，如果贫富差距能够被有效抑制，社会稳定得到了保证，富人将成为他们所交纳的“累进税”的最大受益者，因为他们避免了在社会失序的情况下被清算的命运。

总之，在中国目前的情况下，通过征收“累进税”来调节贫富差距是合理的，同时也是非常温和的社会政策，其社会后果是真正意义上的“帕累托改进”，即所有的社会阶层都将从这一措施中受益。

## 交更少的税——合理避税

小王是一家网络公司的职员，每月工资收入5500元，每月的租房费用为1500元。我国的《个人所得税法》中规定工资、薪金所得适用超额累进税率，在工资收入所得扣除3500元的费用后，其应纳税所得额是5500元－3500元，即2000元，适用的税率较高。如果他在和公司签订劳动合同时达成一致，由公司安排其住宿（1500元作为福利费用直接交房租），其收入调整为4000元，则小王的应纳税所得额为4000元－3500元，即500元，适用的税率就只有3%。

一提到避税，你可能会问：“纳税是不可推脱的责任，怎么又要说合理避税了？”“避税不是违法犯罪的事么？我们怎么能做？”对于这个问题，我们应该辩证看待。避税和逃税不同，避税是在合理的方式下，减少税务支出，而逃税是在必须纳税的项目上不纳。

合理避税也称为节税或税务筹划，指纳税人根据政府的税收政策导向，通过经营结构和交易活动的安排，对纳税方案进行优化选择，以减轻纳税负担，取得正当的税收利益。

从目前看，个人可以通过投资避税和收入避税两种方法有效避税。

1. 投资避税

个人投资者可以充分利用我国对个人投资的各种税收优惠政策来合理避税。目前对个人而言，运用得最多的方法还是投资避税，投资者主要可以利用的有股票、基金、国债、教育储蓄、保险产品以及银行推出的本币外币理财产品等投资品种。

投资基金，由于基金获得的股息、红利以及企业债的利息收入，已经由上市公司在向基金派发时代扣代缴了 20% 的个人所得税，基金向个人投资者分配红利的时候不再扣缴个人所得税，目前股票型基金、债券型基金和货币型基金等开放式基金派发的红利都是免税的。对于那些资金状况良好、追求稳定收益的投资者而言，利用基金投资避税无疑是一种不错的选择。

国债作为“金边债券”，不仅是各种投资理财手段中最稳妥安全的方式，也因其可免征利息税而备受投资者的青睐。虽然由于加息的影响，债券收益的诱惑力有所减弱，但对于那些风险承受能力较弱的老年投资者来说，利用国债投资避税也是值得考虑的。

除此之外，对于那些家有“读书郎”的普通工薪家庭来说，利用教育储蓄来合理避税也是一种不错的选择。相比普通的银行储蓄，教育储蓄是国家为了鼓励城乡居民积累教育资金而设立的，其最大的特点就是免征利息税，因此教育储蓄的实得收益比其他同档次储蓄高出 20%。但教育储蓄并非是人人都可办理的，其对象仅仅针对小学四年级以上（含四年级）的在校学生，存款最高限额为 2 万元。

除了上述投资品种之外，目前市场上常见的本币外币理财产品也是可以避税的。

在这些常见的投资理财产品之外，因为我国的税法规定“保险赔款免征个人所得税”，因此投资者还可以利用购买保险来进行合理避税。从目前看，无论是分红险、养老险还是意外险，在获得分红和赔偿的时候，被保险人都不需要缴纳个人所得税。因此对于很多人来说，购买保险也是一个不错的理财方法，在获得所需保障的同时还可合理避税。

此外，公积金和信托产品也是不需缴纳个人所得税的，公积金虽然可以避税，但是不能随意支取，资金的流动性并不强。信托产品所获的收益也不需缴纳个人所得税，但由于信托产品的投资门槛和风险较高，不是大部分普通投资者都可投资的产品。

2．收入避税

除了投资避税之外，还有一种税务筹划方法经常被人忽视，那就是收入避税。由于国家政策——如产业政策、就业政策、劳动政策等导向的因素，我国现行的税务法律法规中有不少税收优惠政策，作为纳税人，如果充分掌握这些政策，就可以在税收方面合理避税，提高自己的实际收入。

比如那些希望自主创业的人，根据政策规定，在其雇佣的员工中，下岗工人或退伍军人超过 30% 就可免征 3 年营业税和所得税。对于那些事业刚刚起步的人而言，可以利用这一鼓励政策，轻松为自己免去 3 年税收。

而对于大众而言，只要掌握好国家对不同收入人群征收的税基、税率有所不同的政策，也可巧妙地节税。对于那些高收入人群而言，合理的避税和节税就显得更为重要。张先生是一家公司的高级管理人员，年薪 36 万元，一次性领取。按照国家的税法，他适用的最高税率高达 45%，如果他和公司签订合同时将年薪改为月薪的话，每个月 3 万元的收入能使他适用的最高税率下降到 25%，节税的金额是相当可观的。

在我国《个人所得税法》中，劳务报酬、稿酬、特许权使用费、利息、股息、红利、财产租赁、转让和偶然所得等均属应纳税所得。因收入不同，适用的税基、税率也不尽相同，从维护纳税人的自身利益出发，充分研究这些法律法规，通过合理避税来提高实际收入是纳税人应享有的权益。我国和税务相关的法律法规非常繁多，是一个庞大的体系，一般纳税人很难充分理解并掌握，因此除了自己研究和掌握一些相关法律法规的基础知识之外，不妨在遇到问题时咨询相关领域的专业人士，如专业的理财规划师、律师等，以达到充分维护自身权益的目的。

## 做大蛋糕与均分蛋糕——效率和公平

印度《百喻经》中有这样一个故事：

古印度有一个贵族得了重病，将不久于人世。他临终前告诫两个儿子："我死之后，要合理分配财务。"两个儿子听从了父亲的教导，在父亲死后，将所有遗产分成两份，但是哥哥指责弟弟分得并不均匀。于是，一个老人给他们出主意说："我教你们分财产，一定是平等的。将所有的物品全部破为两半，就是将衣服、盘子、瓶子、盆、缸从中破为两半，铜钱也从中破为两半，每人各取一半。"

如果完全按照数量上的平等来分，就会出现"二子分财"这样的笑话。人们对于公平的理解应该脱离"绝对公平"的桎梏，世界上没有绝对的公平，公平永远是相对的。我们反对那种小生产者的绝对平均主义的平等观，提倡多劳多得。这就涉及公平与效率的问题。

我们有必要首先认识一下什么是公平和效率。公平指人与人的利益关系及利益关系的原则、制度、做法、行为等都合乎社会发展的需要。公平是一个历史范畴，不存在永恒的公平。不同的社会，人们对公平的观念是不同的。效率就是人们在实践活动中的产出与投入之比值，或者叫效益与成本之比值，比值大，效率就高，也就是效率与产出或者收益的大小成正比，而与成本或投入成反比。也就是说，如果想提高效率，必须降低成本投入，提高效益或产出。

效率和公平是经济学中绕不过去的话题。有人认为是对立的，有人认为是一致的。但是如何处理公平与效率的关系呢？

1. 效率原则

效率优先，对于企业来说，在竞争中，在同一市场条件下，效率是决定企业生存和发展的关键，所以应以效率为先，企业在制定发展战略时要根据市场需求制定切实可行的发展战略，在企业内部，要尽可能降低成本，提高产品质量。充分挖掘人力资源，调动员工的积极性，从而提高效率。企业的效率高，才能在激烈的市场竞争中处于优势。要发展经济，必须追求效率。

2. 公平原则

公平已经受到越来越多人的关注。因为由于种种原因，社会上存在着弱势群体，对这些弱势群体，政府应当注重公平，通过种种措施，如向高收入者征收个人所得税，把这部分资金转移给弱势群体，如发放失业救济金，帮助下岗职工再就业，帮助失学儿童重返课堂。只有这样，才能使这部分人得到应有的帮助，以获得应有的教育机会和参加职位竞争的机会，挖掘这部分人的潜力，避免人力资源的浪费，提高效率。

很多人认为，要强调公平，就要牺牲效率；而要强调效率，就难免要付出不公平的代价。而在我国历史上，人民公社因注重公平而忽视了效率，绝对的公平带来了极大的损失，经济建设一落千丈。当然，绝大多数人都希望同时实现平等与效率，但事实上，同时实现平等和效率往往比较难。要提高效率难免有不平等，要实现平等又要以牺牲效率为代价。

在 30 余年的改革实践中，我国一直施行“效率优先”的策略，但人们发现，不公平状况的持续恶化对效率也会产生负面影响。如不公平感导致各阶层之间“分配性冲突”增加，从而影响经济增长。所以，并不能一味讲效率。

其实，在公平与效率之间，既不能只强调效率而忽视了公平，也不能因为公平而不要效率，应该寻求一个公平与效率的最佳契合点，实现效率，促进公平。

公平促进效率，有利于效率的实现，效率为公平的实现提供了物质基础，二者是一致的。反对那种小生产者的绝对平均主义的平等观，提倡多劳多得。但要兼顾公平，国家通过各种办法，用政策加以调节，倾斜于弱势群体，给其以平等的机会参与竞争，参与国家的经济建设。

# 第四章

# 价格背后的尺子：谁动了价格这个奶酪

## “史上最贵”微博——价值规律

编剧金娜因为在莫斯科发了数条微博，结果被中国联通收了3900元上网通信费。2010年12月2日，金娜将此事在微博上公布后，引起网民热议，称之为“史上最贵微博”。

“我在莫斯科发了三条微博，今天中国联通向我收了3900元上网通信费，够买一个手机了。”金娜的这条微博在短短的48小时内被转发了7400多次，收到了2600多条评论。

“三条微博是概数，但我真的没发多少。”金娜表示，她在莫斯科转机两次，只在这期间用iphone上过微博。令她没想到的是，区区几条微博却生出了如此账单，其手机还于12月2日被停机。

在两次俄罗斯转机的时间段，金娜共用iphone发送了15条微博，其中包含5张照片。同时，在金娜提供的“手机上网流量费详单”中看到，11月23日到12月2日，国际漫游数据收费达3900多元。

账单公布后，金娜表示她只在21时50分通过iphone发送过一条75字的微博。但从20时28分开始，流量就不断攀升，不到两小时，收费就达到了1966.8元，其中最大的一笔收费是在20时28分，资费显示为1563.8元。

用手机发微博现在已经是一种非常流行的上网方式，如果因为上网流

量而支付如此惊人的费用，想必很多人也会望而却步了。这里就涉及价格变动是否合理的问题。

价格围绕价值上下波动是价值规律作用的表现形式。因商品价格虽然时升时降，但商品价格的变动总是以其价值为轴心。另外，从较长时期和全社会来看，商品价格与价值的偏离有正有负，可彼此抵消。因此总体上商品的价格与价值还是相等的。

商品价值是价格的本质，价格只是商品价值的货币表现。对于价格而言，商品价格由两大因素组成：生产成本和利润。商品的生产成本，包括生产商品所消耗的原料、能源、设备折旧以及劳动力费用等；商品的利润，则是劳动者为社会所创造的价值的货币表现。值得指出的是，生产成本应当是生产商品的社会平均成本或行业平均成本，利润应当是平均利润。按照社会平均成本加上平均利润制定的价格，便是商品的市场价格。

价格是一种从属于价值并由价值决定的货币价值形式。价值的变动是价格变动的内在的、支配性的因素，是价格形成的基础。但是，由于商品的价格既是由商品本身的价值决定的，也是由货币本身的价值决定的，因而商品价格的变动不一定反映商品价值的变动，例如，在商品价值不变时，货币价值的变动就会引起商品价格的变动；同样，商品价值的变动也并不一定就会引起商品价格的变动，例如，在商品价值和货币价值按同一方向发生相同比例变动时，商品价值的变动并不引起商品价格的变动。

因此，商品的价格虽然是表现价值的，但是，仍然存在着商品价格和商品价值不相一致的情况。市场经济条件下，绝大多数商品实行市场调节价。因此，一些生产经营者认为自己可以随意确定自己商品的价格，实际上，他们的定价必须遵循价值规律和相关法律的约束。

## 学会讨价还价才聪明——均衡价格

冯梦龙的《笑府选》中曾有这样一个故事：

有个读书人要到苏州购买货物。同乡的人告诉他说：“苏州人卖东西通常很贵，你要记得杀个半价。不管他讨价多少，你还价一半，就对了。”

这个读书人听了，认为很有道理，便牢记于心。

果然，当他到一绸缎店买绸料时，凡是讨价六两银子的，他就还价为三两；讨价一两的，他就还价五钱。店老板见此人如此砍价，不高兴了，说："算了，干脆你也不要买了，小店就奉送两匹给你吧。"

这位读书人拱手致礼道："岂敢岂敢，学生（古时读书人的自谦）只要一匹就够了。"

书人过于死板的还价方法惹人捧腹，但我们都知道，在购买物品时，讨价还价是很正常的，如果你从不讲价，那么你不是太有钱了（不在乎这点钱），就是太"冤大头"了。在物品销售的市场上，作为理性人，买卖双方都会追求自身利益的最大化。一方面，对于商家来说，追求的是收益的最大化，所以，通常会制定远远高于进货成本的价格；另一方面，对于消费者来说，追求的是商品效用的最大化，以期尽力压低价格。而买卖双方所能接受的价格即为均衡价格。

均衡价格是商品的供给量与需求量相等，商品的供给价格与需求价格相等时的价格。需要强调的是，均衡价格的形成完全是在市场上供求双方的竞争过程中自发形成的，有外力干预的价格不是均衡价格。

均衡价格是在市场上供求双方的竞争过程中自发形成的，均衡价格的形成就是价格决定的过程。

我们知道，当供过于求时，市场价格下降，从而导致供给量减少而需求量增加；当供不应求时，市场价格会上升，从而导致供给量增加而需求量减少。供给与需求相互作用最终会使商品的需求量和供给量在某一价格水平上正好相等。这时既没有过剩（供过于求），也没有短缺（供不应求），市场正好均衡。这个价格就是供求双方都可以接受的均衡价格，市场也只有在这个价格水平上才能达到均衡。

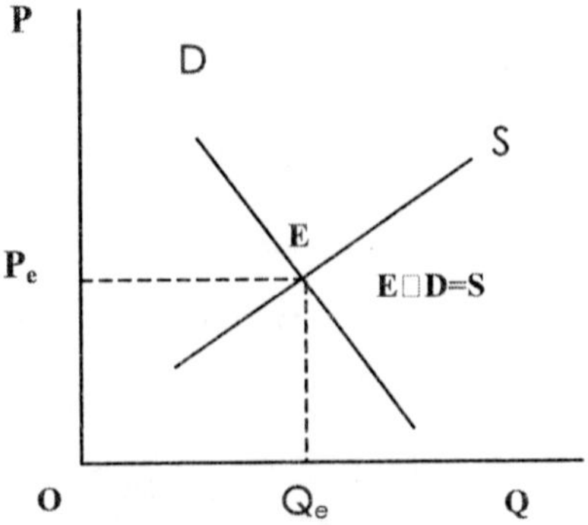


均衡价格和军衡量示意图

如上图所示我们用 OQ 表示商品数量，纵轴 OP 表示价格，D 表示需求曲线，S 表示供给曲线，那么 D 和 S 相交的 E 点被称为均衡点，与 E 点相对应的价格 Pe 成为均衡价格，与 E 点相对应的商品数量 Qe 成为均衡数量。

这样就会存在物品的过剩。例如，当水果市场上存在超额供给时，水果商就会发现，他们的冷藏室中越来越装满了他们想卖而卖不出去的水果，他们对这种超额供给的反应是降低其价格，价格要一直下降到市场达到均衡时为止。同样，当水果市场出现超额需求时，买者不得不排长队等候购买可提供的几个水果的机会，由于太多的买者抢购太少的物品，卖者可以做出的反应是提高自己的价格。随着价格上升，市场又一次向均衡变动。

生活中，买者与卖者的活动都会自发地把市场价格推向均衡价格。一旦市场达到其均衡价格，所有买者和卖者都得到满足，也就不存在价格上升或下降的压力。不同市场达到均衡的快慢是不同的，这取决于价格调整的快慢。但是，在大多数自由市场上，由于价格最终要变动到其均衡水平，所以，过剩与短缺都只是暂时的。

实际上，这种现象如此普遍存在，以至于有时被称为供求规律——任何一种物品价格的调整都会使该物品的供给与需求达到平衡。这也是讨价还价存在的一个重要的经济学依据。

## 薄利多销还是薄利少销——价格弹性

安文华高中毕业之后，没有考上本科学校，于是在县城新盖的商城里租了一个门面，开了一家服装店。

第一次他去省城进货后，就准备大干一场。但是十几天时间过去了，才卖出去两三件。这些衣服都是非常时尚的款式，并且价钱比别人的价钱还要低些。因为成本积压的缘故，让安文华夜夜寝食难安。

后来在别人的指点下，他做了一块大广告牌，还配上音响。服装的价格从原先的 60 元变为 230 元。当配备完这些之后，安文华惊奇地发现，来他的服装店的客人竟然络绎不绝，服装销量也不断攀升。

价钱低卖不出去，价钱高了反倒吸引消费者，这使安文华百思不得其解。

为什么同样的衣服既可以定价为 230 元，又可以定价为 60 元呢？为了解释这一问题，经济学家用了价格弹性的概念。所谓价格弹性，即是需求量对价格的弹性，则指某一产品价格变动时，该种产品需求量相应变动的灵敏度。而价格弹性分析，就是应用弹性原理，就产品需求量对价格变动的反应程度进行分析、计算、预测、决策。

需求弹性用公式可以表达为：

需求价格弹性 =ED = 需求量变动的百分比 / 价格变动的百分比

当弹性大于 1，需求是富有弹性的；小于 1，需求是缺乏弹性的；等于 1，需求是单位弹性；等于 0，需求完全没有弹性。

如今，商品打折已经成了一种风气，无论大街小巷，总会看到“大甩卖”、“跳楼价”、“大放血”等字样。但我们很少看到粮食等商品打折销售，缺乏弹性就是其主要原因！

在商业活动中，对于需求富有弹性的商品可以实行低定价或采用降价策略，这就是薄利多销。“薄利”是价格低，每一单位产品利润少，但销量大，利润也就不少。因此，降价策略适用于这类物品。但是对于需求缺乏弹性的商品不能实行低定价，也不能降价出售。降价反而使总收益减少，所以现实中很少有米面、食盐之类的商品降价促销。

那么，究竟是什么因素决定一种物品的需求富有弹性，还是缺乏弹性呢？由于任何一种物品的需求取决于消费者的偏好，所以，需求的价格弹性取决于许多形成个人欲望的经济、社会和心理因素。

从生活中，我们也能得到这样的体会，必需品倾向于需求缺乏弹性，而奢侈品倾向于需求富有弹性。例如，当看病的价格上升时，尽管人们会比平常看病的次数少一些，但不会大幅度地改变他们看病的次数。同理，小麦、大米这些生活必需品的需求量并不会因为价格的变动而起太大的改变。与此相反，当游艇价格上升时，游艇需求量会大幅度减少，原因是大多数人把小麦、大米作为必需品，而把游艇作为奢侈品。

另外，有相近替代品的物品往往较富有需求弹性，因为消费者从这种物品转向其他物品较为容易。此外，物品往往随着时间变长而需求更富有弹性。当汽油价格上升时，在最初的几个月中汽油的需求量只略有减少。但是，随着时间推移，人们购买更省油的汽车，转向公共交通，或迁移到离工作地方近的地点。在几年之内，汽油的需求量会大幅度减少。

再如，2004 年禽流感的出现在一定程度上打击了家禽类相关产品的生产，但并没有从整体上影响整个农村经济的发展。因为在禽流感流行期间，人们在饮食上对鸡肉的抵制是最明显的，对于鸭、鹅等家禽的相关产品也颇有顾忌。于是，人们的肉食对象集中在猪、牛、羊、鱼等动物上。

了解了需求弹性，我们对日常经济生活应该有更深入的认识。决定某种物品需求弹性大小的因素很多，一般来说有以下几种：

1. 消费者对某种商品的需求程度。越是生活必需品如食盐、蔬菜，其需求弹性越小；奢侈品的需求弹性大。

2. 商品的可替代程度。如果一种商品有大量的替代品，则该商品的需求弹性大，如饮料；反之则需求弹性小，如食用油。

3. 商品本身用途的广泛性。一种商品用途越广如水电，其需求弹性就越大，反之一种商品用途越窄如鞋油，其需求弹性就越小。

4. 商品使用时间的长短。使用时间长的耐用品比如电视、汽车的需求弹性大，而晚报等易抛品商品需求弹性小。

5. 商品在家庭支出中所占的比例。比重小的商品如筷子、牙签等，其需求弹性小，而电视、汽车等商品比重大，需求弹性也大。

## 一样的东西为何不一样的价格——价格歧视

在广州，能够很容易地以750元左右的价格买到从广州到济南的经济舱飞机票。但是，在济南，只能买到1420元的从济南到广州的经济舱飞机票，乘的是同一航空公司的飞机，甚至是同一架飞机、同样的机组，时间里程也一样，价格居然相差如此悬殊。

在发达的资本主义国家，这种事也是常有的。以美国为例，航空公司之间经常发生价格大战，优惠票价常常只是正常票价的1/3甚至1/4。然而，即使是价格大战，航空公司也不愿意让出公差的旅客从价格大战中得到便宜。但是，当旅客去买飞机票的时候，他脸上并没有贴着是出公差还是私人旅行的标记，那么航空公司如何区分乘客和分割市场呢?

原来，购买优惠票总是有一些条件，如规定要在两星期以前订票，又规定必须在目的地度过一个甚至两个周末等。老板派你出公差，往往都比较急，很少有在两个星期以前就计划好了的国内旅行，这就避免了一部分出公差的旅客取得优惠。

最厉害的是一定要在目的地度过周末的条件。老板派你出公差，当然要让你住较好的旅馆，还要付给你出差补助。度过一个周末，至少多住两天，两个周末更不得了。这笔开支肯定比享受优惠票价所能节省下来的钱多得多，更何况，度完周末才回来，你在公司上班的日子又少了好几天，精明的老板才不会为了那点眼前的优惠，而贪小便宜、吃大亏。就这样，在条件面前人人平等，这些优惠条件就把出公差者排除得八九不离十了。

在市场经济条件下，商品的交换在价值规律的作用下进行，实行等价交换，体现公平原则，怎么会出现同物不同价呢？商家为什么要这么做呢？要搞清楚这个问题，大家就要先了解价格歧视这一概念。

价格歧视通常指商品或服务的提供者在向不同的接受者提供相同等级、相同质量的商品或服务时，在接受者之间实行不同的销售价格或收费标准。经营者没有正当理由，就同一种商品或者服务，对条件相同的若干买主实行不同的售价，则构成价格歧视行为。

对于商家而言，实行价格歧视的目的是为了获得较多的利润。如果按较高的价格能把商品卖出去，生产者就可以多赚一些钱。因此，生产者将尽量把商品价格定得高些。但是如果把商品价格定得太高了，又会赶走许多支付能力较低的消费者，从而导致生产者利润的减少。如何采取一种两全其美的方法，既以较高的商品价格赚得富人的钱，又以较低的价格把穷人的钱也赚过来。这就是生产者所要达到的目的，也是价格歧视产生的根本动因。

航空公司就较好地运用了这一原理，实现了利润最大化。

在生活中，实行价格歧视的事例比比皆是。大学生放假回家，只要手持学生证，就可以买到半价票；在北京坐公交车，如果刷卡便可以打四折；有的舞厅为了使舞客在跳舞时成双配对，甚至只对男士卖票，女士可以免费……

生活中商家的价格歧视策略远不止这一种形式。只要符合价格歧视的一般条件，及产品个性化、有差异，就可以利用这种差异把它冠名为不同品牌、不同系列或各种各样的组合，然后再运用这种策略。

比如商家可以利用同一产品的不同数量实行差别定价。对一种商品按不同数量进行分组，制定不同的价格实施价格歧视。这样就在销售领域为企业赢得了规模经济，销售量的上升带动了产量的上升，企业的平均成本和边际成本都随规模增大而下降，消费者从中获益，厂商则获得更大的收益。

还有一种是按时间段的不同对同一商品实行差别定价。如一些旅游景点的门票价格在淡季和旺季是不一样的，旺季人多往往会贵一点；又如电影院的日电影票和夜场电影票的价格也是不一样的；以及出租车白天晚上的起步价不同。这些都是利用时间段不同进行差异定价的典型例子。

利用代金券或优惠券实现差异化定价是我们在现实生活中经常遇到的。优惠券可以人为地制定群体差异化。如一家超市为本市市民送出优惠券，且规定该优惠券只有与本人身份证一起使用才有效，每张优惠券提供7.5 折优惠。这样就把本埠居民与外地居民区分开了。又如一家瓜子公司宣称，剪下其宣传单的优惠券，在购买本产品时可以当 2 元钱用。该公司没有直接降价，而是用这种策略把顾客分为价格敏感性和不敏感性两组消费群体，不敏感性一般是公司的白领，经济充裕，对此会不屑一顾，照样按原价购买。如此一来，产品不但销量会增加，而且原有的利润来源也不会受到较大影响。

## 沃尔玛在中国为何能成功——平价策略

2007 年 4 月 16 日，最新的美国 500 强企业排行榜中，全球最大连锁零售商沃尔玛公司击败石油巨头埃克森—美孚公司，夺回了榜首宝座。

沃尔玛何以获得如此巨大的成功？这要归功于它在财务上一以贯之的价格策略——平价策略。

沃尔玛创始人山姆·沃尔顿认为，如果我以单价 80 美分买进东西，以 1 美元的价格出售，其销量会是以 1.2 美元出售的三倍！单从一件商品上看，少赚了一半的钱，但卖出了三倍的商品，总利润实际上大多了。

通过降低商品的价格推动销售，从而获得比高价销售更高的利润。这就是沃尔玛坚持平价背后的哲学。

沃尔玛一直特别注重价格，长期奉行天天平价、薄利多销的经营战略。沃尔玛提出了一个响亮的口号：“销售的商品总是最低的价格。”在同类商品中，沃尔玛的价格要比其最大的竞争对手之一——凯马特的价格低 5%。然而，维持长期低价并不是一件轻而易举的事。

在沃尔玛，任何一位哪怕身份最低微的商店员工，如果他发现其他任何地方卖的某样东西比沃尔玛更便宜，他就有权把沃尔玛的同类商品降价。这种授权的意识在沃尔玛商店以外的地方也表现得同样突出。比如说，乔治·特雷西是本顿维尔一个配送中心的人事负责人，对于所有提高成本的行为他都要处罚，当然，所有降低成本的举措他也都会奖励。

所谓“平价策略”就是指零售商总是把价格定得低于其他零售商的价格。在这种价格策略的指导下，同样品质、品牌的商品都要比其他零售商低。

由于起源于乡镇的杂货商店，沃尔玛的创始人山姆·沃尔顿先生对中低收入人群的关注程度要远远高出其他公司。他坚持"珍惜每一美元"，每当为顾客节约了一美元而让顾客感觉物超所值时，沃尔玛便在竞争中取得了领先一步的优势。

但是，平价不等于低价，平价策略的原始出发点是珍惜每一元的价值。沃尔玛的天天平价不在于其频繁降价，而在于其努力提高商品的价值链，为顾客提供更多的附加价值，如服务。而这种附加价值主要是依靠成本控制、优化商品结构等一个运营体系来实现的。例如，其采购中心的合理布局、物流体系的高效控制，就一直为业界称道。

平价策略对有的企业（如沃尔玛）来说是战略决策的需要，然而，对有的企业来说，则是适应市场环境的无奈行动。值得关注的是，在近几年的市场竞争中，无论是哪个行业，实行平价策略的企业都得到了不小的好处，有的市场份额大幅上升，确立或稳固了行业龙头老大的位置；有的知名度迅速提高，赢得了消费者倾心，这正是平价策略的魅力所在。

实际上，每个行业在发展之初，由于其技术上的不成熟和资源配置、利用的不合理会导致成本偏高，致使价格居高不下，而一些垄断行业更是在国家的保护之下垄断价格。随着垄断的打破，技术的进步，资源的合理配置利用，规模的扩大，生产成本会逐渐降低，也给降价提供了空间。因此，在一定程度上，平价策略既可以促进行业自身进步，也可以促进相关行业的发展。

有人认为：实行平价策略，降低了厂家的利润空间，使厂家再投入能力不足，而影响了产品质量，是对消费者、对企业不负责任的表现。诚然，一分钱，一分货，价格同质量在消费者心中存在一定的依存关系。在平价策略中，一些不堪重负的企业也可能以低质量作代价，但如果以平价策略中有质量下降的现象出现而否定价格战，显然有失偏颇。我们看到，在彩电、汽车、电脑、影碟机等行业，价格在一年一年下调，而产品质量却一年一年提高，而且，哪个行业价格竞争激烈，哪个行业产品质量提升迅速。

各行业的价格竞争中，能实行平价策略的几乎都是本行业中的领先企业，它们拥有良好的产品形象和企业形象，它们的降价借助的是有声望的产品和企业声誉，很难在消费者心中形成低质量心理，而且，若以低质量为代价显然与其企业战略是背道而驰的。但是，一些规模不大、经营不善、资金缺乏、无竞争实力的企业为了暂时的还击，甚至会以降低产品质量为代价，但在市场竞争中，质量的降低无疑意味着自取灭亡。

面临市场的严峻挑战和各行业内部结构上的矛盾，实行平价策略，是优秀企业从幼小走向成熟的必经阶段。它所带来的利是长远的、根本的，带来的弊是暂时的、必要的。

## 大家一起去抢盐——吉芬商品

“今天你买盐了吗？”“涨到5元一包了！”“货架空了！”……2011年3月底，在路上、在超市里，时不时都能听到诸如此类关于买盐的对话，而在网络上也诞生了诸如“盐如玉”、“盐王爷”的热词。

2011年3月15日，因为日本“3·11大地震”导致的核电站泄漏事故，一时间引起一些市民疯狂抢购食盐，盐的价格也一路飙升。

吉林省德惠市松江镇茂兴食品批发部加碘盐由每500克1.3元提高至7元。

浙江省建德市供销便利上马店将日晒自然盐价格由每300克1元提高至1.52元，腌制盐价格由每50公斤52.5元提高至200～300元。

温州市鹿城区正泰红星百货超市定价1元／包的食盐提高至10元／包销售。

河北省沙河市新城跨世纪食品门市把定价400克1元的袋装碘盐以10元的价格销售。

江苏省南京市雨花台区晓青上海华联超市加盟店定价为1元／袋的320克淮牌精制食用盐提高至5元／袋。

海南省海口市美兰阿恒早点店含碘食用盐由每500克1.5元提高至5元。

新疆塔城地区乌苏市城区老翟超市和哈图布呼镇丰华超市、广金超市将定价为每500克1.68元的和丰产中盐加碘精制盐提高至10元。

按照正常的供求规律，商品的价格上升，需求量下降，但供求关系也是有例外的，有一种商品价格上升但需求量却上升——这就是吉芬商品。

英国学者罗伯特·吉芬19世纪在爱尔兰观察到一个现象：1845年，

爱尔兰爆发了大灾荒，虽然土豆的价格在饥荒中急剧上涨，但爱尔兰农民反而增加了对土豆的消费。后来人们为了纪念吉芬，就把吉芬发现的这种价格升高而需求量也随之增加的经济现象叫做吉芬现象，简单地说就是越买越高。

爱尔兰的土豆吉芬现象出现的原因是，在饥荒这样的特殊时期，面包、肉类、土豆的价格都上升了，但人们的收入大大减少，更买不起面包、肉类，相对便宜的土豆便成为人们的首选，这样对土豆的需求反而增加，使得土豆的价格增长比其他食品类的价格增长更快。

经济学家认为，吉芬现象是市场经济中的一种反常现象，是需求规律中的例外，但也是一种客观存在的现象，是人们无法回避的。需求定律的定义是“在其他条件不变时，需求价格与需求量呈反向变动关系”。这里需要指出它的前提，即“其他条件不变”。这个不变其实涵盖了关于需求的许多概念，如“需求弹性”和“供给弹性”。如果天降大雨，地铁口的雨伞尽管价格较平时上涨，但销量还在上升，关键原因不是价格上涨，而是由于天空突降大雨，即“需求定律”的“其他条件”已经发生变化了。这时“需求弹性”急剧降低，对价格已经不再敏感。在这种情况下，只要价格还不是高得离谱，人们就会购买。试想如果雨并不是很大，人们可以赶到商店再去购买的话，小贩们的高价雨伞自然就无人问津了。这一道理对于爱尔兰的饥民同样适用。土豆价格上涨而需求量反而上升，是因为人们收入所限只能去选择土豆。同时，在饥荒的压迫下，他们预期价格还会再涨，于是就去抢购。从这一点上说，“吉芬现象”并不等于推翻了需求定律。

在特定的环境条件下，吉芬现象总是会以不同的形式出现。在当年的爱尔兰，人们越高越买是人们在贫困中为了维持生存的一种不得已的选择。在非常灾难时期，土豆价格越高越买是出于一种恐慌心理，害怕以后价格会涨得更高。一些首饰、服装、礼品等，越高越买则是为了显示自己的身价，提升自己的社会地位。

单就一种现象而言，天底下到处都有吉芬商品或者吉芬现象。很多“北漂”的人们选择在北京城郊接合部租房子住，但是那里的居住环境比市区要差，交通也不太便利，其房屋的性价比也比较低，房屋一般比较简陋。

但是却有越来越多的人涌入城乡接合部，其背后的原因就是，虽然城乡接合部的租房价格不断上涨，但相比主城区而言价格还是相对便宜，对于刚刚在北京立足的年轻人来说，选择在这里租房还能享受到相对便宜的房租，哪怕房子的性价比并不高。

生活中的“吉芬现象”并不少见。最突出的就是这几年来的房市。房价涨得越来越快，而买房子的人却越来越多，许多没钱的人也在想方设法购买，借钱、按揭、攒钱……无不希望自己“有房一族”的美梦早日成真。其实在股票市场上也存在吉芬现象，如某一种股票价格上扬的时候，人们都会疯狂抢购这种股票。而当一种股票的价格下跌的时候，购买这种股票的人反而很少，拥有的人也希望尽快抛出去。人们越高越买，是为了最大限度地获取利润，股票价格升高，说明投资者有利可图。

## 多吃香蕉，少吃苹果——替代效应

苹果、橘子、香蕉是哈尔滨市秋天水果摊上最常见的“老三样”。但在2010年10月，部分哈尔滨人发现，“老三样”当中最常见的苹果价格直线升高，而每年价格较高的香蕉却大幅降价。随着“老三样”价格起伏的，还有哈尔滨人对这三种产品热情的起伏。精打细算的哈尔滨人开始转变了自己的需求。“苹果的价格这么高，只有香蕉价格少点。苹果平时也没少吃，偶尔换换水果也不错。”很多以前特别喜欢苹果的人都这样想。于是，香蕉开始大卖，销量也随之上升了。当然，那些喜欢吃香蕉的人是过了一把瘾，原因很简单，价格低，怎么吃都划算。

这种现象的出现其实就是替代效应在发挥作用。比如，你在市场买蔬菜，一看到白菜降价了，而萝卜的价格没有变化，在降价的白菜面前，萝卜好像变贵了，这样你往往会多买白菜而不买萝卜了。对于两种物品，如果一种物品价格的上升引起另一种物品需求的增加，则这两种物品被称为替代品。

替代效应指的是这样的倾向：当一商品的相对价格下降时，消费者增加对该种商品的消费（以该种商品作为“替代”）；而当一商品的相对价格上升时，消费者减少对该种商品的消费（该种商品被“替代”）。例如，大米价格的上调会引起人们选择小麦作替代商品。

替代效应在生活中非常普遍。

当 2008 年猪肉价格暴涨后，许多市民增加了其他涨价较少的肉类食品的消费比例，其实这就是替代效应在发挥作用。在生活中我们往往具有这样的智慧：当我们发现某种经常使用的消费品涨价后，往往会选择价格更为便宜的商品。

2008 年 7 月，宝洁正式启动了旗下产品的第二轮提价，护舒宝、帮宝适等系列产品涨幅达 10% 左右，创近年新高。如潘婷 200 毫升装洗发水，从 15 元左右涨至约 18 元；玉兰油 400 毫升装沐浴乳从 21 元涨至约 24 元。联合利华也紧随其后，力士洗发水、香皂，夏士莲香皂、中华牙膏等价格上涨 10% ～ 15%。

大品牌洗化用品结伴涨价，引起一些消费者的抱怨和抵触，部分未涨价的国产品牌成为其选择的替代品。在这些国外大品牌宣布涨价后的一个月内，来自家乐福的销售数据显示，大品牌洗化用品销售并不理想，但国产品牌却逆势上扬，如六神、霸王、匠人等洗发水、沐浴露，以及雕牌、立白等洗衣粉及皂类。

还有其他的情况出现，比如在“三鹿奶粉”事件发生后，人们对国产奶粉的不信任感急剧增加，在当时他们不愿意喝国产奶粉，这时应该寻找哪些替代品呢？聪明的人们找到了七种牛奶的替代品：燕麦粥、豆浆、生牛奶、羊奶、水牛奶、奶糊、椰奶等。

我们日常的生活用品，大多是可以相互替代的。萝卜贵了多吃白菜，大米贵了多吃面条。一般来说，越是难以替代的物品，价格越是高昂。比如，产品的技术含量越高价格就越高，因为高技术的产品只有高技术才能完成，替代性较低，而馒头谁都会做，所以价格极低。

再如艺术品价格高昂，就是因为艺术品是一种个性化极强的物品，找不到替代品。王羲之的《兰亭序》价值连城，就是因为它只有一幅。

在我们的工作中，其实替代效应也在发挥作用。那些有技术、有才能的人在企业里是香饽饽，老板见了既是加薪，又是笑脸，为什么？因为这个世界上有技术、有才能的人并不是很多，找一个能替代的人更是不容易。

而普通员工，企业很容易从劳务市场上找到替代的人，中国是人力资源大国，你不愿意干，想干的人多的是。对于别人的薪金比自己高，不要吃惊和不平，只要使自己具有不可替代性，自己的待遇自然会提上来。

## 丈母娘推高了房价——刚性需求

2009 年 9 月，顾云昌在成都的“中国地产金融年会 2009 区域巡回峰会”上，“剖析”说，“刚性需求，一直被认为是本轮房价上涨的重要原因，但最根本的还是‘特刚需求’持续高烧不退助长房价。”顾云昌称，这一“特刚需求”中，丈母娘往往最为积极，故形象地比做“丈母娘需求”。小两口快结婚了，却一直不买房，于是丈母娘把女婿找来“探讨”，这下小女婿坐不住了，只好清仓、典当，筹钱买房，这就是“特刚需求”。顾云昌指出，“特刚需求”不是个别现象，在京沪杭和深圳等地，这种“需求”在持续，改善性需求、投资性需求都在持续，长远来看，中国房价还会缓慢上涨。

他们认为中国房价的推手，其实不是个人，而是婚姻需求，是男女要住在一起，就得买房子。“有房才有家”，这是许多中国人的传统观念，但是，随着房价步步攀升，买房子对于大部分年轻人来说，越来越难。顾云昌的言论一出，霎时“雷倒”一片。虽然有人认同“丈母娘逼着买房”的情况，但把买房需求和价格矛盾都推给“丈母娘”的说法，还是遭到了多数人的炮轰。

需求固然是房价形成机制的一面，但并不能构成房价高涨的全部原因。按照顾云昌的逻辑，吃饭也是刚性的需求，那粮价菜价为什么没有突飞猛涨了？仅仅因为结婚婚房的刚性需求便导致房价上涨，显然缺乏说服力。

其实，刚性需求是相对于弹性需求而言的，指商品供求关系中受价格影响较小的需求，这些商品包括日常生活用品、家用耐耗品等等。也可理解为人们日常生活中常见的商品和必需品。一般来说，生活必需品需求的价格弹性较小，非必需品需求的价格弹性较大，生活必需品才能成为人们的刚性需求。

以香烟为例，香烟的刚性需求可以理解为：香烟是需求的价格弹性较小的商品，对于吸烟上瘾的人来说，价格上涨不会减少消费。对不吸烟的人来说，香烟的价格再低他也不会消费。吸烟对本人、对社会都是不利的，因此，为限制香烟的消费，政府对香烟征收重税，但是烟厂的利润依然相当可观，因为消费者对香烟有依赖，生产者因此可以将其税负转嫁给消费者，结果香烟的税主要由消费者来承担。

从人们生活的角度讲，粮食比其他商品对生命更重要。历史上就有“手中无粮心中慌”、“一日无粮千兵散”的说法。因此在所有的刚性需求里，最“刚性”的需求莫过于对粮食的消费。耕地的减少从根本上制约了粮食的进一步增产，一些国家对农业的投入较少使得粮食单产提高有限，粮食供给无法大幅度扩张。而发展中国家对粮食需求的增长，以及全世界对生物能源的持续需求，共同构成了未来对农产品的长期刚性需求。

只不过，我国粮食却在 10 多年前就逐步放开了，而食盐到现在仍继续实行专营，并且不光是我国，世界上许多国家对盐都控制得很严。例如，美国号称市场经济的典范，什么商品的生产销售都是由市场供求来决定，可对食盐却控制得特别严格。美国采取的管理模式是协会和政府共同管理，政府负责盐开采的审批，制盐企业都必须在美国食品医药管理局进行登记，而美国盐业协会等行业协会和政府部门制定各种盐的技术指标，并有专门机构对不同用途的盐的指标进行监督检查。

这种对盐的严格控制，有很多种原因。但从经济学的角度来说，需求弹性是其中的一个主要因素。需求弹性指的是价格变化对需求的敏感度。正是由于食盐没有替代品，其需求弹性很小，所以国家对食盐的管制非常严格。对于人们来说，不管食盐价格涨多高，都必须消费。如果国家放开对食盐的控制，导致食盐市场出现混乱，则对人们生活影响非常大。当然，粮食的需求弹性也非常小，但相对于食盐来说还是大一些，因为粮食的品种非常多，大米、小麦、玉米等都可以相互替代，这种价格高了就可以吃另外一种，而原盐就只氯化钠一种，至少目前尚无其他物质可以替代。

这是比较极端的“刚性需求”，其实，我们每个人都有自己特定的“刚性需求”。比如影碟并非生活必需品，按理来说价格弹性比较高，但有人爱电影如命，价格再高也照买不误，对他们来说，对影碟的消费就是他们的“刚性需求”。

值得注意的是，刚性需求也是不断变化的：现代社会的刚性需求和汉朝的刚性需求，早已产生了天翻地覆的变化。

手机刚出现时，还属于"有钱人"的弹性需求，这些年下来，手机已经成为了"人人必需"的刚性商品；电脑，过去并非刚性需求，如今已经变成最坚挺的"刚性需求产品"，而电脑都离不开的基本软件——操作系统，也毫无悬念地成了"刚性需求"；而私家车，在"城城皆堵"的中国，也是越来越"刚性"……

我们不能否认刚性需求的存在，但我们也不能因为是刚性需求就坐视商品价格飞涨。如果是刚性需求，商品价格更应该降到最合理的程度。

## 为什么彩色照片比黑白照片成本低——完全竞争

1979年，年轻的谭师傅子承父业，成为广州昆仑照相馆的摄影师。提起昆仑的历史，谭师傅骄傲的情绪溢于言表。那时候，每天都有六位师傅轮班冲洗照片，每至中秋、春节等传统节日，照相的人更是排起长龙，照相馆有时甚至要延长营业到晚上11点以后。

然而，2003年左右，随着数码摄像技术的普及，到照相馆拍照的人越来越少，昆仑的规模也越缩越小。谭师傅说，连自己都忘记上次拍黑白照片是什么时候了。"现在那部老机器放在照相馆里封尘，镜头都长毛了。"放弃黑白老照片更重要的原因，是找不到黑白照片的原材料。"别说绒纸、珠纸了，就是光纸都很难找到了，而且材料越来越贵，没办法，只有放弃了。"

广州照相馆依旧保留黑白照片业务的照相馆已经很少了。黑白老照片面临危机有几方面原因。一是由于知名胶片生产厂家纷纷宣布停止黑白胶片的生产，使底片、相纸价格飙升，有些照相馆因为找不到原材料停止此业务；二是黑白照片用传统的方式冲晒，半个月没有人来拍一份，底片和药水很容易浪费或过期，而数码冲成本低、方便。老办法要一周才能拿到照片，用数码做黑白照片，10分钟就能打出来。

为什么在上世纪非常流行的黑白照片，现在却鲜有人问津呢？其实，仅从技术角度来看，黑白照片应该比彩色照片便宜，但是因为大家都冲彩色的，很少有人冲黑白的，所以药水要为你一个人配，反而成本就高了，收费也就会更高。而冲洗彩色照片的店比比皆是，彩色冲印和激光打印技术也相当普及，由于激烈的竞争，彩色照片的成本才会比黑白照片低。

竞争又称为完全竞争，是指一个市场完全靠一只看不见的手，即价格来调节供求。完全竞争具备两个不可缺少的因素：所提供销售的物品是完全相同的，不存在产品差别；买者和卖者都很多且规模相当，以至于没有一个买者或卖者可以影响市场价格。

一般来说，在现实经济生活中，只有农业生产等极少数行业比较接近完全竞争市场。因为在农业生产中农户的数量多而且每个农户的生产规模一般都不大，同时，每个农户生产的农产品产量及其在整个农产品总产量中所占的比例都极小，因而，每个农户的生产和销售行为都无法影响农产品的市场价格，只能接受农产品的市场价格。如果有的农户要提高其农产品的出售价格，农产品的市场价格不会因此而提高，其最终结果只能是自己的产品卖不出去。如果农户要降低自己农产品的出售价格，农产品的市场价格也不会因此而下降，虽然该农户的农产品能以比市场价格更低的价格较快地销售出去。但是，不可避免地要遭受很大的经济损失。这样，农户降低其农产品价格的行为就显得毫无实际意义了。

例如，小麦市场就是一个很典型的完全竞争市场，有成千上万出售小麦的农民和千百万使用小麦和小麦产品的消费者。由于没有一个买者或卖者能影响小麦价格，所以，每个人只是价格的接受者，竞争地位平等。

完全竞争市场是很多经济学家心目中最完美的资源分配机制。完全竞争市场必须具备一定的条件，这些条件主要有以下几个方面：

1. 市场上有众多的生产者和消费者，任何一个生产者或消费者都不能影响市场价格。

2. 企业生产的产品具有同质性，不存在差别。

3. 生产者进出市场，不受社会力量的限制。

4. 市场交易活动自由、公开，没有人为的限制。

5. 市场信息畅通、准确，市场参与者充分了解各种情况。

以上几个方面是完全竞争市场必须具备的前提条件，实际上也是完全竞争市场所具有的明显特征。

在人类经济生活中，竞争对人类发展的促进作用是异常明显的。实际上，竞争对于整个社会而言，所起的作用仍然是积极的。

完全竞争的市场条件对消费者和生产者都不会有什么不利，因为完全竞争的存在，迫使商品生产者竞相在降低成本、压低售价上做文章，可以使消费者按实际可以达到的最低价格来购买，而生产者按此价格出售也可获得正常利润。

从社会角度来看，完全竞争促使社会资源可以有效地分配到每一个部门、每一种商品的生产上，使之得到充分利用。生产效率低的企业在竞争中逐步被打败，就使得它的资金、劳力、设备等社会资源重新组合到生产效率高的企业中，这是社会的一种进步。

# 第五章

# 消费迷局：需求背后的那只“推手”

## 自己买的就是最好的——消费者剩余

丁琳喜欢购物，有一次，她出差去云南，工作闲余出去逛街，看到一身漂亮的少数民族服装，丁琳情不自禁地喜欢。

她想立刻买下来，可是忽然间又犹豫了：“这么漂亮的衣服，一定很贵，一千块要吧，买了衣服我可怜的钱包会又一次挨饿了。”想想，丁琳还是离开了，但走到门口丁琳又觉得遗憾，“好不容易来一次云南，不买就没机会了。”于是转身走回去。

她问售货员：“那件衣服多少钱？”

“500 块钱。”售货员很有礼貌地回答。

“这么便宜啊，”丁琳想，她刚要开口说买下来时，售货员又接着说：“看你这么喜欢，我们又快到下班时间了，你要真想买的话，450 块钱你拿走算了。”

“啊！”丁琳美得差点跳起来，赶紧付了钱，高高兴兴地走了。

那么，丁琳究竟从这件衣服上得到什么利益呢？实际上，丁琳愿意为衣服支付 1000 元，但她最终只支付了 450 元，比预期节省了 550 元。这节省出来的 550 元就是丁琳的消费者剩余。

消费者剩余是指消费者购买某种商品时，所愿支付的价格与实际支付的价格之间的差额。用公式可表示为：

消费者剩余＝买者的评价—买者的实际支付

消费者剩余是一种主观评价，这种主观评价表现为他愿意为这种物品所支付的最高价格即需求价格。决定这种需求价格的主要有两个因素：一是消费者满足程度的高低，即效用的大小；二是与其他同类物品所带来的效用和价格的比较。

也就是说，人们希望以一个期望的价格购买某商品，如果人们在消费时实际花费的金钱比预期的花费低，人们就会从购物中获得乐趣，仿佛无形中获得了一笔意外的财富；相反，如果商品的价格高于他的预期价格，他就会放弃购买行为。他因为购买商品的实际支出低于预期价格获得某商品而得到满足。

在日常生活中，消费者剩余可以用来衡量消费者购买并消费某种物品或劳务所得到的经济福利的大小。消费者购买和消费物品或劳务是为了得到经济福利，一种物品或劳务给消费者带来的消费者剩余越大，即市场价格越低于消费者愿意出的最高价格，消费者就越愿意购买；反之，如果市场价格高于消费者愿意出的最高价格，那么消费者就会认为购买该物品或劳务不值得，或者说消费者剩余为负数，那么消费者就不会购买。

商家想方设法把消费者剩余转化为利润的例子在日常生活中比比皆是，当你在水果摊档看到刚上市的荔枝时，新鲜饱满的荔枝激起了你强烈的购买欲望，并且这种欲望溢于言表。卖水果的人看到你看中了他的荔枝，他会考虑以较高的价格卖给你。其实，你对荔枝的较强的购买欲望，表明你愿意支付更高的价格，从而有更多的消费者剩余。所以，当你询问价格的时候，他会故意提高价格，由于你的消费者剩余较多，或许你对这个价格还挺满意，会毫不犹豫地把荔枝买了下来。结果，你的消费者剩余转化为水果摊主的利润。

## 萝卜白菜，各有所爱——消费偏好

德国人鲁兹·罗森在中国工作刚刚满一年，他惊讶地发现，中国人对新车型和高档汽车是如此地热衷，中国的车市也似乎正在成为一个国际新车型的秀场，即使在一些偏远的中小城市，也时常会出现高档的SUV或跑车。

罗森的疑惑是可以理解的，虽然每天有数百万辆挂着大众标识的车驰骋在中国的道路上，但刚刚或者说准备进入汽车社会的中国，自然有着与德国不同的汽车消费习惯和消费文化。

曾在德国留学五年的王锦对此感触较深。德国是世界汽车工厂，而且当地中层白领的年收入足够买一部奔驰或宝马，但在德国的城市里，奔驰往往都是公司的公车，或是当地的出租车。私车大多还是紧凑的两厢大众小型车，从甲壳虫几十年来的畅销就可见一斑。

按照德国人自己的说法，小型车的好处在于减轻道路压力、降低油耗及污染。在欧洲生活的人都知道开个大车在欧洲城市找停车位有多难，小排量微型汽车因此又有着大车无法比拟的方便性。

由于进入汽车社会多年，人们对汽车的认识已经回归到交通工具的本色，所以德国人并不刻意追求汽车的档次。王锦就曾看到一家平时乘座公司豪车的大公司总裁，周末度假时与家人开着两厢小车去郊区。也正是因为这种原因，德国国内新车型的推出并不频繁，更多的是对原有车型的改造。据了解，大众、奔驰每年推出的多数车型都是以销往海外市场为主，特别是东亚市场。

根据经济学的假设，人都是有偏好的。比如消费者对特定的商品、商店或商标产生特殊的信任，重复、习惯地前往一定的商店，或反复、习惯地购买同一商标或品牌的商品。属于这种类型的消费者，常在潜意识的支配下采取行动。

偏好表明一个人喜欢什么，不喜欢什么。所有人都是有偏好的，所谓萝卜白菜各有所爱，所谓穿衣戴帽各好一套，说的就是这个道理。偏好是主观的，也是相对的概念。一般来说，偏好无所谓好坏，并不能说喜欢青菜的就要优于喜欢萝卜。

偏好实际上是潜藏在人们内心的一种情感和倾向，它是非直观的，引起偏好的感性因素多于理性因素。每个人的偏好不相同，这就会引起每个人行为选择的不同。

每个人的偏好不同，因此对同一种物品的评价往往不同，而这种评价直接影响该物品对自己的实际价值。卖主认为钱的价值大于雕像，买主认为雕像的价值大于钱，其实这和个人的偏好不无关系。

那么偏好究竟跟什么相关呢？有人认为和收入相关：比如我们买服装时，富人不喜欢在地摊前买衣，他们总是偏好去大型商场；也有人认为和前期偏好有关：比如我们考研时会买星火英语，因为大学考英语四级、六级时一直选择星火英语；也有人认为偏好和地理有关：如四川人偏好吃辣，江苏人偏好吃甜；也有人认为偏好跟熟悉程度有关：比如集中同质商品供自己选择，一般会选择做过广告的；还有人认为偏好与周围人的偏好有关：如你周围的人都买某件东西时，你一般也会买这件东西。

其实，影响人们消费偏好的因素是很复杂的。宏观看，国家和民族的历史传承、国家和区域的经济环境、福利和劳动保障条件等都会影响人们的消费行为。而作为个人，偏好主要受以下几方面影响：

1．习惯。由于个人行为方式的定型化，比如经常消费某种商品或经常采取某种消费方式，就会使消费者心理产生一种定向的结果。这种动机几乎每个人都有，只是习惯的内容及稳定程度不同。

2．方便。很多人把方便与否作为选择消费品和劳务以及消费方式的第一标准，以求在消费活动中尽可能地节约时间。

3．求名。很多人把消费品的名气作为选择与否的前提条件。购买活动中，首先要求商品是名牌。只要是名牌，投入再多的金钱也甘愿。

一般来说，某种商品的需求量与消费者对该商品的偏好程度有关：如果其他因素不变，对某种商品的偏好程度越高，消费者对该商品的需求量就越多。但现实中人们的偏好并不是连续的、稳定的，而是可变的。偏好颠倒的现象说明，人们并不拥有事先定义好的、连续稳定的偏好，偏好是在判断和选择的过程中体现出来的，并受判断和选择的背景、程序的影响。

## 以满意为标准——消费效用

有一则“酒店恶狗”的故事：

宋国有位小生意人开了一爿（Pa´n）酒家，专门出售陈年佳酿。这爿酒家窗明桌净，买卖公道，还在门前高高竖起一杆青旗，行人在几里地外都能看见酒旗招展。顾客一进门槛，店小二就笑脸相迎，殷勤接待。按理说，这爿酒家应该是生意兴隆的；可是偏偏相反，常常整天不见一个顾客，十分冷落。一坛坛老酒开了封，卖不出去，都发酸变质了。店主苦思冥想找不出原因，只好去请教附近一个老头儿。老头儿沉吟了一番，问他："你的看门狗凶不凶？"店老板挺纳闷地说："凶啊，可这跟卖酒有什么关系呢？"老头儿拈着胡须 笑道："人家怕你的恶狗。恶狗守在门口，见人就咬；酒再好，还有谁敢来买呢？"

店老板销售的商品——酒很好，但这只凶猛的看门狗却影响了人们对这家酒店的满意度。在经济学中，效用是用来衡量消费者从一组商品和服务之中获得的幸福或者满足的尺度。有了这种衡量尺度，我们在解释一种经济行为是否带来好处时就有了衡量标准。效用不同于物品本身的使用价值。使用价值产生与物品的属性，是客观的；效用是消费者消费某种物品时的感受。

在经济学的发展史中，"效用"概念的出现无疑是一个突破。物品效用在于满足人的欲望和需求。

在度量效用的问题上，西方经济学家先后提出了基数效用和序数效用的概念。在此基础上，形成了分析消费者行为的两种方法：基数效用论的边际效用分析法和序数效用论的无差异曲线分析法。

在 19 世纪和 20 世纪初，西方经济学中普遍使用基数效用概念。基数是指 1、2、3……是可以加总求和的。基数效用论认为，效用可以具体衡量并加总求和，具体的效用量之间的比较是有意义的。表示效用大小的计量单位被称作效用单位。例如：对某消费者而言，看一场精彩的电影的效用为 10 效用单位，吃一顿麦当劳的效用为 8 效用单位，则这两种消费的效用之和为 18 效用单位。

序数效用论认为，效用无法具体衡量，也不能加总求和，效用之间的比较只能通过顺序或等级表示。自 20 世纪 30 年代至今，西方经济学中多使用序数效用概念。序数是指第一、第二、第三……序数只表示顺序或等级，是不能加总求和的。例如，消费者消费了巧克力与唱片，他从中得到的效用是无法衡量，也无法加总求和的，更不能用基数来表示，但他可以比较从消费这两种物品中所得到的效用。如果他认为消费一块巧克力所带来的效用大于消费唱片所带来的效用，那么就叫一块巧克力的效用是第一，唱片的效用是第二。

效用价值论强调物对人的满足程度，而满足程度完全是主观的感觉。经济学依赖一个基本的前提假定，即人们在做选择的时候倾向于选择在他们看来具有最高价值的那些物品和服务。

效用是消费者的主观感觉，取决于消费者对这种物品的喜欢程度。消费者对某种物品越喜欢，这种物品带来的效用就越大，他就越愿意购买，需求就越高。比如有人喜欢抽烟，那么香烟对于他而言效用就很高，但对于一位不愿意闻烟味的女士来说，香烟就会效用很低甚至是负效用。很显然，在做决定的时候，烟民自然会把香烟视为至宝，而女士们可能更钟情于化妆品或者衣服之类的东西。

我们也可以通过红皮鸡蛋与白皮鸡蛋的变迁，来解读效用。根据科学研究，不管是鸡蛋的味道还是营养价值，都跟蛋壳的颜色毫无关系。那为什么以前满市场的白皮鸡蛋都不见了？这是因为，在我国很多地区，人们都喜欢红皮鸡蛋。红色给人一种吉利的象征，当它大量涌入市场，价钱与白皮鸡蛋差不多的时候，多数市民选择红皮鸡蛋，如此一来红皮鸡蛋便抢占了市场。正是因为人们对红皮鸡蛋有更大的满足感，所以才造成了今天的“市场尽是红皮鸡蛋”的状况。

现在人们买红皮鸡蛋还会达到以前的效用吗？答案又是否定的。红皮鸡蛋本来是很吸引人的，越稀少就越受到尊崇。当红皮鸡蛋充斥市场时，人们对于红皮鸡蛋的满足感是逐渐降低的，这就是边际效用递减。这也就解释了为什么现在的白皮鸡蛋反倒比红皮鸡蛋贵的原因了。

某种商品给消费者带来的效用因人而异，效用大小完全取决于个人主观感受，没有客观标准。比如有的消费者会认为购买胶卷相机带给他们的效用比购买数码相机更大，喝矿泉水比喝啤酒带给他们的效用更大，吃米饭比吃面更能带给人愉悦感。这些，需要由消费者的主观感受来决定。

## 今天你团了吗——团购

将2010年定义为“中国团购元年”一点都不为过，自从gounpon在海外的极度走红，带来的国内以美团网和拉手网作为领头的团购大军，正在以每天十几家新网站的速度迅速在国内互联网领域中扩张属于自己的地盘，在短短两个月时间内，就已经多达近千家的团购网站陆续加盟进入。

自从王兴2011年3月4日正式推出美团网至今，据业内权威统计，各地大大小小的团购网站已经超过了500家，其中还不算由门户推出的各种团购服务，短短半年这样的快速增长趋势，在中国互联网行业是前所未有的。

在传统的团购模式之下，主要是以生活消费类作为主要的营销内容，大量的“打折电影票”，“VIP会员价”以及“消费”等模式，以满足用户快速消费的需求，尤其是在吃、穿两个传统大项上，团购网站正在更加激烈地进行对抗竞争。融资成了各大团购商继续发展壮大的不二选择。

奢侈品团购商Gilt Groupe获得了软银牵头的财团融资1.38亿美元，Living Social最新融得的4亿美元也令其估值达到29亿美元。而国内最大的团购网站——拉手网也完成了1.66亿的三轮融资。

除了团购商家大手笔的融资之外，消费者对团购的需求热度也持续上升。现在的团购范围，已经突破了吃、穿这两大传统的需求，逐渐延伸至日常生活的方方面面。

借助《变形金刚3》热映的氛围，雪佛兰品牌从2011年8月中旬就开始了一系列的促销行动，其中还启动了团购模式，与国内最大的团购网站美团网进行合作，推出雪佛兰新赛欧团购。在《变形金刚3》上映前，美团网还举办过一次雪佛兰大黄蜂科迈罗抽奖活动，共吸引了107万用户参与，创造了团购行业抽奖参与人数的新纪录。

**团购是近年来兴起的一种购物方式，指认识或不认识的消费者联合起来，加大与商家的谈判能力，以求得最优价格的一种购物方式。根据薄利**

多销的原理，商家可以给出低于零售价格的团购折扣和单独购买得不到的优质服务。

网络团购的主力军是年龄25岁到35岁的年轻群体，在北京、上海、深圳、广州、厦门等大城市十分普遍。网络团购改变了传统消费的游戏规则。团购最核心的优势体现在商品价格更为优惠上。根据团购的人数和订购产品的数量，消费者一般能得到比例不等的优惠幅度。

团购主要有以下几种形式：

第一种是自发行为的团购；

第二种是职业团购行为，目前已经出现了不少不同类型的团购性质的公司、网站和个人；

第三种就是销售商自己组织的团购。

第四种就是通过组建“消费者联盟”建立持续、稳定、从复团购渠道来创业的“个人特许加盟型团购”；

这四种形式的共同点就是参与者能够在保证正品的情况下让自己的消费资产获得增值。怎样才能使团购的商品最划算？参加团购前要先做好市场调查，并且要了解自己要买的商品的价格、品牌以及性能，只有心中有数了，才不会被所谓的“团购优惠”弄糊涂。

作为一种新兴的消费方式，网络团购目前还没有相关的规则来约束它，因此，诈骗案也屡见不鲜。对此，网络团购作为一种消费方式，消费者在选择网络团购以博取价格优惠的同时，更应该全面考虑，对于交易要小心谨慎。

网络团购目前存在着一些陷阱。例如：建材、家具等行业的产品价格缺乏透明度，有的商家暗地里拉高标价再打折，这样消费者就很被动。现在有的网络团购很多是由隐藏在背后的商家发起的，这样的团购其实就是促销。

此外，网络团购还存在售后服务不完善等问题。因此，消费者在参与网络团购，尤其是购买一些大件商品时，一定要咨询律师或其他相关人士，以避免不必要的麻烦。消费者还要关注商家的专业水平、售后服务等信息。参加团购时，避免将钱款交付给代购者。

网络团购毕竟只是出于某一特定目的而临时组织的松散团体。现实中，团购者交易成功后就分散了，售后一旦出现纠纷，往往难以再组织起来，这给消费者日后的维权行动带来困难。因此，网络团购的参与者还应该想办法签订团购协议来规避各种风险。

为了确保购物安全，消费者在选择团购博取优惠价格的同时，对团购平台的选择也应该谨慎小心。选择专业、信誉高的平台发起团购，或参加团购，即可以提高网购安全系数，团购产品的质量及售后服务也能有所保障。

## 期望所带来的神奇效应——消费预期

在美国曾经有一则“百事挑战”的电视广告，广告里任意挑选顾客，请他们品尝可口可乐和百事可乐，然后让他们当场说明喜欢哪一种。结果当然是百事可乐超过可口可乐。同时，可口可乐的广告表明人们对可口可乐的偏爱超过百事可乐。事实上，两家公司对他们的产品采用了不同的评估方式。据说可口可乐公司采用的是让消费者根据偏好公开挑选，而百事可乐采取的挑战方式则是让参与者蒙起眼睛，在两种可乐中品尝打分。难道说百事可乐在“盲目”测试中味道较好，而可口可乐在“可见”测试中味道较优？实际上，多年来可口可乐在广告、品牌上已经占据了优势，人们对可口可乐的预期已经让人们产生了一种成见：可口可乐比百事可乐好喝。

这说明，消费预期容易形成一种成见。

消费预期是消费主体在对市场和经济状况做出判断情况下的消费倾向，也就是消费者在购买产品之前对于厂商提供的产品和服务的价值判断。并且，消费者的预期价值直接决定了顾客需求的现状和趋势，影响了他们的购买决策。

实际上，人总是根据预期来作出决策的，而这种预期往往并不一定就说得上是理性化的。比如我们在菜名前加一点异国情调、时髦的词语，如“墨西哥辣椒芒果酱”、或“北美草原水牛肉”等，这些描述会引导我们抱有非常大的期望，我们往往会发现这些“芒果酱”和“牛肉”确实好于平常吃的芒果酱和牛肉。当然，预期的影响力并不局限于饮食。如果请朋友看电影，你事先告诉他评论家们对该片评价如何高，他们就会更喜欢这部影片。

在现实生活中，人们的预期具有特殊的引导作用，让被预期者朝着预期的方向行进或改变。也可以说，预期是一种带有暗示性的软性指令。

预期具有非凡的作用，它能让人们在嘈杂的房间里聊天，虽然不时地有词听不清，但仍然可以正确理解对方说什么。有时收集信息上出现一些乱码，我们也照样读懂它的意思。

很多人也许有这样的体验：冬天感冒，在小店买的感冒药就不见好，大药房的高价药吃了就觉得畅快；患哮喘病，普通药品总不见效，著名厂家刚上市的新药一定能药到病除。换句话而言，事关自己的身体健康，你一般会对这些讨价还价吗？普通感冒先放下不说，如果到了性命攸关的时刻，我们还有多少人锱铢必较呢？不会的，我们会为自己，为孩子，为亲人竭尽全力，花多少钱在所不惜，一定要选择最好的药。为什么会选择价格高的药品呢？这是因为我们对价格高的药品治愈疾病有较高的期望。通过美国的行为经济学家丹·艾瑞里所做的实验得知：一分钱，一分货，付多少钱，就有多大疗效。说到底，这种非理性行为的背后其实蕴藏着心理预期的作用。

如果某种商品在价格上打了折扣，注定得到的东西就差吗？如果我们依赖自己非理性的直觉，实际上就是这样。如果我们看到半价商品，我们本能地断定它的质量就比全价的差——事实上我们把它看得差了，它就真的差了。怎么纠正呢？如果我们定下心来，理性地拿产品与价格做一番比较，就能克服那种无意识的冲动，不再把产品的销售价格与内在质量挂钩了。

## 为什么东西越贵越有人买——炫耀性消费

相传法国皇帝拿破仑三世常常大摆宴席，宴请天下宾客。每次宴会，餐桌上的用具几乎全是用银制成的，唯有他自己用的那一个碗却是铝制品。为什么贵为法国皇帝，却不用高贵而亮丽的银碗，而用色泽要暗得多的铝碗呢？原来，在差不多 100 多年前的拿破仑时代，冶炼和使用金银已经有很长的历史，宫廷中的银器比比皆是。可是，在那个时候，人们才刚刚懂得可以从铝矾土中炼出铝来，冶炼铝的技术还非常落后，炼铝十分困难。所以，当时铝是非常稀罕的东西，不要说平民百姓用不起，就是大臣贵族也用不上。拿破仑让客人们用银餐具，偏偏自己用铝碗，就是为了显示自己的高贵和尊严。

如今，铝不仅比银便宜得多，而且光泽和性能都远远比不上银。铝之所以变得便宜，是因为后来人们发明了电解铝的技术，可以大量生产铝。铝已经非常普遍，谁还会像当年的拿破仑那样拿它来炫耀呢。不过，如今用消费品来炫耀以显示自己身份的人却是越来越多。

经济学家把消费极为昂贵的产品或服务称为炫耀性消费，其含义在于这种消费行为的目的不在于其实用价值，而在于炫耀自己的身份。

炫耀性消费作为一种象征性消费，包含两层含义：其一，是“消费的象征”。即借助消费者消费表达和传递某种意义和信息，包括消费者的地位、身份、个性、品位、情趣和认同。消费过程不仅是满足人的基本需要，而且也是社会表现和社会交流的过程。其二，是“象征的消费”。即消费者不仅消费商品本身，而且消费这些商品所象征的某种社会文化意义，包括消费时的心情、美感、氛围、气派和情调。

炫耀性消费是一种重要的社会经济现象，这个概念最早由凡勃伦于1899年出版的《有闲阶级论——关于制度的经济研究》一书中提出来的。凡勃伦认为，非炫耀性商品只能给消费者带来物质效用，炫耀性商品则给消费者带来虚荣效用。所谓虚荣效用，是指通过消费某种特殊的商品而受到其他人尊敬所带来的满足感。他认为：富裕的人常常消费一些炫耀性商品来显示其拥有较多的财富或者较高的社会地位。

在金钱文化的主导下，炫耀性消费可以说遍及社会的每一个角落，其表现形式可以说是林林总总、无所不包。炫耀性消费与商品的竞争相结合，一种是自我消费，一种是代理消费。很多人的炫耀性消费都是通过价格及品牌来表现的。如果价格下跌，炫耀性消费的效用就降低了，这种物品的需求量就会减少。比如一部价值20万的手机，现在要1万元卖给他，他也许根本都不会瞧一眼。如果是一顿20万元的年夜饭，如果请他免费品尝，大概也会被拒绝。因为这些物品里只剩下实际使用效用，不再有炫耀性消费效用。

这种炫富心理其实在普通人的日常生活中也很常见。很多时候，人们买一样东西，看中的并不完全是它的使用价值，而是希望通过这样东西显示自己的财富、地位或者其他。

炫耀性消费是一种典型的非理性消费，其实，炫耀其身份的方式不一定非得通过消费奢侈品等行为体现，可以通过慈善等其他方式得以体现。因此，炫耀性消费可以降降温了。

## 由俭入奢易——棘轮效应

商朝时，纣王登位之初，天下人都认为在这位精明的国君治理下，商朝的江山一定会坚如磐石。有一天，纣王命人用象牙做了一双筷子，十分高兴地使用这双象牙筷子就餐。他的叔叔箕子见了，劝他收藏起来，而纣王却满不在乎，满朝文武大臣也不以为然，认为这本来是一件很平常的小事。箕子为此忧心忡忡，有的大臣问他原因，箕子回答说："纣王用象牙做筷子，必定再不会用土制的瓦罐盛汤装饭，肯定要改用犀牛角做成的杯子和美玉制成的饭碗，有了象牙筷、犀牛角杯和美玉碗，难道还会用它来吃粗茶淡饭和豆子煮的汤吗？大王的餐桌从此顿顿都要摆上美酒佳肴呀。吃的是美酒佳肴，穿的自然要绫罗绸缎，住的就要求富丽堂皇，还要大兴土木筑起楼台亭阁以便取乐了。对这样的后果我觉得不寒而栗。"仅仅5年时间，箕子的预言果然应验了，商纣王恣意骄奢，断送了商汤绵延500年的江山。

在这则故事中，箕子对纣王使用象牙筷子的评价，就反映了现代经济学消费效应——棘轮效应。

棘轮效应即易于向上调整，而难于向下调整。尤其是在短期内消费是不可逆的，其习惯效应较大。这种习惯效应，使消费取决于相对收入，即相对于自己过去的高峰收入。

古典经济学家凯恩斯主张消费是可逆的，即绝对收入水平变动必然立即引起消费水平的变化。针对这一观点，美国经济学家杜森贝利认为这实际上是不可能的，因为消费决策不可能是一种理想的计划，它还取决于消费习惯。这种消费习惯受许多因素影响，如生理和社会需要、个人的经历、个人经历的后果等。特别是个人在收入最高期所达到的消费标准对消费习惯的形成有很重要的作用。杜森贝利认为，对于消费者来说，增加消费容易，减少消费则难。因为一向过着高生活水平的人，即使实际收入降低，多半不会马上因此降低消费水准，而会继续保持相当高的消费水准。即消费“指标”一旦上去了，便很难再降下来，就像“棘轮”一样，只能前进，不能后退。

实际上棘轮效应可以用宋代政治家和文学家司马光一句著名的话来概括：由俭入奢易，由奢入俭难。

狭义的棘轮效应是指即使收入水平下降，个人消费习惯也不会随之下降。广义的棘轮效应是指经济活动中的不可逆性。猪肉禽蛋等原材料价格下降了，但是相应的制成品如牛肉拉面、肯德基、方便面以及饭店的价格不会相应地下降。

在房价问题上，棘轮效应的表现就更加明显。现在，房价已经形成了棘轮效应，易上难下。这是因为，尽管房价上涨的各种负面影响很大，但一旦涨上去再跌下来，就将引发严重的经济问题。就整个经济体系来说，房价可以不涨，但绝对不能暴跌，否则就有可能引发严重的经济危机。

实际上，消费者这种不可逆的消费行为，在经济衰退、萧条和复苏时期有着巨大的能效，甚至能使经济重新达到繁荣。

## 都是冲动惹的祸——冲动型消费

有一天，尼克在超市里看到一个女人带着一个三岁大的小女孩在购物，小女孩坐在购物车里。

当她们经过糕饼部时，小女孩要曲奇饼，妈妈说：“不买。”小女孩马上开始哼哼唧唧的，妈妈却平静地说：“好了好了，莫尼卡。再过一半的路程就到了。别不开心了，不会太远。”

过了一会儿，她们走到糖果部，小女孩开始大声叫着要糖果。当妈妈又拒绝她的时候，她哭了起来。妈妈说：“快了快了，莫尼卡，别哭了，再走两步就到出口了。”

她们终于来到结账处，小女孩马上开始高声叫嚷着要口香糖。妈妈还是摇头，小女孩大发脾气，一阵狂号。妈妈气平心和地说："莫尼卡，再等五分钟，给了钱后，你很快就到家了，然后你就可以睡个好觉。"

尼克跟在那个妈妈的后面，走到巴士站的时候，向她点点头，称赞她说："你对小莫尼卡真够耐心的。""噢，"她回答道："我是莫尼卡，我女儿的名字是谭美。"

因为要避免冲动消费，这位妈妈不得不用自言自语来克制自己的消费欲望。这就是冲动型消费者的一种表现形式。

冲动型消费指在某种急切的购买心理的支配下，仅凭直观感觉与情绪就决定购买商品。在冲动型消费者身上，个人消费的情感因素超出认知与意志因素的制约，容易受商品（特别是时尚潮流商品）的外观和广告宣传的影响。

女性无疑是冲动型消费的主力军。日本一个专门研究消费者形态的机构有一个统计，女性冲动型购买的比率为34.9%。换句话说，每3个女性消费者里面，就有一个是冲动型购买者。女性的非理性消费彻底颠覆了经济学家所能预测的消费模式，常常可以看到这样的现象，她们在进入超市之前做了周密的购物计划，但在购物的时候却买回不少自己喜欢却并不实用，甚至根本用不上的商品。

有人说，女人的钱是最好赚的。一个女人可以在冲动之下专程打"飞的"去扫荡名牌，也可以一时兴起买下上万的穿不上几次的衣服。经济学家说，女人们的这种消费轨迹无法琢磨，因为没有一丝规律可循。

所以，琢磨女人的消费动态，就成了难以完成的任务，她们消费的理由林林总总，总是不乏借口。但困扰经济学家们的问题是——女性为什么倾向于非理性消费？

英国心理学家研究发现，女性在月经周期最后10天左右更容易产生购物冲动。女性所处月经周期越靠后，她们超支的可能性越大，在花钱方面更不节制、更冲动，超支金额更多。

"我被购物冲动抓住，如果不买东西，我就感觉焦虑，如同不能呼吸一般。这听起来荒唐，但这事每个月都在发生。"一位参与这项科学研究的女性这样说。

科学家认为，女性月经周期中体内荷尔蒙的变化容易引起不良情绪，如抑郁、压力感和生气。她们感到非常有压力或沮丧时，容易选择购物这一方式来调节情绪。对许多女性而言，购物成为一种“情感上的习惯”。她们不是因为需要而购买商品，而是为了享受购物带来的兴奋感。

研究同时发现，不少女性会为冲动购物感到懊恼。以大学生塞利娜·哈尔为例，她平素习惯穿平跟鞋，但一时兴起想买高跟鞋，于是一口气买下好几款颜色不同的坡跟鞋。然而，没隔多久，她就不喜欢这些新鞋，不愿再穿。

科学家说，如果女性担心自己的购物行为缺乏理性，她们应该避免在月经周期后期购物。她们应考虑干点别的，而不是周末去逛街。

女性容易受到情绪因素的影响，是心理更不成熟、更为脆弱的群体，女性中最常见的就是情绪化消费。据统计，有50%以上的女性在发了工资后会增加逛街的次数，40%以上的女性在极端情绪（心情不好或者心情非常好）下，会增加逛街次数。可见，购物消费是女性缓解压力、平衡情绪的方法，不论花了多少钱，只要能调整好心情，80%左右的人都认为值得。这也可以佐证上文中科学家们的研究成果。

当然，冲动型消费还容易受到人为气氛的影响。当消费者光顾的门店在进行商品促销的时候，往往能够激发消费者的购物冲动。对于某些商品来说，可能消费者处于可买可不买的边缘，但由于促销折扣，往往能够引起消费者的冲动购物。

事实上，具有冲动消费的不仅仅是女性，每个人都有冲动消费的倾向。冲动消费涵盖各类人群，其中属新婚夫妇最易冲动购物，因为这一部分消费者往往更没有消费计划，消费冲动行为较多。在消费者最容易冲动购物的商品类别上，男女是有区别的，男性一般青睐高技术、新发明的产品，而女性在服装鞋帽上很难克制自己的购物欲望。

冲动型消费其实是一种感性消费，而作为理性人的我们，应该时刻谨记“冲动是魔鬼”，并能控制随兴而起的购物冲动，做到有计划、有目标地购物，只有这样，才能尽量减少自己的非理性购物，做一名真正的理性人！

## 为什么在酒吧喝酒要钱，却又免费提供花生米——搭售

很多酒吧里花生米是免费的。可是你注意到没有，只要消费酒水，花生米可随意索要。按常理，花生的生产成本要比水高，酒吧为什么要这么做呢？

理解这种做法的关键在于，弄明白水和花生米对这些酒吧的核心产品——酒精饮料的需求量会造成什么样的影响。花生和酒是互补的，花生吃多了，会有干渴感，要点的酒和饮料也就多了。相对于酒和饮料的利润来说，花生是极其便宜的。多吃花生米能带动酒和饮料的消费，而酒吧主要靠酒和饮料来赚取高额利润，所以，免费供应花生米只是为了提高酒吧利润而已。

免费的花生米实际上是引导顾客多消费酒水而已，这是一种搭售的策略。搭售也被称为附带条件销售，即一个销售商要求消费者在购买其产品或者服务的同时也得购买其另一种产品或者服务，并且把消费者购买其第二种产品或者服务作为其可以购买第一种产品或者服务的条件。

不知什么年月起，搭售已悄悄地侵入我们的生活，而且蔚然成风，有愈演愈烈之势。大至买楼房送车位、买大件家电送电饭锅，小至买手机送话费，买酸奶“二送一”，甚至买支牙膏也送个钥匙圈。问商家不要赠品能否减些价？商家回答：不要可以，但不减价。

为何越来越多的企业热衷于搭售，同时众多的消费者也对捆绑产品趋之若鹜？因为合理、有效的捆绑确实能为企业带来良好的收益和价值。

商家之所以选择“搭售”，主要原因在于抢占市场，增加销售额。捆绑后的产品或服务价格相对比单件要便宜一些，在品质、功能等没有多大差别的情况下，就会使原本打算购买相似产品的消费者转而购买该产品，并使原本买单件该产品或单个服务的消费者增加购买量。

通过搭售，还可以迅速扩大企业品牌的影响，打入新的目标市场。任何企业的实力都是有限的，与其他企业的产品或服务进行捆绑，可以迅速扩大品牌在与其捆绑的产品或服务的目标客户中的知名度和影响力，从而进入新的目标市场。

搭售还可以降低企业的营销费用和风险。企业的产品或服务通过搭售，可以以共同分担等方式共同承担营销费用，从而有效降低企业尤其是小企业的营销费用和推出新产品或新服务的风险。

搭售一方面可以为消费者带来价格上的便利。捆绑产品相比单独出售的两个产品在价格上一定是较低的；另一方面，捆绑产品可以减轻消费者选购的时间和精力成本。捆绑产品一般为相关或互补产品，之所以捆绑在一起，一定程度上是因为消费者多数会分别购买捆绑产品。因此，将该产品捆绑在一起销售，可以有效降低消费者选购的时间和精力成本。

搭售方式确实给商家带来了好处，其实，很多时候也给消费者带来了实惠。但目前市场上的"搭售"还不够大气，只能算是小打小闹。甚至是两种商品的简单叠加，在手机市场上居然发现买手机可以送饼干，真是风马牛不相及。这些方式并未实现"搭售"的最大价值。

常见的"搭售"主要有以下几大招式：

1. 包装捆绑。如汰渍洗衣粉，在包装袋上印有衬衫、洗衣机等品牌；反过来，衬衫、洗衣机也推荐使用汰渍洗衣粉，既为产品包装又是广告载体。品牌互补，大家共同得利，节省了资源。这样的例子还有很多，比如"牙膏"与牙刷捆绑、洗发水与沐浴液及毛巾捆绑。

2. 定位捆绑。对于新上市的品牌，可以从定位上考虑如何"绑"一下知名品牌。通过和已有品牌直接捆绑，来形成自己的定位，并宣扬自己独特的优点。对于市场份额较小的品牌，也可以考虑将自己与市场领导者捆在一起借此获得一种名声，并分得领导者一部分市场份额。前文中的"约翰逊粉质膏"的例子正属此种类型。

3. 信息传播捆绑。相关性产品集中在一起进行传播，既增加了整体传播力度，又节省了大笔资金。比如"浪奇"木瓜白肤香皂"绑"了一次《南方都市报》，把样品随报赠送给消费者，取得了良好的效果；又比如，"力士"洗发水"绑"了《化妆品报》；"舒肤佳""绑"了"中华医学会"，不一而足。

4. 销售捆绑。把几种产品做成统一包装进行销售。如把牙膏、牙刷、香皂等放在一个包装盒里销售，相对来说，价格较低，消费者得到了实惠，自然也就愿意购买。

## 明星具有超强号召力——示范效应

“明星”是社会上最活跃的因子，电视、银幕、报纸、杂志时时刻刻都充斥着他们的身影。明星的服装常常是人们津津乐道的话题，尤其是好莱坞的明星们，往往是人们关注的焦点。当那些俊男靓女们盛装出现在红地毯上时，总会引起一阵骚动。他们穿什么样的服装，穿哪个品牌的服装，都会成为各大娱乐时尚媒体和追星族们津津乐道的话题，甚至会引爆流行狂潮。

前两年街头流行的乞丐服就缘于明星的一次意外。某一天，一位明星要去外地演出，在去演出场地的时候出了意外无法及时赶到。等轮到他上场的时候他已来不及换衣服了，情急之下他没换演出服装走上台去。

由于明星美妙的歌喉和稳定的发挥使演出获得了极大的成功，台下的歌迷被他的一举一动深深地吸引住了，为他精彩的表现报以热烈的掌声。

可是当他下台后才发现，他的裤子不知什么时候破了个洞，好在演出很成功。接下来的事就更出人意料了，他的歌迷们以为他裤子上的洞是人为的，纷纷效仿。敏锐的商家嗅到了商机，于是向市场大量销售这种衣服，乞丐服便应时走红了。

其实，现时的每一次时装发布会，明星的每一次亮相都会引起一次长久的时尚潮流。请明星为最新款的服饰代言也成了当下商家的不二法门。从经济学角度来看，这一切都是“示范效应”在作怪。

示范效应是指人们的消费行为在很大程度上会受其他人的影响。为什么人们会受示范效应的左右呢？单就消费心理来说，示范效应来源于经济学上的相对收入假说。这种假说认为，消费者不是孤立的人，而是社会的人。消费的效用不仅来自于个人消费中物质与精神欲望的满足，而且还来自于与别人消费的比较。因此，效用就成了一种主观感觉，消费效用的大小就受到他人消费的影响。

具体地来说，下层人更容易以上层人为榜样。示范效应就是上层人做榜样，其他人模仿而形成一种时尚。消费时尚来自示范效应，也就是我们常说的“榜样的力量是无穷的”。

为什么只有上层人才能做榜样呢？这是因为处于下层的人向上层学习是一种动物本能。动物行为学用实验证明了这一点。找一只小猴子由人教会它吃苹果之前先洗干净。把这只小猴子放进猴群，结果众猴子不仅不学，还打它。再找一只猴王，教它洗苹果，把这只猴王放进猴群，众猴子纷纷效仿，苹果洗后再吃成为猴子的一种时尚。就消费时尚而言，在国际上，发达国家是发展中国家的榜样，消费时尚总是由发达国家消费方式的示范效应而形成。在国内，引起消费时尚的总是上层人士。

我国古代有两个很好的例子也说明了这一点。

一个例子是说齐桓公的。

战国时，齐桓公喜欢穿紫色衣服，于是所有的齐国人都穿起了紫色衣服。一时间紫色衣服的衣料大贵，一匹紫色布的价格超过五匹素色布的价格。齐桓公为此发愁了。

他对管仲说：“我喜欢穿紫色衣服，全国百姓都穿紫色衣服，怎么办呢？”

管仲说：“主公如果想制止这种局面，为什么不停止穿紫色衣服呢？不仅如此，你还应该对人说：‘我非常讨厌紫色染料的气味。’如果有人穿着紫色衣服来见你，你一定要说：‘离我远点，我讨厌紫色染料的臭气！’”齐桓公说：“很好，就这么办。”

当天，很多近臣就不再穿紫色衣服；第二天，国都临淄已没人穿紫色衣服；第三天，整个齐国也找不到一个穿紫色衣服的人了。

另一个是说楚王好细腰。

《后汉书·马廖传》里说：“楚王好细腰，宫中多饿死。”是说以前楚灵王喜欢腰身细的人，于是大臣们都节食减肥，饿得头昏眼花，即使死了也心甘情愿。

商家是“无利不起早”，示范效应的存在无疑给商家运做市场以良好的提示。商家找明星代言打的正是如下的“小算盘”。

在市场经济中，产品销售的好坏取决于消费者的需求。消费者对某种物品的需求是购买欲望和购买能力的统一。购买能力取决于收入、价格等因素。在现代社会中，人们的收入增加，购买能力并不弱，但为什么许多产品仍然卖不出去呢？这就在于消费者缺乏对这些产品的购买欲望。经济学家特别强调购买欲望的重要性，因为消费者一旦对某种产品有了强烈的购买欲望，他就会为实现这一愿望而多赚钱，这就提高了购买能力。或者他也可以通过消费信贷把未来的购买能力变为今天现实的购买能力。可见在创造需求中，购买欲望是重要的。

购买欲望来自消费者的偏好。消费者购买物品消费是为了获得效用(即满足程度)。效用是消费者的主观感觉，它取决于消费者对这种物品的喜欢程度，即偏好。偏好是一种心理现象，因人而异。但人的心理现象也是有共同规律可以寻找的。人的偏好来自欲望，或者是生理欲望，或者是由社会引发的心理欲望。在现代社会中，生存的基本生理欲望容易满足，重要的是由社会引发的心理欲望。人由这种欲望而产生的偏好，显然要受社会影响，即整个社会消费时尚的影响。

然而，消费时尚好像是无规律的，也是无理性的，而且瞬息万变。昨天裤子上有洞，被称为穷，今天就成了时尚，怪不得有人感叹总赶不上时尚。如果从消费时尚的形成来看，每一种时尚的形成也有其规律可把握：决定消费时尚的因素很多，如广告、历史传统、政策引导等，但更多还是来自示范效应。

正是现实生活中有示范效应的存在，精明的商家们才会频频找明星代言，为的是运用示范效应引领消费时尚，创造市场需求。

# 第六章

# 第三只耳朵：为什么有些人总比我们多知道一些

## 为什么说“买家没有卖家精”——信息不对称

有个做古董生意的人，他发现一个人用珍贵的茶碟做猫食碗，于是假装很喜爱这只猫，要从主人手里买下。古董商出了很大的价钱买了猫，然后，古董商装作不在意地说：“这个碟子它已经用惯了，就一块儿送给我吧。”结果，猫主人不干了：“你知道用这个碟子，我已经卖出多少只猫了？”

自以为聪明的古董商万万没想到，“猫食碗是古董”这个信息，猫主人不但知道，而且利用了他“认为对方不知道”的错误大赚了一笔，猫主人才是真正的“人精”。

我们不可能洞悉一切事物，实际上我们一直生活在一个信息不对称的世界中。由于认识能力的限制，人们不可能知道在任何时候、任何地方发生的任何情况。

人们在购买商品的过程中，对商品的个体信息认知也会产生信息不对称的情形。一般而言，卖家比买家拥有更多关于交易物品的信息。有些商品是内外有别的，而且很难在购买时加以检验。如瓶装的酒类，盒装的香烟，录音、录像带等。人们或是看不到商品包装内部的样子（如香烟、鸡蛋等），或是看得到却无法用眼睛辨别产品质量的好坏（如录音、录像带）。

显然，对于这类产品，买者和卖者了解的信息是不一样的。卖者比买者更清楚产品实际的质量情况。

信息不对称引起信息多的一方欺骗另一方的可能性。政府与公众信息不对称将使行政权力失去监督，滋生政府腐败；企业委托人与代理人信息不对称会引起机会主义行为；劳动力市场上信息不对称会使雇主和求职者受到侵害；人与人之间信息不对称是诚信丧失的根源……

在我们的生活中，我们也可以发现随处可见的信息不对称。比如，如果你加倍努力干好工作，你的老板理应多付你工资，但因为他对你的努力程度只是有个模糊概念，所以你的业绩奖金只是你薪水的一小部分。如果老板能完全看清楚你的能力与努力，他就可以将你的薪水与表现挂钩。再比如你想在附近的餐馆吃饭，但是不知道哪家最好，所以最好的办法还是找一个大家都熟悉的品牌店，因为大家都知道品牌店不会差。

当然，经济生活中存在着大量信息不对称问题，但人们总是能够想出高超的解决办法，用以提高信息的质量，或减少因信息不对称所造成的损失。举个例子来说，当你需要购买电脑但同时对电脑硬件又不了解时，你会找懂行的朋友咨询，参考网站和杂志，希望借此能得到实用信息，在想购买的产品中作出理性的选择。正是通过不断地搜寻信息，以希求获得最全面的信息，给自己的决策提供有价值的参考。

不过，信息不对称也不见得完全是坏事。比如国防机密，所有信息都公之于众，反倒会妨害国家安全。夫妻双方信息完全对称，各自连自己的一点隐私都没有，生活往往并不幸福。距离产生美，糊里糊涂的爱，也许更能幸福一点。其实仔细想想，信息太对称，这世界反倒无趣了。

现实世界是不完美的，信息不对称也是正常的。我们没有必要去追求完美，也没有必要在任何情况下都要实现信息完全对称。当然，也并不是说，信息不对称就好得不得了。在许多情况下，我们还是要努力获得对方更多的信息。比如，政府行为要尽可能公开化，要买二手车还需要请专家鉴定等。

在双方信息不对称的情况下，消费者的劣势，并不总是令人同情，因为若不是消费者贪小便宜，在利益面前失去理智，也不会自惹麻烦。经济学则认为这一切很正常，因为在利益面前，任何人都会心动的，经济学上的理性人永远不会失去理性，即永远都会朝着有利于自己的方向做出选择，他掌握的信息达到什么程度，他便会做出和他掌握的信息相一致的选择。

信息不对称造成的劣势，几乎是每个人都要面临的困境。谁都不是全知全觉，那么怎么办？为了避免这样的困境，我们应该在行动之前，尽可能掌握有关信息。知识和经验都是你将来用得着的"信息库"，从而成为市场上真正的"人精"。

## 为什么企业认可名牌大学生——信息传递

信息传递的模型是哈佛大学教授迈克尔·斯宾塞提出的，他因此与阿克洛夫同获2001年度的诺贝尔经济学奖。

当斯宾塞在哈佛大学读博士的时候，他观察到一个很有意思的现象：很多MBA的学生在进哈佛之前很普通，但经过几年哈佛的教育再出去，就能比教授多挣几倍甚至几十倍的钱。这使人禁不住要问为什么，哈佛的教育难道真有这么厉害吗？斯宾塞研究的结果是：教育不仅仅具有生产性，更重要的是教育具有信号传递的作用。

这就是名牌的作用。名牌大学或明星企业也可能出现次品，但这样的概率相对来说要低得多。而且，一个名牌大学的建立，是其多年有效信息费用累计的结果，没有人愿意轻易地毁掉自己的信誉，所以，即使出现了问题，解决的成本也相应地要低。

所以，在市场经济中，在企业眼中，品牌是最有效的信息传递手段。同样是刚毕业的大学生，企业优先选择名校毕业生。

信息传递讲的是能够将其信息"信号"可信地传递给在信息上具有劣势的个体，信号要求经济主体采取观察得到且具有代价的措施以使其他经济主体相信他们的能力，或更为一般地，相信他们产品的价值或质量。

当将信息传递引用到现在的市场经济中时，我们又会看到它们被赋予了新的意义。在市场上，商家是拥有信息的一方，也能决定向外界如何传递信息。此时，传递信息的成本要依靠商家自己来付出。他们需要主动地通过广告等方式，在诸多同类产品中凸显出来，如此才可能有利可图。否则，如果一个企业没有卓有成效的信息传递，没有别具一格的形象推广，产品就不能有效推向市场。

当今社会，任何一个企业，都能体会到信息的价值。他们从信息中寻找商机，再利用信息将自己的产品推销出去。也就是说，信息的生产、制造、传播对于一个企业十分关键。一系列的行为必然会导致企业考虑信息所带来的成本。这些成本，其实就是信息的收集、加工、传播需要花费时间、占用精力，甚至花钱购买等等。

问题是，在当代社会，通讯发达，让人们的注意力很难集中在一点。就如赫伯特·西蒙曾说的那样："信息的丰富产生注意力的贫乏。"要想让人们注意到自己的特定产品，从而让自己获得最高的收益，企业不仅要在产品的设计、文字和印刷上增加成本投入，还不得不在信息传递和信息成本投注越来越多的金钱。尤其是市场瞬息万变，每一天都不断地有新品牌占据市场，产品想变得"卓越"的代价将越来越大。

## 众所周知的信息——共同知识

故事发生在一个村庄，村里有100对夫妻，他们都是地道的逻辑学家。

但这个村里有一些奇特的风俗：每天晚上，村里的男人们都将点起篝火，绕圈围坐举行会议，议题是谈论自己的妻子。在会议开始时，如果一个男人有理由相信他的妻子对他总是忠贞的，那么他就在会议上当众赞扬她的美德。另一方面，如果在会议之前的任何时间，只要他发现他妻子不贞的证据，那他就会在会议上悲鸣恸哭，并企求神灵严厉地惩罚她。再则，如果一个妻子曾有不贞，那她和她的情人会立即告知村里除她丈夫之外所有的已婚男人。这个风俗虽然十分奇怪，但是人人遵守。

事实上，每个妻子都已对丈夫不忠。于是每个丈夫都知道除自己妻子之外其他人的妻子都是不贞的女子，因而每个晚上的会议上每个男人都赞美自己的妻子。这种状况持续了很多年，直到有一天来了一位传教士。传教士参加了篝火会议，并听到每个男人都在赞美自己的妻子，他站起来走到围坐圆圈的中心，大声地提醒说："这个村子里有一个妻子已经不贞了。"

在此后的99个晚上，丈夫们继续赞美各自的妻子，但在第100个晚上，他们全都悲鸣恸哭，并企求神灵严惩自己的妻子。

这是一个有趣的推理过程：由于这个村里的每个男人都知道另外的99个女人对自己的丈夫不忠，当传教士说“至少有一个妻子不贞了”，由此并不能必然推出这个“不贞”的女人是自己的妻子，因为他知道还有99个女人对自己的丈夫不忠。

于是这样的推理持续了99天，前99天每个丈夫不能确切怀疑到自己的妻子。而当第100天的时候，如果还没有人恸哭，那表明所有的女人都忠于自己的丈夫，而这显然与“至少有一个妻子不贞”的事实相悖。于是，每个男人都可确定地推理出来自己的妻子已经红杏出墙，于是，总体的推论结果便是：这100个妻子都出轨了。

应该说，传教士对“至少有一个妻子不贞了”这个事实的宣布，似乎并没有增加这些男人对村里女人不忠行为的知识，他们其实都知道这个事实。但为什么100天后他们都伤心欲绝呢？根源还在于共同知识的作用。

传教士的宣布使得村子里的男人的知识结构发生了变化，本来“至少一个妻子不贞了”对每个男人都是知识，却不是共同知识，而传教士的宣布使得这个事实成为大家的“共同知识”。

由“共同知识”我们可以引出“脏脸博弈”模型：

三个学生的脸都是脏的，但是他们各自都看不到自己的脸。老师对他们说，你们中至少有一个人的脸是脏的，请脸脏的学生举手。三个学生对视一番后无人举手，随即又都举手表明自己的脸是脏的。这是为什么？

我们可以还原一下他们的判断过程：

1. 三个学生对视后，都看到了另外两个人的脸是脏的，满足“至少一个脏脸”的判断，因此无人举手。

2. 三个学生都没有举手，这意味着，每个人的眼中都看到了至少一个脏脸。但是，更重要的推断是，三个人中至少有两个脏脸。很简单，如果只有一个脏脸，那么肯定有人在第一步的时候就举手了。由于三个学生同样聪明，因此大家都得出了同样的推断。这个关键的推断就是三个人之间产生的共同知识。

3. 既然“至少两个脏脸”，从任何一个人的角度而言，他已经看到了两个脏脸，他仍然可以不举手。

4. 三个人都还是不举手，意味着三个人看到的都是两个脏脸，即所有人都是脏脸。因此，所有人都举手了。

这就是共同知识的作用。共同知识的概念最初由逻辑学家李维斯提出的。对一个事件来说，如果所有博弈当事人对该事件都有了解，并且所有当事人都知道其他当事人也知道这一事件，那么该事件就是共同知识。

事实上在生活交际中，共同知识起着一种不可或缺的作用，只不过多数时候我们并没有留心而已。举一个简单的例子。小王决定做一个体检，在经历抽血、B 超等多方位检查后，发现有一项“屈光不正”需要去眼科诊疗。花了 8 元钱的挂号费后，根据指引去做光学检验，但仔细一看，原来就是配眼镜的地方。原来，“屈光不正”就是近视眼！“屈光不正”是医学工作者的共同知识，但小王却并不清楚这样的知识，以致让自己多花冤枉钱。

由此可以看出，没有共同知识的博弈，会给整个社会无端增加许多交易成本。比如你去买菜，肯定知道猪肉比白菜贵，不过这是最浅显的“共同知识”。其实，这类知识无处不在。对于我们而言，多掌握一些“共同知识”，对于生活具有重要的意义。

## 柠檬市场全是便宜货——劣币驱逐良币

金属货币作为主货币有较长的历史。由于直接地使用金属做货币有不便之处，历史上人们将金属铸造成便于携带和交易、也便于计算的“钱”。人为铸造的“金属货币”，有了一个“面值”，或称为名义价值。这一点变化，使得铸币内在的某种金属含量(如黄金含量)产生了与面值不同的可能，如面值 1 克黄金的铸币，实际含量可能并不是 1 克，人们可以加入一些其他低价值的金属混合铸制，但它仍然作为 1 克黄金进入交易流通中。这就是劣币驱逐良币效应。

产生这种现象的根源在于当事人的信息不对称。因为如果交易双方对货币的成色或者真伪都十分了解，劣币持有者就很难将手中的劣币花出去，或者，即使能够用出去也只能按照劣币的“实际”而非“法定”价值与对方进行交易。

四川有三个商人，都在市场上卖药。其中一人专门进优质药材，按照进价确定卖出价，不虚报价格，更不过多地赢利。另外一人进货的药材有优质有劣质的，他售价的高低，只看买者的需求程度来定，然后用优质品或次品来应对他们。还有一人不进优质品，只卖劣质品，卖的价钱也便宜。于是人们争着到专卖劣质药的那家去买药，他店铺的门槛每个月换一次。过了一年就非常富裕了。那个兼顾优质品和次品的药商，前往他家买药的稍微少些，过了两年也富裕了。而那个专门进优质品的药商，不到一年时间就穷得吃了上顿没下顿了。

这是明代的刘基曾经讲过的一个故事。这则故事通过三个药商的不同遭遇，嘲笑了真假不分、是非颠倒的社会现象。在这个故事中，卖优质药材的反倒穷得揭不开锅，卖劣质药材的反倒很快致富，其实这是一种“劣币驱逐良币”现象。

“劣币驱逐良币”的现象在市场上是普遍存在的。阿克洛夫在1970年发表了一篇名为《柠檬市场：质量不确定性和市场机制》的论文，他本人也于2002年获得诺贝尔经济学奖。“柠檬”在美国俚语中表示“次品”或“不中用的东西”，“柠檬市场”是次品市场的意思。当产品的卖方对产品质量比买方拥有更多信息时，柠檬市场会出现，低质量产品会不断驱逐高质量产品。

在信息不对称的市场中，因为产品的卖方对产品的质量拥有比买方更多的信息。在极端情况下，市场会止步萎缩和不存在，从而产生柠檬市场效应。柠檬市场效应则是指在信息不对称的情况下，往往好的商品遭受淘汰，而劣等品会逐渐占领市场，从而取代好的商品，导致市场中都是劣等品。本来按常规，降低商品的价格，该商品的需求量就会增加；提高商品的价格，该商品的供给量就会增加。但是，由于信息的不完全性和机会主义行为，有时候，降低商品的价格，消费者也不会做出增加购买的选择，提高价格，生产者也不会增加供给的现象。“二手车市场模型”可以形象地解释这种现象。

假设有一个二手车市场，买车人和卖车人对汽车质量信息的掌握是不对称的。买家只能通过车的外观、介绍和简单的现场试验来验证汽车质量的信息，而这却很难准确判断出车的质量好坏。因此，对于买家来说，在买下二手车之前，并不知道哪辆汽车是高质量的，他只知道市场上汽车的平均质量。当然，买家是知道市场里面的好车至少要卖 6 万元，坏车最少要卖 2 万元。那么，买车的人在不知道车的质量的前提下，愿意出多少钱购买他所选的车呢？所有典型的买家只愿意根据平均质量出价，也就是 4 万元。但是，那些质量很好的二手车卖主就不愿意了，他们的汽车将会撤出这个二手车市场，市场上只留下质量低的卖家。如此反复，二手车市场上的好车将会越来越少，最终将陷入瓦解。

在传统的市场竞争机制得出来的结论是“优胜劣汰”，可是，在信息不对称的情况下，市场的运行可能是无效率的，并且会得出“劣币驱逐良币”的结论。产品的质量与价格有关，较高的价格诱导出较高的质量，较低的价格导致较低的质量。“劣币驱逐良币”使得市场上出现价格决定质量的现象，因为买者无法掌握产品质量的真实信息，这就出现了低价格导致低质量的现象。

其实我们可以发现，“柠檬”市场无处不在。比如人才市场，由于信息不对称，雇主愿意开出的是较低的工资，这根本不能满足精英人才的需要。信贷市场也是个“柠檬市场”，信息不对称使贷款人只好确定一个较高的利率，结果好企业退避三舍，资金困难甚至不想还贷的企业却蜂拥而至。认识了“柠檬”现象，在很多时候可以使我们免受其害。

## 吃别人剩下的“草”——羊群效应

美国人詹姆斯·瑟伯有一段十分传神的文字，来描述人的从众心理：

突然，一个人跑了起来。也许是他猛然想起了与情人的约会，现在已经过时很久了。不管他想些什么吧，反正他在大街上跑了起来，向东跑去。另一个人也跑了起来，这可能是个兴致勃勃的报童。第三个人，一个有急事的胖胖的绅士，也小跑起来……十分钟之内，这条大街上所有的人都跑了起来。

嘈杂的声音逐渐清晰了，可以听清“大堤”这个词。“决堤了！”这充满恐怖的声音，可能是电车上一位老妇人喊的，或许是一个交警说的，也可能是一个男孩子说的。没有人知道是谁说的，也没有人知道真正发生了什么事。但是两千多人都突然奔逃起来。“向东！”人群喊叫了起来。东边远离大河，东边安全。“向东去！向东去！”……

“羊群效应”形象地概括了人们的盲目消费行为。比如，购物时喜欢到人多的商店；选择品牌时，偏向那些市场占有率高的品牌；选择旅游点时，偏向热点城市和热点线路。

人们自觉或不自觉地以某种集团规范或多数人的意见为准则，作出社会判断、改变态度，也就是多数人怎么看、怎么说，就跟着怎么看、跟着怎么说，人云亦云，别人穿什么、做什么自己也跟着穿什么、做什么。有一则笑话这样描述人们的羊群效应：

一日，小欧闲逛街头，忽见一长队绵延，赶紧站到队后排队，唯恐错过什么购买好东西的机会。好不容易等到队伍拐过墙角，发现大家原来是排队上厕所。

从众心理是大众都容易犯的病。“羊群效应”告诉我们，许多时候，并不是谚语说的那样——“群众的眼睛是雪亮的”。在市场中的普通大众，往往容易丧失基本判断力。一见别人排队买东西，就以为是有“便宜”可占，不管三七二十一，就加入进去。一见别人都夸这东西好，仿佛千载难逢，也赶快掏腰包，生怕错过机会。这种现象我们已司空见惯了。报纸上不时揭露的不法商家雇“托儿”的卑劣手段，就是诱使人从众以使其上当的最好注脚。

消费是否应该从众，要做具体分析。从众性强的人独立性差，缺乏主见，易受暗示，容易不加分析地接受别人意见并付诸实行。就从众所造成的结果而言，从众行为也显示了一种较为理性的特征。一般而言，从众所造成的结果无非有三种。

一种情况是别人吃亏。这时由于“我”与别人采取了一样的行为，所以“我”也跟着吃亏。但这种情况对“我”造成的结果是虽然改变了“我”在社会中的绝对位置，但对“我”的相对位置影响并不大，因为别人都吃了亏。另一种情况是别人占便宜。这时对“我”而言，由于“我”采取了与别人同样的行为，所以，“我”也会跟着占便宜。这种情况对“我”造成的结果是虽然相对位置变化不大，但绝对位置提升了。第三种情况是别人既不吃亏也不占便宜。这种情况对从众的个人而言，其结果是既不会改变社会的绝对位置，也不会改变社会的相对位置。上述三种情况总体的结论是从众的选择对个人的行为目的而言，总体上呈现一定的理性原则。

值得注意的是，在对商品了解较多，并有客观判断标准的情况下，很少有从众行为；商品信息模糊时，容易产生从众行为。对每个消费者来说，是否会产生从众行为还与其个性因素有密切关系，依赖性强、缺乏自信、易受暗示、知识面窄的消费者更容易产生从众行为。在现有的信息条件下，人们通过模仿领头羊的行为以期达到自己的预期结果。虽然预期希望常常不能如愿以偿，但是在做出这个选择之前，人们有一种理性的预期希望。

因此，对待消费从众行为要辩证地看。在特定的条件下，由于没有足够的信息或者搜集不到准确的信息，从众行为是很难避免的。

## 别被所谓的选择忽悠了——霍布森选择

1631 年，英国剑桥商人霍布森从事马匹生意，他说，所有人买我的马或者租我的马，价格绝对便宜，并且你们可以随便挑选。霍布森的马圈很大，马匹很多，然而马圈只有一个小门。高头大马出不去，能出来的都是瘦马、小马，来买马的左挑右选，不是瘦的，就是小的。

霍布森只允许人们在马圈的出口处选。大家挑来挑去，自以为完成了满意的选择，最后的结果可想而知——只是一个低级的决策结果，其实质是小选择、假选择、形式主义的选择。

在有限的空间里进行着有限的选择，无论你如何思考、评估与甄别，最终得到的还是一个选择，管理学家西蒙把这种没有选择余地的所谓“选择”讥讽为“霍布森选择”。

在经济生活中，我们面临各式各样的选择，但很多不过是假选择，但我们经常被表面上众多的选择项弄昏了头，其实质是，摆在面前的只有一个选项或者根本没有选项。

对于个人决策来说，如果陷入“霍布森选择”的困境，就不可能发挥自己的创造性。道理很简单，任何好与坏、优与劣，都是在对比选择中产生的，只有拟定出一定数量和质量的方案对比选择、判断，才有可能做到合理。如只有在许多可供对比选择的方案中进行研究，并能够在对其了解的基础上进行判断，才算得上判断。因此，没有选择余地的“选择”，就等于无法判断，就等于扼杀创造。

一个企业家在挑选部门经理时，往往只局限于在自己的圈子里挑选人才，选来选去，再怎么公平、公正和自由，也只是在小范围内进行挑选，很容易出现“霍布森选择”的局面,甚至出现“矮子里拔将军”的惨淡状况。“当看上去只有一条路可走时，这条路往往是错误的。”毫无疑问，只有一种备选方案就无所谓择优，没有了择优，决策也就失去了意义。

实际上，“霍布森选择”一直在我们的生活中存在着。虽然从理论上说你总是有许许多多的选择，但因某些限制的存在，减少了你选择的范围，事实上只提供了唯一的选择项。上世纪著名的汽车商亨利·福特曾经说:“你可以订白色的、红色的、蓝色的、黄色的、黑色的，订什么颜色的汽车都可以，但是我生产出来的汽车只有黑色的。”固执的福特再一次践行了“霍布斯选择”。

生活中，我们也往往会遇到类似的陷阱，我们经常听到“自由选择”，实际上，这种自由总是或多或少受到限制和约束，这使得选择的范围大大缩小。

举一个简单的例子，对于一个“自由”的大学生来说，他毕业后可以工作，可以攻读研究生，可以出国留学，甚至可以成为自由职业者。但是，真实的选择并不是这么回事：因为囊中羞涩，出国留学的选择其实已经名存实亡；因为英语基础差，英语四级还没有过，这无疑又使读研成为了弃选项；因为家里强烈反对他做自由职业者，于是必须得放弃这种选择……这就是残酷的现实给选择套上的枷锁，因此他必须在毕业后找寻一份正式的工作。

在商业竞争不发达的社会，“霍布斯选择”很多见，比如多年前中国人单调的服装样式，几年前昂贵的电话初装费，你根本没有选择的权利。这种烦恼让每个人头疼，这毕竟不是我们个人所能改变的。现代商品经济下，生产资料日益丰富，走进超市面对各种品牌的同类商品往往会使人有点无从下手，不知道自己该选择哪个，很担心自己的选择会选中了质量差的产品。谁能保证自己的选择就一定是正确的呢？而如果只有一种商品可供选择，人们对该商品的认知已经很清晰，不再有这些担心，人们至少可以选择买或不买。此外，如果只有一种选择，也可节省选择的机会成本。由此看来，“霍布斯选择”也并不是一无是处。

当然，绝大多数人还是希望拥有更多的选择机会，更多的选择机会总是令人身心愉悦。因此，我们理应利用自己的智慧之眼，洞悉所谓的霍布森选择，为自己创造尽可能多的选择机会。

## 必须要找到最值得信赖的人——道德风险

诺贝尔经济学奖获得者斯蒂格里茨在研究保险市场时，发现了一个经典的例子：

美国一所大学学生自行车被盗比率约为10%，有几个有经营头脑的学生发起了一个对自行车的保险，保费为保险标的的15%。按常理，这几个有经营头脑的学生应获得5%左右的利润。但该保险运作一段时间后，这几个学生发现自行车被盗比率迅速提高到15%以上。何以如此？这是因为自行车投保后学生们对自行车安全防范措施明显减少。在这个例子中，投保的学生由于不完全承担自行车被盗的风险后果，因而采取了对自行车安全防范的不作为行为。

这种不作为的行为，就是道德风险。在以分工为基础的现代社会中，委托代理关系是普遍存在的。委托代理关系形成以后，由于信息不对称，就可能出现代理人的道德风险。

道德风险是20世纪80年代西方经济学家提出的一个经济哲学范畴的概念，即“从事经济活动的人在最大限度地增进自身效用的同时做出不利于他人的行动”。或者说是，当签约一方不完全承担风险后果时所采取的自身效用最大化的自私行为。道德风险亦称道德危机，但道德风险并不等同于道德败坏。

在经济活动中，道德风险问题相当普遍。可以说，只要市场经济存在，道德风险就不可避免。

在20世纪70年代后期，纽约和其他主要城市经历了一场“可疑”之火——即似乎是故意造成的火灾——的流行病。一些火灾可能源于恶作剧的少年，另一些是因为帮派成员争夺地盘。但是调查者们最终知道了许多火灾的情况。一些同时拥有几栋房子的特殊房东似乎有非常多的房子被烧毁。尽管难以被证实，警察有些怀疑多数这些易遭火灾的房东雇用了职业纵火犯来烧掉他们自己的房子。

这些房子一般处于经济衰退地区，该地区增加的犯罪和中产阶级的搬迁导致房子的资产价值下降。但房屋的保险单上写明对房主的赔偿是基于过去的资产价值，这使支付给房主的实际赔偿要高于一个破旧房屋的市场现值。对于一个认识纵火人的无道德的房主，这是一个有利可图的机会。

纵火流行病在 20 世纪 80 年代时变得不那么严重，部分原因在于保险公司开始使对财产的超额保险变得困难，同时在一定程度上是由于房地产价格的迅速上升，这使得许多原来有被烧危险的建筑在未被烧掉时价值更高。

这个事件表明保险公司为客户提供高于房屋价值的保险是个坏主意——它给了客户破坏性动机。然而，你也许会认为，只要保险价值不超过 100%，动机问题就会消失。

但不幸的是，任何接近 100 万的保险仍会歪曲人们的动机——它促使投保人采取与未投保险时不同的行为。其原因是预防火灾需要房主付出努力和代价。火警和喷水装置必须被修理好，火灾安全条例必须被严格执行等。所有这些都需要时间和金钱——如果保险单会对任何损失都进行几乎全部的赔偿，房主会发现不值得花费这些时间和金钱。

当然，保险公司可以在保险单中说明如果房主没有采取基本的安全防范措施，它将不支付赔偿金，但总是很难知道一个房主对此的小心程度——房主知道，但保险公司不知道。

关键在于房主拥有有关他（或她）的个人行为以及是否真正采取了所有适当防范措施的私人信息。因此，保险公司可能会比在它能够确定房主采取了多大努力来防范损失的情况下面临更多的赔偿。

保险就是典型的委托代理关系。基于理性人假设，个人努力追求自己的效用最大化，因为任何预防性措施的采取都有代价，同时保险公司承担了保险的全部风险，所以理性的投保人不会在预防措施上投资，这样增加了风险发生的可能，给保险公司带来了损失。更为极端的是个人会促使损失的发生，从而获得保险公司的理赔。保险公司预测投保人投保后的这种行为，就会要求投保人交纳更多的保险金，这样降低了保险市场的效率，投保人相对采取预防措施下的收益也会降低。此外，保险公司为了激励投保人采取预防措施，可以采用设置免赔额，并且要求投保者也承担一定比例的损失的方式保护自己的利益，能够收到一定的效果。

## 不能作一锤子买卖——重复博弈

旅美作家林达在其著作《历史深处的忧虑》中讲到这样一则事例：

在美国，任何一个售报机，都是一个铁盒子。所有的报纸都在里面，放一个硬币就可以全部打开，取一张之后再把它关上。作者说他第一次买报的时候，塞进硬币，一拉开盖子，发现所有的报纸都在他面前时，吓了一跳。因为根据他在中国的经验，这样的设计会使得报纸几下子就被人拿光。但是，这是根据美国的国情设计的，美国人不会扔一个硬币，却拿两份报纸。而且作者很快发现了例外——中国人聚居地的中国饭店、中国商店门口，就是一种特殊设计的售报机，一个硬币只拿得出一张报纸。关于此事，在美国的华人报纸上引发了诸多议论，其中一个华人讲述了在半小时里，他如何活生生地眼看着同胞们“免费”取光了一大堆报纸。

国内还发生了一则与上述事例相反的事件：

一个叫王波的卖报摊主，因为夫妇两个又要带孩子，还有一个书刊摊要打理，所以把自己在成都近郊金名苑市场小区门口的报摊办成了“无人报摊”，报架上写了“请给 5 角买报”的油漆字，还放了一个装钱的口袋。三年来，这个报摊每天都会卖出报纸 100 多份，但从来没有少过钱。

关于王波卖报摊的“奇迹”，有人将其归因为小区居民素质高，但一位长期在附近蹬三轮车的师傅却说：“是市场门口人多不敢随便拿。”诚信报摊位于市场门口，来往的人很多，而且旁边有几家商铺，“那么多人盯着，哪个敢拿？”

其实比起“素质高”，关于“不敢拿”的判断，似乎更为符合常理。我们可以把这个“诚信报摊”看作摊主与买报人之间的博弈，从博弈过程来看，“诚信报摊”成立第一天那种“每个博弈者都只关心一次性支付的简单博弈”已经转变成了“重复的、连续进行的博弈”，连续博弈的过程中，偷报者必然会担心卖报人可能采取暗中观察、抓住偷报者示众等报复措施，所以会理性地克制投机行为、选择诚信与合作，于是必然就出现了双方都诚信的博弈结果。

那么为什么美国的无人售报箱中的报纸会被中国人拿光呢？莫非中国人在自己国家内诚信，到了美国就不诚信？这是因为美国售报箱的位置多设在流动人口比较多的地方，而一个人之所以敢从售报箱中拿走所有的报纸，原因就在于这周围的人都是过客，没有人认识他，明天也不会再从这个售报箱拿“免费”报纸。也就是说，这是一个单次博弈，而非重复博弈。

重复博弈也为我们提供了一个崭新的思路。我们可以发现在车站和旅游景点这些人群流动性比较大的地方，不但商品和服务质量差，而且假货横行，这是为什么呢？因为商家和顾客没有“下一次”的博弈机会。旅客因为质优价廉而在此光临的可能性微乎其微，因而，大多数人的选择是：“一锤子买卖”，不赚白不赚！一次性买卖往往发生在双方以后不再有买卖机会的时候，特点是尽量谋取暴利并且带有欺骗性。而靠“熟客”、“回头客”为主要顾客群的厂商，他们一般会通过薄利多销的行为使得双方能继续合作下去，他们一般不会选择“宰客”。

诚然，我们都是经济社会里的“理性人”，并不是天生就懂得诚信的天使，实际上合理的博弈规则才是保证社会诚信的基本条件。遏制诚信缺失的博弈规则就是将一次性博弈有效地转化为重复性博弈，同时加大对不诚信行为的惩罚力度，增加对不诚信行为处罚的可信性。通俗来说，就是让每个参加博弈的人都清楚，彼此可以在长期合作中受益，“一锤子买卖”的结果是两败俱伤；同时，如果谁不遵守有利于长期合作的诚信规则，谁就将确定无疑地受到严惩。

由此不难看出，我们的社会并不是达不到一个高度的诚信水平，合理的博弈规则才是保证社会诚信的基本条件。重复博弈就是一个很好的办法。

# 第七章

# 热点面面观：《新闻联播》里的经济学密码

## 同一经济现象，不同的经济数据——统计数据

2010年2月，国家统计局发布《2009年国民经济和社会发展统计公报》，其中数据显示2009年全国70个大中城市房价涨幅1.5%。涨幅不足前四年涨幅平均数的四分之一，是九年来最低点；然而随后的国土资源部发布《2009年全国主要城市地价状况分析报告》，却显示2009年全国住宅平均价格涨幅达25.1%，创2001年以来新高。

一个是25.1%，一个是1.5%，同样是关于房价的涨幅，却差别甚大。先后发出的这两组数据，间隔不超过一个月，反映的房价情况竟完全不同。人们不禁发出这样的质疑——到底哪一个经济数据才是现实的真实写照？

有媒体将该现象戏称为“国土部和国家统计局数据打架”。针对这种现象，业内人士表示，目前我国对房屋售价统计有两个系统：一个是住建部根据房地产交易中心的交易价格统计的房价系统；一个是国家统计局根据房地产企业填报的数据形成的房价数据系统。正是不同的统计系统，形成上面的“数据之争”。

很多民众表示，国家统计局发布的报告统计数据与个人切身感受明显不一致。尽管普通人并不懂统计，不知道这些数字如何统计计算出来的，但从生活体验而言，25.1%这个数字应当更贴近民众的估测。于是，国家统计局房价数据的说服力大打折扣，其权威性和真实性也受到严重质疑。

面对大众的困惑，国家统计局局长马建堂曾表示，现行的经济数据统计方式的确有不合理的地方，造成与现实情况的出入。

同一经济现象，不同的经济数据。这种“似非而是”的情况，让人们感到迷茫——明天我们该相信谁的经济数据？

从房价市场上经济数据间的“争斗”，可窥现今市场情况的一角。不仅是在房价市场，在其他一些经济领域也存在数据的“相互矛盾”。然而，从宏观讲，相应的经济数据是中央赖以出台调控政策、企业家调整经营发展策略、民众赖以判断市场情形的官方依据和权威信息。宏观经济数据是否正确，是能否准确判断经济走势，防止被失真信息所误导的关键。只有读懂数据，正确使用数据，乃至理解数据变化所表征的含义，人们才能捕捉到市场的信息，预测市场走势，调整自己的经济行为。准确的经济数据是个人、企业决策和社会经济发展的基础。尤其是在国际金融危机的背景之下，我国经济的发展更是引起人们普遍的关注，统计数据的敏感性也随之提高。此时，很多数据的频繁“打架”，让人们如坠入迷局，困惑不已。

经济数据领域的冲突，为人们进行经济活动带来了极大不便。一贯相信“数据就是说明力”的大众如今也糊涂了。人们该如何看待这些纷乱的数据？

事实上，现今的经济数据多是在现实中搜集的真实经济信息基础上形成的。之所以会形成彼此之间以及同现实有差距，是因计算方式上有各式各样的不同。例如，国家统计局常用的经济数据，包括收入、房价上涨、工资等等，多是在经济信息基础上形成的平均数。得出的结果是人们某种生活成本的平均化数据，它可为大家提供参考，是体现一种趋向和走向的指标。因此，广大民众不必彻底否定经济数据的真实性，也无须对经济数据产生过度失望的情绪，要逐渐调整对待经济数据过度依赖的态度，将它们作为一个参考性、指导性或者是趋势性的指标来看待。

## 节俭是美德吗——节俭悖论

18 世纪初，有一个名叫曼德维尔的荷兰医生写了《蜜蜂的寓言》一本书，讲的是一个蜜蜂王国的兴衰史。

最初，一群蜜蜂为了追求豪华的生活，大肆挥霍，结果这个蜂群很快兴旺发达起来。后来它们放弃了奢侈的生活，崇尚节俭，结果整个社会凋敝，最终被对手打败而逃散。

这本书的副标题是“私人的罪过，公众的利益”，意思是浪费是“私人的罪过”，但可以刺激经济，成为“公众的利益”。这部作品在当时被法庭判为“有碍公众视听的败类作品”，但是 200 多年后，英国经济学家凯恩斯从中受到启发，提出了“节俭悖论”。

蜜蜂的故事说的是“节俭的逻辑”，在经济学上叫“节俭悖论”。在西方经济学说史上，节俭悖论曾经使许多经济学家备感困惑，但经济学家凯恩斯从故事中却看到了刺激消费对经济发展的积极作用。

2009 年，随着经济危机的蔓延，各国 CPI 经济低落，各国都相应提出了自己的救市计划，美国拿出七千亿美元救市，我国政府也拿出了高达四万亿人民币来救市。但是不管各国拿出多少钱来拯救市场，可 CPI 还是不会增加，反而会继续低落，民众的消费欲望也随着经济危机的到来，而变得不堪一击。

为了应对这种情况，我国各个地方都开始了“金钱”鼓励计划，澳门应对金融风暴，向居民派发 3000 ~ 5000 元红包，香港特区政府拟向贫困人士派发食物券，台湾宣布向每名居民发放 3600 元消费券，上海旗忠村给村民分红 1 亿元每户获 28 万分红等等，他们想出了最简单也是最直接的办法，发红包来激励大家去消费……

可能很多人有疑惑，在经济萧条时期，不是应该鼓励大家节俭吗，怎么反而鼓励大家消费呢？众所周知，节俭是一种美德，既然是美德，为什么还会产生这个悖论呢？从理论上讲，节俭是个人积累财富最常用的方式。以个体而言，如果某个家庭勤俭持家，减少浪费，增加储蓄，往往可以致富。然而，凯恩斯却认为，节俭对于经济增长并没有什么好处。实际上，这里蕴涵着一个矛盾：公众越节俭，降低消费，增加储蓄，往往会导致社会收入的减少。

因为人们的收入通常有两种用途——消费和储蓄，而消费与储蓄呈反方向变动，即消费增加储蓄就会减少，消费减少储蓄就会增加。所以，储蓄与国民收入呈现反方向变动，储蓄增加国民收入就减少，储蓄减少国民收入就增加。根据这种看法，增加消费减少储蓄会通过增加总需求而引起国民收入增加，就会促进经济繁荣；反之，就会导致经济萧条。由此可以得出一个蕴涵逻辑矛盾的推论：节制消费增加储蓄会增加个人财富，对个人是件好事，但由于会减少国民收入引起萧条，对国民经济却是件坏事。

换一个角度解释"节俭悖论"：节俭减少了支出，迫使厂家削减产量，解雇工人，从而减少了收入，最终减少了储蓄。储蓄为个人致富铺平了道路，然而如果整个国家加大储蓄，将使整个社会陷入萧条和贫困。凯恩斯曾形象地说，如果"你们储蓄五先令，将会使一个人失业一天"。按照他的观点，在资源没有得到充分运用、经济没有达到潜在产出的情况下，只有每个人都尽可能多地消费，整个经济才能走出低谷，迈向更加充分就业、经济繁荣的阶段。凯恩斯的解释后来发展成为凯恩斯定理，即需求会创造自己的供给，一个国家在一定条件下，可以通过刺激消费、拉动总需求来达到促进经济发展和提高国民收入的目的。

明白"节俭悖论"的内涵对于我国这样一个崇尚节俭的社会具有积极的意义，我们应该根据自身的收入水平适当消费，而不是一味去节俭，这样对自身、对社会都具有积极作用。但是，"节俭悖论"并不是要求我们要选择一种奢侈的生活方式，我国是一个人口众多的国家，自然资源尤其是能源非常紧缺，非常有可能成为制约我国未来经济发展的主要因素，所以理性的选择是"有选择的节俭"，而不是一味的、不分场合的节俭。因此，我们不仅要让自己合理增加消费，也要大力提倡理性消费，理直气壮地反对浪费。

需要注意的是，节俭悖论倡导的消费，是一种积极理性的消费，而不是盲目的无限制的消费，那样必将导致极其严重的后果。2007 年夏，起源于美国席卷全球的金融危机就是因为人性的贪婪和过度非理性消费而导致的。

"这是你的错，至少一部分是。你作为一个美国消费者，花了太多钱。你买了太多或太大的房子，背了太多债务，没有量入为出。你大手大脚的生活方式，是造成自大萧条以来最严重金融危机的原因之一。

"现在，你得为结束这场危机尽自己的一份力。如何做到呢？通过消费。你们中的很多人突然间开始节俭起来，还是趁早歇歇吧。国会和奥巴马总统即将给你寄一张退税支票，鼓励你去刺激经济。所以，出去花钱吧，国家的未来全指望你的消费了。"

这段看似自相矛盾的话，正好是节俭悖论的最好解读。过度的消费导致危机的爆发，适度的消费促使经济回暖。所谓成也消费，败也消费，过度的节俭和盲目的消费都是不正确的。从经济学的角度，我们可以更好地理解个人行为对于整个国民经济运行的意义。

## 社会面临通货膨胀与失业之间的关系——菲利普斯曲线

1914 年，新西兰的一个农民家庭迎来了一个崭新的生命。小男孩名叫威廉·菲利普斯。15 岁那年，他在澳大利亚的一个金矿做工，晚上收工后，还在昏暗的灯光下自学电机工程。1937 年他到了英国，在伦敦电力局找了一份工作，还参加了英国电机工程师协会。二战爆发后他投笔从戎，在太平洋战场上作战，还在日本兵的战俘营里待过一段艰难岁月。战争结束后，32 岁的菲利普斯脱下军装，到伦敦经济学院学习社会学，这时他才在课堂上接触到经济学，并深深为之吸引。其实，真正触发菲利普斯灵感的，不如说是经济学里把国民收入视为循环流量和把经济系统视为水压机的想法。菲利普斯据此设计了一种解释凯恩斯经济学的教学模型，他在有机玻璃的管子里装进彩色的水流，运用动力学的原理，使这些彩色的水流来流去，模拟国民收入流程。他自产自销，造了许多这样的模型卖给研究机构和大学。这个精巧的设计还帮助他谋到了一个在伦敦经济学院教书的职务。

后来，菲利普斯对稳定政策和经济动态系统的关系产生了浓厚的兴趣。1954 年他在《经济学杂志》上发表了一篇《封闭经济中的稳定政策》，其中讨论的就是反应滞后对宏观稳定政策的影响。菲利普斯认为在做理论思辨之前要先搞计量分析，于是，他开始着手做这方面的研究。在 1958 年，菲利普斯在《经济学》杂志上发表了著名的《1861 ~ 1957 年英国失业率和货币工资变化率之间的关系》，后来所说的菲利普斯曲线就是在这篇文章中首先提出来的。

失业率和通货膨胀是两个最受关注的经济指标，它们常常用于判断一个国家的经济状况。其中，失业率是由劳动市场控制的，而通货膨胀是由国家发行的货币量决定的。从长期来看，这两个指标应该没有什么关系，但许多经济学家认为，它们之间确实存在着某种内在联系。

最早发现这两者关系的是经济学家菲利普斯，他于 1958 年在英国的《经济学杂志》上发表了一篇名为《1861 ~ 1957 年英国失业和货币工资变动率之间的关系》的论文，证明失业率和通货膨胀之间存在着负相关。

菲利普斯根据英国 1861 ~ 1957 年间失业率和货币工资变动率的经验统计资料，发现：名义工资的变动率是失业率的递减函数；即使当名义工资的增长率处在最低的正常水平，失业率仍然为正（菲利普斯的统计大约为 2% ~ 3%）。由此他提出了一条用以表示失业率和货币工资变动率之间交替关系的曲线——这条曲线表明：当失业率较低时，货币工资增长率较高；反之，当失业率较高时，货币工资增长率较低，甚至是负数。

菲利普斯曲线又成为当代经济学家用以表示失业率和通货膨胀之间此消彼长、相互交替关系的曲线。即失业率高表明经济处于萧条阶段，这时工资与物价水都较低，从而通货膨胀率也就高；反之失业率低，表明经济处于繁荣阶段，这时工资与物价水平都较高，从而通货膨胀率也就低。失业率和通货膨胀率之间存在着反方向变动的关系。

于是，菲利普斯曲线的重要观点可以被归纳为以下几点：失业率和通货膨胀存在交替关系，两者可以并存；当失业率为自然失业率时，通货膨胀率为 0；根据两者的交替关系，可以将其运用到宏观经济政策当中。

尽管有一些经济学家仍对菲利普斯曲线有所争议，但大多数经济学家现在接受了这样一种思想：通货膨胀与失业之间存在短期权衡取舍。这就意味着，在一两年的时期中，许多经济政策在相反的方向推动通货膨胀与失业。无论通货膨胀和失业是从高水平开始（正如 20 世纪 80 年代初的情况），还是从低水平开始（正如 20 世纪 90 年代后期的情况），或者从这两者之间某个地方开始，决策者都面临这种权衡取舍。

通货膨胀和失业之间的权衡取舍只是暂时的，但这种关系会持续好几年，因此，菲利普斯曲线是理解经济中许多发展的关键。特别是，它对理解经济周期是很重要的。

决策者在运用各种政策工具时，可以利用通货膨胀和失业之间的这种短期权衡取舍。决策者可以通过改变政府支出量、税收量和发行的货币量来影响经济所经历的通货膨胀与失业的组合。由于这些货币与财政政策工具具有如此大的潜在力量，所以，决策者应该如何运用这些工具来控制经济一直是一个有争议的问题。

## 价格究竟能不能限定住——限制价格

兰州市8个大型商场超市的大白菜、西红柿、长茄子、青椒、番瓜和五花肉等6个品种从2011年9月8日起开始实行限价销售。兰州市物价部门要求，这“五菜一肉”的销售价参考当日兰州市张苏滩蔬菜批发市场的批发价，加批零差率确定，批零差率控制在50%至60%。具体销售价格为：大白菜1.8元／500克、番瓜1.6元／500克、西红柿1.5元／500克、青椒2.0元／500克、长茄子2.0元／500克。鲜肉五花肉销售价不超过17元／500克。

兰州市物价部门还将每5天至7天公布一次监管品种价格，特殊情况可作适当调整。同时要求兰州近郊四区各商场、超市必须在醒目位置公示当日的零售价格，各级价格检查部门将适时进行跟踪检查，并将对拒不执行的单位予以处罚。

政府实行限价的目的是为了保持市场物价的基本稳定，保持人民生活的基本安定，并且体现国家的价格政策。但是市民担忧，限价令过后，低价位能否长久维持，是否会出现价格的疯狂反弹。

限制价格是指政府为了限制某些生活必需品的物价上涨而规定的这些商品的最高价格，一般来说，限制价格低于市场均衡价格。

实际上，政府制定最高价格的原因一般是出于对公平的考虑。如在战争或饥荒时，政府会为生活必需品制定最高限价，使穷人能够负担得起，以利于社会稳定。

在限价的问题上，政府可能是好心做了错事。作为一个消费者，他永远希望东西越便宜越好，作为一个生产者，他希望他的东西越贵越好。这都是市场的问题，政府不能说老百姓要求降低价格，你就强迫生产者降低价格，这两者之间要靠市场的力量来平衡，而不能只听消费者的，比如去吃牛肉面，所有人都希望面是便宜的，但是希望和事实之间的利益分配关系是另外一回事情。要想牛肉面便宜，其实在牛肉面生产的价格贵了以后，生产的厂商多了，卖牛肉面的饭馆多了，他们会把牛肉面的价格竞争下来。

“牛肉面限价”作为一种最高限价，在经济学上，叫做价格天花板。在上世纪 90 年代中期，因为通货膨胀，不少地方政府对肉类、蔬菜产品等就制定过不少最高限价，其目的主要有两个：一是压抑物价上涨；二是平息老百姓对物价上涨的抱怨。如果牛肉面的分量、质量下降，政府就很有可能卷入本应该由市场来完成的活动中。显然，政府不喜欢商家“短斤缺两”、“粗制滥造”，可是，如果一定要将政策贯彻到底，就必须派出大量工商执法人员定期抽查，这样的结果无外乎有两个，要不指令被变相架空，要不付出极高的监督成本。

牛肉面限价只是一个很小的问题，不过小问题折射大道理。就拿房屋来说，上世纪七八十年代，一套二居室的房屋，几万块钱就能搞定。但现在今非昔比了，不要说几万块钱，几十万块钱在北京这样的中心城市也买不了一套房子。很多人只能望房兴叹，能贷款的人，也被每个月的月供压得喘不过气来。怎么办呢？这就需要政府出面来调节这一价位的波动——限制价格。

根据上述实例，对于限制价格的利弊可以概括如下：限制价格有利于社会平等的实现，有利于社会的安定。但这种政策长期实行会引起严重的不利后果。第一，价格水平低不利于刺激生产，从而会使产品长期存在短缺现象。第二，价格水平低不利于抑制需求，从而会在资源短缺的同时又造成严重的浪费。第三，限制价格之下所实行的配给，会引起社会风尚败坏，产生寻求活动、黑市和寻租。

正因为以上原因，一般经济学家都反对长期采用限制价格政策，一般只在战争或自然灾害等特殊时期使用。

## “挖坑”真能带动经济发展吗——看得见的手

英国经济学家凯恩斯曾讲过这样一则有趣的经济学寓言——“挖坑拯救国家”。

乌托邦国由于遭受经济危机，社会经济陷入一片混乱，政治、经济系统面临瘫痪的边缘。工厂大量倒闭，满街都是失业的人。正当百姓们感到无可奈何的时候，政府作出了一个惊人的决定。在城市中心的大路上要进行一项巨大的公共工程。为了这项工程，政府雇佣足有200人的队伍，给这些人每个人发一把铁锹，让他们按照计划挖出一个巨形大坑。

于是，为供应所需的铁锹，生产铁锹的企业开工了，生产钢铁的企业也开始工作了；在国家给工人薪酬时，食品的消费产生了，大大小小的商店、企业都恢复营业了，经济走上了复苏的轨道。

谁知，在耗时耗力几个月，终于把大坑挖好的那天，政府又宣布，要再雇佣另200个人来把大坑填好，这样各个企业的运转又开始……最后，经济在挖坑的过程中恢复，此时政府又通过税收，偿还了挖坑时发行的债券，生活又恢复往昔了。

“挖坑”就能带动经济发展？这是不是太荒谬了？

但请不要以为这仅仅是童话。事实上，现实中的确出现过类似的案例。

20世纪30年代的大萧条，为美国带来了一场影响最为深远的灾难。在这场经济大衰退中，美国经济几乎面临崩溃。当时，罗斯福政府为重建美国经济，就根据这一原理，由政府出资，导演了一场“挖坑行动”，致力于兴建田纳西水利工程等基础设施项目。政府支付优厚报酬，吸引了大批四处游荡的失业者。当获得收入的人增加时，国民的消费逐渐得到保障，市场开始重新获得活力，并推动经济走入了良性发展的轨道。

这两个故事体现出政府在经济发展（尤其是在经济萧条时期）中的巨大作用。是凯恩斯提出的政府干预理论的“成果”。他认为，在经济发展中，当出现“市场失灵”，无法合理调整经济情况时，就应当通过政府的干预来解决问题。像故事中一样，由政府主导，采取合理措施来增加国民收入，带动经济增长。

凯恩斯还指出，凡是政府调节能比市场提供更好服务的地方，凡是个人无法进行平等竞争的事务，都可以由政府来进行调整。比如政府可以协调社会总供需的矛盾、制定国家经济发展战略、调整各大产业运营等等。

将这一理论运用到我国实践中，可以看到：在市场经济的发展中，市场是主导的因素，但为了可服它的局限性，政府需要使用适当的干预。现今的市场经济，环境发展得越来越复杂，很多不确定因素为市场埋下隐患。政府的相对优势及其高效性，能及时对这些问题进行调整，宏观上，政府的引导可以为市场运营带来“高质量”，特别是在市场机制配置资源无效率时，政府“伸出手”就可以对之进行调控。此外，在微观上，政府还可制定有利于经济顺畅运行的各项游戏规则和政策法规，从而保证整个市场的秩序，促进产业结构的调整，熨平经济波动、调节收入分配。所以，政府干预的积极方面对市场发展具有重大意义。

## 世博会给上海带来了什么——乘数效应

一日，某经济学家坐在桌前看书。妻子在擦窗户。小儿子非常顽皮，在街上玩的时候，用石头扔妈妈，没想到一不小心，将刚擦好的玻璃打碎了。妻子非常生气，抓起孩子就要打。经济学家突然喝道：“为什么要打孩子？他打碎一块玻璃，却能让装玻璃的工人有活干，能让玻璃厂多生产一块玻璃，能增加一个工人的工资，增加了国家多少的 GDP 啊。”妻子听了非常生气：“那我呢，我辛辛苦苦擦的玻璃就这样被打碎了，我岂不是白忙了？”经济学家答道：“本来你擦玻璃对 GDP 就没什么贡献，也没什么好难过的。”妻子听后，对经济学家恨得咬牙切齿。

孩子打碎玻璃，带来经济增长，妻子擦玻璃却对经济没有任何贡献，这道理从何说起？按照经济学家的解释，家里的门窗玻璃被打破了，的确是一种财产损失，但因过后要修理，安上新的玻璃，于是家里就会增加开支，对社会经济构成需求，从而创造了新的 GDP，刺激了经济，这未尝不是一件好事情。而妻子的家务活动，因为没有挣到薪水，因此对 GDP 的增长没有贡献。

怪诞的解释方法让人觉得有些不解。难不成以后应当鼓励孩子多砸几块玻璃？但经济学中确实有这样的道理。在经济学中，有一个词语叫“乘数效应”，就是指通过某项投资或消费从而带动相关产业的发展，从而带动经济的发展。具体来说，乘数效应是指在公共工程项目之后带来的消费水平和私人投资水平的上升。政府通过扩大国债发行规模，扩张财政支出，投资于公共工程，可以发挥财政支出所产生的乘数效应，解决经济发展的资金短缺，增加就业，提高社会消费需求。

乘数效应是宏观经济学的一个概念，也是一种宏观经济控制手段，是指支出的变化导致经济总需求与其不成比例的变化。当政府投资或公共支出扩大、税收减少时，对国民收入有加倍扩大的作用，从而产生宏观经济的扩张效应；当政府投资或公共支出削减、税收增加时，对国民收入有加倍收缩的作用，从而产生宏观经济的紧缩效应。

在宏观经济学中，支出的变化会导致经济总需求与其不成比例的变化，最初投资的增加所引起的一系列连锁反应会带来国民收入的数倍增加。假设投资增加了100亿元，若这个增加导致国民收入增加300亿元，那么乘数就是3，如果所引起的国民收入增加量是400亿元，那么乘数就是4。

为什么乘数效应所带来的乘数会大于1呢？比如某政府增加100亿元用来购买投资品，那么此100亿元就会以工资、利润、利息等形式流入此投资品的生产者手中，从而国民收入增加了100亿元，这100亿元就是投资增加所引起的国民收入的第一轮增加。这100亿元转化成以工资、利息、利润、租金的形式流入了为制造此投资品的所有生产要素所有者的口袋，因此，投资增加100亿元，第一轮就会使国民收入增加100亿元。随着得到这些资本的人将开始第二轮投资、第三轮投资，经济的增长就会以大于1的乘数增长。

乘数效应在现实中有很多的例子，以北京奥运会为例，奥运对北京经济发展的“乘数效应”是不可忽视的。

世博会是上海城市发展千载难逢的重大机遇。世博会的举办为上海同全球经济进行交流与对话提供一个平台。2010年上海世博会直接投资超过30亿美元，而由此带动的交通、商业、通讯、旧区改造等延伸领域的投资是这个数字的5～10倍，也就是150亿至300亿美元，这都带来了巨大的商机。

世博会直接给上海带来的机遇从以下几个方面可以看出。首先上海的土地资源的迅速升值将是世博会初期经济内涵的主要象征，许多上市公司的土地储备已被纳入改造范围，他们可以借此契机进行资产重组，将部分或大部分主业顺势转入房地产开发、市政建设、物业管理等领域，同时地价优势将为房地产类的上市公司提供巨大的发展机遇。

此外，世博会给上海带来的“乘数效应”将为上海经济的持续发展注入长久的动力。世博会的举办必将产生显著的周边联动效应，带动整个地区，甚至辐射到全国的经济，由此产生的价值将难以估算。旅游业、服务业、商业、运输业等行业将成为巨大的受益者。

如今，不仅仅是上海世博，乘数效应已经广泛应用于各国的经济政策中。

乘数效应在管理中也有应用，管理者自然希望每一个决策都能实现乘数效应，即一种措施产生多重效果，但乘数效应不是一劳永逸的，乘数效应是包括一系列的措施在里面，只有这些相应的配套措施发挥了功效，乘数效应才可能发生功效。所谓的配套措施，是使当初措施的效果进一步发挥的配套措施，比如管理中的激励措施，单纯的激励是不可能在没有激励的情况下继续发挥作用的，必须要有相应的比如企业文化等的配套才可以，只有做好这些相应的措施，效果才可能发挥。

## 逃不掉的经济兴衰——经济周期

作为市场经济中的一分子，相信大家对经济周期这个词并不陌生，但有几个人能对其作出形象的描述？若你的答案是否定的，则下面这个案例能有效地帮助你理解。

在1981～1982年间，美国经济发生衰退，商品与服务的生产总量出现下滑，失业率攀至10%。1982年之后，经济走势上扬，到1989年，失业率下降一半。这种上升的态势至1990年结束。从1991年开始，美国的经济又陷入低谷，失业率再次上升到7%左右。但一年之内，经济又迎来复苏，并持续近10年之久。直到2001年，经济才又开始收缩。

为什么美国经济会在1982～1990年之间扩张，1990～1991年收缩，又在1991～2001年复苏，2001年后再次收缩？

很显然，答案就是——经济周期。美国这十几年起伏不定的经济发展所展现的，就是经济周期的典型例子。

经济周期，又称商业周期或景气循环，它是指经济运行中具有一定规律的、周期性出现的经济扩张与经济紧缩交替更迭、循环往复的一种现象，是国民总产出、总收入和总就业的波动。

从上面的事例和概念中，可以看到，经济的发展并不是一成不变的，而是充满波动、跌宕起伏的。形成经济周期的原因主要是因为，在经济发展的过程中，存在许多经济变量和外界因素，在它们共同的作用下，推动了经济的波动。

一个完整的经济周期包括萧条（谷底）、复苏（扩张）、繁荣（顶峰）、衰退几个阶段，四者一般依次循环发生，从萧条——复苏——繁荣——衰退——萧条——复苏……它的基本特征主要表现在一些宏观经济变量，如就业率、物价水平、总产量等普遍的扩张或收缩等方面。各个经济周期持续时间长短不一，但大多在2～10年之间。

通常，被经济学家们作为重点研究对象的是衰退阶段和复苏阶段，也有人将其称为经济周期波动的收缩阶段和扩张阶段。

经济周期波动的衰退阶段，是宏观经济环境和市场环境日趋紧缩的阶段。市场呈现出需求疲软、货物滞销、生产下降等景象。在恶劣环境下的企业通常会遇到资金的掣肘，在运营上遇到困难，甚至倒闭。企业在市场竞争机制的作用下，经历“优胜劣汰”的考验，为能在逆境中生存，大多寻求新的发展契机和出路。

经济周期波动的复苏阶段，是宏观经济环境和市场环境日益活跃的阶段。市场呈现出需求旺盛、产品畅销、生产扩大等景象。企业在较为有利的环境下，产业链的运行比较顺畅，能有效地运转资金，扩大规模生产。

同时，专家们还发现，每次经济衰退的时期，都伴随着货币增长率的下降，每次经济复苏的时期，都伴随着货币增长率的上升。这点也得到货币主义学派的验证，并且，将其更准确地描述为：经济衰退发生之后，货币的增长率开始自然的下降；经济复苏发生之后，货币的增长率开始自然的上升。

针对上述两个阶段的研究，就足以反映经济周期的典型特征。而通晓这些，对于分析经济形势，尤其是对政府制定对策来适应周期的波动至关重要。何况，在市场经济条件下，“市场大气候”的变化与人们的投资直接相关，这其中的运行规律和特征，也应该得到更多人的关注，以防在经济形势和政府政策变化时，缺乏预见性，失去先机。

## 美国老太太与中国老太太——次贷危机

曾经有这样一个故事，大意是说有一个中国老太太和美国老太太，中国老太太攒了一辈子的钱，到了临死前才攒够了买新房的钱，住上了新房。而美国老太太则先贷款，住进了新房，临死之前贷款也还完了，她也因此住了一辈子的新房。

2008年，美国老太太的故事有了新的结尾：

10月5日，美联社报道了一条新闻，俄亥俄州的老太太艾迪波尔克已经90岁高龄了，在自己的房子里住了38年，她没有想到会在晚年遇到次贷危机。因为还不起房贷，面临被驱逐出房子的窘境，最后她选择了饮弹自杀。

美国次贷危机又称次级房贷危机，也称为次债危机。它是指一场发生在美国，因次级抵押贷款机构破产、投资基金被迫关闭、股市剧烈震荡引起的金融风暴。它致使全球主要金融市场出现流动性不足危机。

2007年年初，大西洋彼岸刮起了一场“金融飓风”，以美国著名的住房抵押贷款公司为代表的贷款机构、以美林为代表的投资银行，以及以花旗为代表的金融超市等成为这场“金融飓风”的直接风眼，同时，大大小小的对冲基金、海外投资者等都遭受了飓风的波及。众多金融机构暴露出的巨额亏损消息，一时成为美国社会的热点新闻。美国大多数人认为这只是美国金融的一次小感冒，直到2007年下半年，有关金融危机的报道和评论逐渐平息下来，人们似乎又恢复了平静的生活，也暂时忘记了次贷事件。

然而，2008年初，有关次贷危机的报道再次成为媒体关注的热点，不断出现的坏消息提醒人们次贷危机不仅没有结束，反而是在向纵深方向发展。这不是一场感冒，而是实实在在的一场危机，从虚拟经济波及实体经济，人们的生活已经受到影响，破产、倒闭、裁员、减薪，坏消息一个接一个，全世界的神经都随之紧绷了起来。

美国到底发生了什么？危机怎么来得如此急促？接下来还会发生什么？伴随着经济下滑、工作岗位减少、收入降低等一系列的连环事件，人们切实感受到一场新的危机已经来到身边。要了解这场危机的来龙去脉，必须首先了解什么是“次贷危机”。

在美国，大多数人崇尚提前消费，在住房方面更是如此，“贷款买房”的制度就是一种非常好的金融制度。

但是问题是，并不是每个美国人都能有资格申请贷款买房。这时候，美国人利用自己的聪明智慧创新出了“次级债”。美国抵押贷款市场的“次级”（Sub—prime）及“优惠级”（Prime）是以借款人的信用条件作为划分界限的。根据信用的高低，放贷机构对借款人区别对待，从而形成了两个层次的市场。信用低的人申请不到优惠级，只能在次级市场寻求贷款。两个层次市场的服务对象均为贷款购房者，但次级市场的贷款利率通常比优惠级贷款高2%～3%。次级抵押贷款由于给那些受到歧视或者不符合抵押贷款市场标准的借款者提供贷款，所以在少数族裔高度集中和经济不发达的地区很受欢迎。从这一点来看，应该说美国次级抵押贷款的出发点是好的，在最初的10年里，这种金融产品的适度发放也取得了显著的效果。1994～2006年，美国的房屋拥有率从64%上升69%，超过900万的家庭在这期间拥有了自己的房屋，这很大部分应归功于次级房贷。

那么，“次贷危机”是如何引发的呢？通俗点来说，“次贷”就是为那些本来没有资格申请住房贷款的人创造一个市场，使这些信用不足的人或者贷款记录不良的人也可以来贷款。这些次级贷款是需要通过中介机构来申请，中介机构本来应该把住第一关。但是，中介机构为争取更多的业务，他们开始违规、造假，提供假的数据和假的收入证明。银行看到过去的信用记录很好，于是就向这些申请人贷款，然后银行又把这些贷款转化成债券，卖给房地美和房利美，房地美和房利美再把这些债券分割成面值更小的债券，卖给普通投资者。

就这样，连收入证明都拿不出来的人也可以贷款，通过中介机构的包装欺骗银行，银行再把债券卖给房地美和房利美，房地美和房利美在不知情的情况下将其分割成面值更小的债券卖给全世界，包括 AIG 等公司。终于有一天，这些次级债的借款人开始还不起利息了，银行拿不到利息，就不能向房地美和房利美兑现，房地美和房利美拿不到钱就无法给社会大众，于是引发了一连串的经济崩溃。

正是如此，一场原本只涉及单一地区、单一金融产品的危机已经通过蝴蝶效应演变成了一场波及全球的金融风暴。

# 第八章

# 非常生活秀：身边的经济学现象

## 天下没有免费的午餐——成本与收益

2011年4月中旬，市民夏女士在她家附近的鹿都商业广场上遇到一名佩戴工作标牌的男子。该男子自称是附近一家美容养生会所的经理，门店搞活动有优惠，可免费试用高档化妆品。夏女士动了心，跟着男子前往店内体验。

来到这家名为“韩国美丽缘SPA”的养生会所，一名“美容师”观察夏女士面部皮肤后，在她半边脸上抹了一层化妆药剂，再让夏女士坐到一台所谓的“皮肤感光性测试仪”旁照射。没过多久，夏女士感到抹上药剂的半边脸有灼痛感，对着镜子一看，半边脸起了红疹。

美容师称她的皮肤是少见的感光型，涂了试剂会产生不适，只要洗去即可恢复。这时“美容师”忽然脸色一变，告知夏女士化妆品试用免费，但洗去试剂的产品价格需顾客自行承担，并称“如果不在两个小时内完全清洗的话，会对面部肌肤健康造成极大损害，严重者造成面部瘫痪，这些后果都要自己承担”。而“美容师”拿出的价目表上，各项消费价格很贵。在“美容师”软硬兼施下，夏女士走出会所时竟消费了5800元。

夏女士随即上网在微博上写下了这段经历，立即引起不少网友“共鸣”，他们纷纷表示有过和夏女士相同的经历。

这则案例是侵犯消费者权益的一个典型案例。但从另外一个角度来看，夏女士之所以上当，也是存了一种“占便宜”的想法。免费的午餐真的那么容易吃到吗？从夏女士的例子里，我们可以看到，任何事情都是有成本的，付出得少就不能幻想获取大的收获。

对于每一个理性人而言，实现收益最大化与成本最小化是每天的主题。经济学成本与收益的概念已深入人心。人们要进行生产经营活动或达到一定的目的，就必须耗费一定的资源（人力、物力和财力），没有投入，自然也就没有收益。人人都想获得更大的收益，这是经济人的利益心态的自然驱使，但是只有持续、健康的付出后，你才会有理想的收获。

人们都希望收益大于成本，如果成本是零就最好了。在追求最大利益的驱动下，人们往往会呈现非理性的一面。“天底下没有免费的午餐”，人们心里向往的“免费”不过是个幌子，在那些令人怦然心动的利益背后，总有你不愿看到的另一面。我们必须要明白：要想得到收益，就要先付出相应的成本。

我们要想取得最大利润，就要遵循成本最小化原则。“自助者天助”，自己没有采取积极主动的付出，就算是上天也帮不了你。就好像一个虔诚的教徒每日祈祷上帝自己可以中大奖，却从未付出行动去买一张彩票。没有现实的投入，哪里会有现实的收益？

守株待兔的寓言是我们耳熟能详的，在经济学家的眼里可以用来阐述成本最小化原则——即付出最小的成本来获取更多的“兔子”。故事里的农夫其实并不傻，他知道比较自己的收益和成本，而且知道在树下等撞死的兔子，比种地要来得轻松，付出的成本也小很多，他觉得这是他成本最小化的一个途径。只是，他忽略了这样一个事实：天上不会一直掉馅饼！

孟子便是深谙“天下没有免费午餐”之人。

战国时代，孟子的贤德与智慧天下闻名，府上每日宾客盈门，其中大多是慕名而来的求学问道者。这一天，接连来了两位神秘人物，一位是齐王的使者，一位是薛国的使者。

齐王的使者给孟子带来黄金100两，说是齐王的一点小意思。孟子见其没有下文，坚决拒绝齐王的馈赠。使者灰溜溜地走了。

薛国的使者给孟子带来50两金子，说是薛王的一点心意，感谢孟先生在薛国发生兵难的时候帮了大忙。孟子吩咐手下人把金子收下。

孟子的一个学生对此事大惑不解，问孟子："齐王送你那么多的金子，你不肯收；薛国才送了齐国的一半，你却接受了。如果你刚才不接受是对的话，那么现在接受就是错了；如果你刚才不接受是错的话，那么现在接受就是对了。我实在不明白先生您为什么要这么做。"

孟子回答说："我自然有自己的考虑。在薛国的时候，我帮了他们的忙，为他们出谋设防，平息了一场战争，我也算有功之人，为什么不应该受到物质奖励呢？而齐国人平白无故给我那么多金子，是有心收买我，谁知道接下来会让我做什么事情呢？"

左右的人听了，都十分佩服孟子的高明见解。

"天底下没有免费的午餐"，这应该成为我们每个人的信条。的确如此，没有投入，哪来的收益？现实生活中，总是有很多人都希望获得更大的收益，但是却只愿意付出很小的成本甚至不付出成本。

我们生活在一个到处都充满着经济品稀缺的世界，相对于需求而言，物品和劳务总是有限的，它通常需要支付一个正的价格才能获取，所以不可能免费赠送给你。假若是免费，那也只是表象，在其背后，"买的不如卖的精"，"拿人家手短，吃人家嘴软"，越是大利，你越要小心谨慎，因为等待着你的或许是巨大的陷阱，一不留神，就会上当受骗，所以千万不要因为贪图小便宜而把自己置于进退两难的境地。

## 女人是花，女人也会花——她经济

"荷包掌握在她手中"，这个源于上个世纪的家庭经济模式不但在本世纪得到加强，甚至进一步演变为社会经济模式，成了影响产品销售策略的根本点。21 世纪因此被称为"她世纪"。现在，在超越了传统化妆品、服装等领域的原本以男性为主导的市场，"为她服务"也正在成为商人们最为流行的经营策略。

从高档专营店、百货商城、超级市场，甚至汽车城、电器城，频频出现的美丽身影拿出来的可都是真金白银或者闪闪发光的信用卡。根据万事达卡国际组织 (Mastercard) 的预计，中国女性中独居或已婚未育的较年轻妇女的总购买力很可能从 2005 年的 1800 亿美元增至 2015 年的 2600 亿美元；而子女已经长大离家的"空巢"家庭的年长妇女的购买力预计也将从 2005 年的 1000 亿美元增至 2015 年的 1500 亿美元。

如果把城市女性对消费格局的影响还只局限于传统的化妆品、服装等传统女性用品，那么显然你已经完全落伍。大量的女性杂志、女性畅销书、女性网站、乃至女性电视频道，已经大张旗鼓地占据人们的眼球，其中谁也不能忽略的事实是，针对如何购买地产、如何选择汽车和数码产品、如何进行理财等以往男性关注的话题，女性们都讨论得如火如荼。

这也意味着，在越来越多的商业领域，以男性为"重心"的消费主义正转变为以女性为"中心"的消费主义。对众多厂商来说，讨好女性消费者已经成为促进销售的重要因素，否则就可能很难在中国这个作为全球最大和最有潜力的消费市场获得成功。

"她经济"是教育部 2007 年 8 月公布的 171 个汉语新词之一。"她经济"就是"女性经济"，随着女性经济和社会地位提高，围绕着女性理财、消费而形成了特有的经济圈和经济现象。由于女性对消费的推崇，推动经济的效果很明显，所以称之为"她经济"。

在当今社会，女性消费者数量庞大，占整个社会总体消费的绝大多数。据统计，女性消费者占全国人口的 48.7%，对消费活动影响较大的中青年妇女，即年龄在 20 ~ 55 岁的占人口总数的 21%。女性消费者群体数量庞大，是大多数购买行为的主体。如果将实际购买者和购买决策者的数量统计出来，这个比率将会更高。

由于在家庭中同时担任女儿妻子母亲主妇等多种角色，使她们不仅为自己购买所需商品，也是大多数儿童用品、老人用品、家庭用品的主要购买者。因此相关产品的生产厂家，都要认清虽然女性不是企业产品的使用者，却是产品的实际购买者，或者对购买行为有决策权的重要人物。女性对日常用品有绝对的购买决定权，对于买房、家庭装修、私家车的购买也具有很大的建议权，女性做决策的家庭也不在少数。商家只要打动了女性消费者的心，就占据了较大的市场份额。

"她经济"时代，女性拥有更多的收入和更多的机会，展现出更旺盛的消费需求和更强的消费能力。由于社会地位和经济地位的提高，女性的自我关爱程度也不断提高，以女性消费为核心的消费趋势的转变，越来越多的商家开始从女性的视角来确定自己的消费群。一些经济专家认为，女性经济独立与自主、旺盛的消费需求与消费能力意味着一个新的经济增长点正在形成。为此，越来越多的商家瞄上了"女性"这一强有力的目标市场。服饰、美容、保健、书刊、学堂……贴着"女性"标签的消费产品及服务越来越多，让人看得眼花缭乱。

女人花，女人花，女人是花，女人也会花。女人和儿童的钱最好赚，不仅女性自己喜欢消费，男士也热衷这类感情投资。据统计，近八成已婚女性掌握着家庭的"财务大权"。此外，女性是时尚最坚定的追随者，她们的消费额是男性的 7 倍，正逐渐成为消费市场的绝对主流。女人在经济生活中占有举足轻重的地位，她们在市场中撑起的何止是半边天？

## 丰产不一定丰收——蛛网理论

一般而言，丰产即意味着丰收。但是，如果你完全相信"丰产即丰收"时，恐怕你会为此付出代价。在农业生产中，往往存在着丰产并不丰收的情形。

蛛网理论指出，当供求决定价格，价格引导生产时，经济中就会出现一种周期性波动。例如，某种产品在第一期中供小于求时，价格上升，第二期必定生产增加，价格下降；由于第二期价格下降，生产减少，又引起价格上升；再引起第三期生产增加，价格又下降。把各个时期的价格与产量波动画出一个图，这个图就类似于一张蜘蛛网，故有"蛛网理论"之称。

这种蛛网型波动在农业中表现最为明显。其实我们对这种现象已经见惯不怪，比如我国出现过的粮食产品价格上升，引起产量增加，这时供大于求，接着价格下降，产量又减少的这样的波动。举个具体的例子：

1979 年我国大幅度提高粮价，粮食生产逐年提高，到 1984 年总产量突破 4000 亿公斤；1985 年由于粮食实际价格水平比前两年降低，粮食生产迅速滑坡，连续 4 年徘徊不前；1989 年，国家又一次大幅度提高粮价，粮食生产又获丰收，到 1993 年总产量突破 4500 亿公斤；1994 年粮食生产滑坡，粮食产量减少。当年比上年粮食减产 240 亿公斤，价格上涨 50%；1995 年后，粮食连续 4 年大丰收，粮价一路下跌，1999 年粮食生产开始滑坡，2003 年粮价又开始上涨。粮食出现这几次大的周期性波动，与蛛网理论分析得出的粮价变动特性是相符的。2007 年的大白菜供大于求正是由于 2006 年大白菜价格较高造成的，因为农民往往根据上年的价格来决定当年的生产。

蛛网理论是一种动态均衡分析。古典经济学理论认为，如果供给量和价格的均衡被打破，经过竞争，均衡状态会自动恢复。蛛网理论却证明，按照古典经济学静态下完全竞争的假设，均衡一旦被打破，经济系统并不一定自动恢复均衡。这种根据的假设是：

1. 完全竞争，每个生产者都认为当前的市场价格会继续下去，自己改变生产计划不会影响市场。

2. 价格由供给量决定，供给量由上期的市场价格决定。

3. 生产的商品不是耐用商品。这些假设表明，蛛网理论主要用于分析农产品。

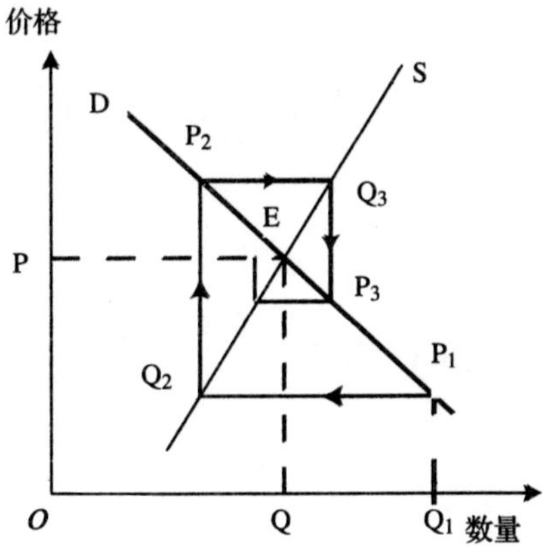


蛛网模型示意图

如上图所示，P、Q、D、S 分别是价格、产量、需求函数和供给函数。根据上述模型，第一时期的价格 $P_1$ 由供给量 $Q_1$ 来决定。生产者按这个价格来决定他们在第二时期的产量 $Q_1$。$Q_1$ 又决定了第二时期的价格 $P_2$。第三时期的产量 $Q_3$，由第二时期的价格 $P_2$ 来决定，以此类推。由于需求弹性、供给弹性不同，价格和供给量的变化可分以下三种情况：

1. 当供给弹性小于需求弹性（即价格变动对供给量的影响小于对需求量的影响）时，价格和产量的波动将逐渐减弱，经济状态趋于均衡。

2. 当供给弹性大于需求弹性（即价格对供给量的影响大于对需求量的影响）时，波动逐步加剧，越来越远离均衡点，无法恢复均衡。

3. 当供给弹性等于需求弹性时，波动将一直循环下去，既不会远离均衡点，也不会恢复均衡。

从蛛网型波动中，我们得到了这样一个启示：不能让农民单独面向市场。因为，他们没有足够的力量做出较正确的市场预测，也不能在某种程度上控制市场或承担得起市场风险。在市场经济的大海中，农民就像是一叶掌握不了自己命运的扁舟，单独去闯市场恐怕是凶多吉少。

## 为什么总是到卓越买书——路径依赖

某学生从国外留学回来，曾在卓越网购买过图书，此后就经常光顾卓越网。

一日，女友问他："网上哪里买化妆品便宜？"

某学生："卓越网。"

女友："哪里买衣服便宜？"

某学生："卓越网。"

女友："网上哪里买手机便宜？"

某学生："卓越网。"

突然，女友笑着推了他一下："你家是开卓越网的？"

此学生只因使用了一次卓越网，就如此大力推荐，反过来想想，就如他的女友说的那样，买东西一定要上卓越网吗？

回答当然是否定的。还有很多网站可供选择，例如淘宝、当当等。那某学生为什么给女友推荐卓越网？因为他熟悉卓越网，让女友直接去买，提高了行为的效率（尽管未必会减少甚至可能增加付出的成本）。这种状态，在经济学中就是典型的路径依赖。

路径依赖，用通俗的话来讲，就像是人们的一种经济惯性，这种力量会使这一选择不断自我强化，让你轻易走不出去。某学生陷入的就是这种困境，因为他在头脑中形成了卓越售货的概念，就倾向于去卓越购物，从没想过要更换商家。

然而，路径依赖最初并没有被用在经济学中，而是用来描写美国铁路的设计。

美国的铁路据传是由英国工程师设计建造的，电车的轨道标准为4.85英尺。这一标准最初又是来源于马车的轮宽。问题是，马车为什么要用这个轮距标准呢？因为如果马车用任何其他数值，马车的轮子就会在英国的老路上被撞坏，正巧，这些路上的辙迹宽度就是4.85英尺。这些辙迹又是从何而来的呢？这回答案就追溯得远了。古罗马时，罗马战车的宽度正好是4.85英尺，而这个宽度，恰恰是两匹拉战车的马的屁股的宽度。

后来，道格拉斯·诺斯第一个明确将其引入经济学的领域，建立起了新的路径依赖理论，从而获得了1993年的诺贝尔经济学奖。实际上，他无非是想证明，在日常生活中，某项事物的一次选择，或许是历史的偶然，像美国铁路的宽度，像某学生购买卓越网的图书。但在这一次之后，使用者就会觉得继续这样做是有效率的，于是过去的选择影响了现在以及未来的选择，然后，人们就会在没有任何质疑的情况下，在一条路上一直走下去。

诺斯关于路径依赖的理论很快得到了证实，甚至实验者们可以发现，个体的全部行为几乎受到路径依赖的影响。区别只在于，不同情况下，好的路径效应能带来正面作用，提高行为的效率而进入良性循环，甚至形成规模效应；坏的路径效应则让行为一直锁定在低效率的状态。

路径依赖又译为路径依赖性，它的特定含义是指人类社会中的技术演进或制度变迁均有类似于物理学中的惯性，即一旦进入某一路径（无论是“好”还是“坏”），就可能对这种路径产生依赖。

有人将5只猴子放在一只笼子里，并在笼子中间吊上一串香蕉，只要有猴子伸手去拿香蕉，就用高压水教训所有的猴子，直到再没有一只猴子敢动手。

然后，用一只新猴子替换出笼子里的一只猴子。新来的猴子不知这里的“规矩”，又伸出上肢去拿香蕉，结果触怒了原来笼子里的4只猴子，于是它们代替人执行惩罚任务，把新来的猴子暴打一顿，直到它服从这里的“规矩”为止。

试验人员如此不断地将最初经历过高压水惩戒的猴子换出来，最后笼子里的猴子全是新的，但没有一只猴子敢去碰香蕉。

起初，猴子怕受到“株连”，不允许其他猴子去碰香蕉，这是合理的。

但后来人和高压水都不再介入，而新来的猴子却固守着“不许拿香蕉”的制度不变，这就是路径依赖的自我强化效应。

在当前经济学界，“路径依赖”是一个使用频率极高的概念，它说的是人们一旦选择了某种制度，惯性的力量会使这一制度不断“自我强化，让你轻易走不出去”。

炒股的系统交易、企业管理等，其实也是缘于路径依赖。你的系统交易、企业治理模式不一定对，但若你使用了很长时间，就会产生依赖，即便明知是错误的，也可能一直使用下去。

## 楼下商店卖的香烟比商场贵——交易成本

李军是一个烟民，明明知道楼下小商店的香烟比商场里的要贵5毛钱，但他还是在楼下小商店里买。因为他觉得，在楼下小商店里买香烟，虽然贵5毛钱，但只需要下楼就能够买到香烟。倘若去商场，要乘车，或要多走很长时间的路，其中所消耗的时间，是他并不愿意支付的。虽然多花5毛钱，但节省了时间和精力，对他来说是合算的。

李军这个行为本身蕴涵了交易成本。也可以换种说法，其实楼下小商店在给香烟定价的时候，已经将他的交易成本算进去了。

交易成本也称为交易费用，最早由美国经济学家罗纳德·科斯提出。他认为，交易成本是通过价格机制组织产生的，最明显的成本就是所有发现相对价格的成本，市场上发生的每一笔交易的谈判和签约的费用，以及利用价格机制存在的其他方面的成本。

交易费用的提出，具有非常重要的意义。经济学是研究稀缺资源配置的，而交易费用理论表明交易活动也是稀缺的。市场的不确定性导致交易是冒风险的，因此说交易活动是有代价的，从而有了如何配置交易活动的问题。

无论是企业内部交易，还是市场交易，都存在着不同的交易费用。但是，我们在购买商品的时候，往往忽视了购买商品的交易费用。

交易成本是创造财富的障碍，简单地说，由于有交易成本的存在，小李很有可能买不到饺子皮。所以我们说，交易成本既限制了我们的生产能力，又限制了我们从交易中获取的利益。在生活中，我们每个人为了实现自己的交易行为，都要以不同的形式支付交易成本。

交易成本是人与人之间进行交易所必需的成本。对于每个不同的人来说，其自身的交易成本是不同的。在菜市场上可以看到不少老太太与小商贩为几毛钱的菜价而讨价还价。这是因为，老太太已经退休，她用来讨价还价的时间并不能作他用，如果能买到便宜的蔬菜，就是降低自己的生活成本。但是如果放到年轻人身上，贵几毛可能就贵几毛，有讨价还价的时间还不如抓紧时间工作多挣钱呢。

当然，交易成本应当包含更多的内容，总体而言，交易成本可分为以下几项：

1. 对商品信息与交易对象信息的搜集。在琳琅满目的商品种类中寻找到自己所需要的物品，必定要付出一定的时间或精力，这就是搜寻成本。

2. 取得交易对象信息与和交易对象进行信息交换所需的成本，这就是信息成本。

3. 交易成本还包括议价成本，针对契约、价格、品质讨价还价的成本。

4. 决策成本，即进行相关决策与签订契约所需的内部成本。

5. 交易发生后，当违约时也要付出一定的成本。

## 新增的就是好的吗——边际

在经济学上，边际的意思是“最后的”，或者“新增的”。边际考虑就是只考虑最后的一个或者新增加的一个所引起的变化，从而判断事情的整体性质。

19世纪70年代初出现的边际概念，是西方经济学自亚当·斯密以来的一个极为重要的变化。经济学家把它作为一种理论分析工具，可以应用于任何经济现象中的任何可以衡量的事物上。正因为这一分析工具在一定程度上背离了传统的分析方法，故有人称之为“边际革命”。

经济学认为，某种要素的贡献，是由其边际的一单位的贡献决定的。举一个例子，是关于农民种粮食的。

假定只有一亩地，如果一个人种，可以打1000斤稻米，但是两个人却不会打2000斤，只能打1800斤，三个人只能打1900斤等等。想想，如果人数不断增加，在这一亩地里有1万个人，能打多少斤稻米？0斤！因为1万个人一块上去会把土地踏平的。

从中可以观察到一个规律，第二个人没有第一个人打的稻米多，第三个人没有第二个人打得多，依此类推。总之，后一个人没有前一个人打得多。经济学家把这个规律叫做“边际产量递减”，也就是说新增加的人所增加的总产量越来越少。

我们可以想象，如果产量不递减，那就是递增或者不变。我们假如边际产量不变，那就意味着后一个农民的产量永远与前一个一样多，那我只要用一亩地，就可以生产出养活全中国人需要的粮食，只要不断地增加农民的数量就行了。这当然是不可能的，不用说递增了。

如果有100个人来种这一亩地，那么每个农民应该得到多少工资，也就是多少稻米呢？因为每个农民没有差异，所以他们得到的稻米应该是一样多的。农民得到多少，取决于农民的劳动贡献有多大。他们每个人都得到1000斤，还是所有这100个人的产量总和的平均数，抑或是其他呢？

当然不可能是1000斤，因为一共也没有这么多的稻米。所以，一般人会说是平均数，也就是把所有100个人的产量加起来，除以100。这似乎有道理，既然每个人得到的都一样多，当然得是平均数。但是，如果每个人拿走平均的产量，农民就把所有稻米都拿走了。土地的主人不会同意。

每个人到底能分得多少稻米？必须进行边际考虑，也就是看最后一个人，即第 100 个人的产量是多少。比如是 99 个人打了 1490 斤，第 100 个人来了之后，能打 1500 斤，那么最后所增加的产量是 10 斤，这个产量就叫“边际产量”。经济学家说，每个人应该获得的稻米就是这个边际产量，即 10 斤。为什么？因为每个人劳动的贡献只有 10 斤！

最后一个人对粮食的贡献只有 10 斤时，其实每个人，包括第一个人的劳动的贡献在此时也只有 10 斤。

首先，稻米能生产出来，不仅仅靠农民的劳动，还要有土地，因此，稻米是劳动和土地共同作用的结果，缺一不可。土地对总产量也有贡献，产量不全是农民的贡献。

其次，如果让第一个农民排到第 100 个，他能打的稻米也只能是 10 斤，而不再是 1 000 斤；让最后一个人排到第一个，他打的稻米也将是 1000 斤，而不再是 10 斤。第一个来的和最后一个来的，区别在于：第一个人自己用 1 亩地，而最后一个人只能用 1% 亩的地！这说明，他们劳动的贡献是没有差别的，都是 10 斤。

农民应该按照自己劳动的贡献分得稻米，也就是每人 10 斤。

边际学派认为，人们在资源有限的情况下，不能使全部欲望得到满足，他们只能根据欲望的重要性进行分配，首先满足最重要的和较重要的，但是总有一个是最后被满足的最不重要的、意义最小的处在边沿上的欲望，它是在随着资源的减少而首先放弃的欲望，这种欲望就是边际欲望，满足这种边际欲望的能力就是边际效用。

边际效用递减也是个公理。例如每一块新增面包的效用给拥有很少面包的人来说很大，当他拥有的面包很多时，效用就小了。

香港曾经风靡一时的儿童卡通动画片《麦兜故事》中有这么一句话：“火鸡的味道，在还没吃和吃第一口之间，已经到达顶峰。”可能有人会问，既然是吃和没吃之间，又怎能品尝到火鸡的味道呢？其实，很多人都有类似的经历：眼前放着一碟佳肴，准备举筷的时候心中都会自然而然地想象这份佳肴的味道是多么的好吃，而且这种美好的想象是无止境的，会随时间的持续而无限放大。当你真的吃第一口的时候，有两种结果：如你所想象的好吃又或者是不如你想象的好吃。如果持续不停地吃下去，你就会慢慢发现，已经越吃越没有原来的好吃，到最后很饱吃不下的时候，还会觉得难吃。这，就是边际效用递减规律在日常生活中最普通和普遍的体现。

可以说，边际分析法是经济学的基本研究方法之一，不仅在理论上，而且在实际工作中也起着相当大的作用。

## 公共草场的悲惨结局——公地悲剧

英国人哈定提出了一个“公地悲剧”的模型：

一群牧民在共同的一块公共草场放牧。其中，有一个牧民想多养一头牛，因为多养一头牛增加的收益大于其成本，是有利润的。虽然他明知草场上牛的数量已经太多了，再增加牛的数目，将使草场的质量下降。但对他自己来说，增加一头牛是有利的，因为草场退化的代价可以由大家负担。于是他增加了一头牛。当然，聪明人并不止这一个牧民，其他的牧民都认识到了这一点，都增加了一头牛。人人都增加了一头牛，整个牧场多了n头牛，结果草地被过度放牧，导致草场退化。牧场再也承受不了牛群，于是，牛群数目开始大量减少。所有聪明牧民的如意算盘都落空了，大家都受到了严重的损失。

公地作为一项资源或财产有许多拥有者，他们中的每一个都有使用权，但没有权利阻止其他人使用，从而造成资源过度使用和枯竭。之所以叫悲剧，是因为每个当事人都知道资源将由于过度使用而枯竭，但每个人对阻止事态的继续恶化都感到无能为力，而且都抱着“及时捞一把”的心态加剧事态的恶化。

“公地悲剧”最初由英国人哈定于1968年提出，又称哈定悲剧。哈定说：“在共享公有物的社会中，每个人，也就是所有人都追求各自的最大利益。这就是悲剧的所在。每个人都被锁定在一个迫使他在有限范围内无节制地增加牲畜的制度中。毁灭是所有人都奔向的目的地。因为在信奉公有物自由的社会当中，每个人均追求自己的最大利益。公有物自由给所有人带来了毁灭。”

城市公用设备是最容易破损的，公共场所的卫生是最令人头疼的……我们都知道，对公共物品而言，你不从中获得收益，他人也会从中获得收益，所以人们只期望从公共物品中捞取收益，但是没有人关心公共物品本身的结果。

对公地悲剧有许多解决办法，哈定说，我们可以将之卖掉，使之成为私有财产；可以作为公共财产保留，但准许进入，这种准许可以以多种方式进行。

防止公地悲剧有两种办法：一是制度上的，即建立中心化的权力机构，无论这种权力机构是公共的还是私人的——私人对公共地的拥有即处置便是在使用权力；第二种便是道德约束，道德约束与非中心化的奖惩联系在一起。在实际中也许可以避免这种悲剧。在悲剧未发生前，如果建立起一套价值观或者一个中心化的权力机构，这种权力机构可以通过提高成本控制数量或采取其他办法控制数量。

有人可能说，避免公地悲剧的发生，就必须不断减少公地。但是，让公地完全消失是不可能的。公地依然存在，这就要求政府制定严格的制度约束，将管理的责任落实到具体的人，这样，在公地里过度放牧的人才会收敛自己的行为，才会在政府干预下合理“放牧”。

在20世纪90年代初，莫斯科街道上出现过这样的怪现象。一方面，街道两边的店铺大量空置；另一方面，街道旁涌现出许多金属做成的箱型销售摊。在高峰期的1993年，莫斯科街道上有1.7万只这样的金属箱子。为什么在莫斯科寒冬里街道两边叫卖的商贩不搬到温暖的店铺里去？为什么街边的拥有者要放弃可观的租金收入？美国密歇根大学的经济学者黑勒认为原因是莫斯科店铺有许多拥有者，而且他们的每一个都有权阻止其他人使用，最终没有人能够使用。他把这种现象概括为“反公地悲剧”。

黑勒于1998年在《哈佛法学评论》中正式提出“反公地悲剧”概念：“反公地”作为一项资源或财产有许多拥有者，但他们中的每一个都有正式的或非正式的权力阻止其他人使用稀缺资源，最终没有人拥有有效的、实质性的使用权。“反公地”的产权特性不是虚置、不明晰的产权，而是支离破碎的产权，导致资源的闲置或使用不足。

## 当理性遭遇理性——囚徒困境

王鹏是一个球迷。所在城市郊区有个足球场，有一次足球场举行一个重要的比赛，王鹏想去看。到足球场有好几条路，其中有一条是最近的。王鹏选择了走最近的这条路，但发现其他人也都选择走这条路，于是这条路非常堵塞。在路上所花的时间远远多于自己的预期。

好不容易来到了足球场，精彩的比赛让人大开眼界，可惜前排有人站起来，影响了自己的观看效果。王鹏也选择站起来，这样他能看得清晰一些，但他后排的人也都选择站起来看。最后的结果是所有人都在站着看比赛。

王鹏无疑是个理性的经济人，但是当大家都是理性经济人的时候，从个体来看所做出的选择或决策无疑是理性的，但人人都基于同样的考虑做出相同的选择或决策时，就会发生“理性合成谬误”。案例中造成路上拥堵、站立观看比赛的原因就是“理性合成谬误”。经济学中有名的囚徒困境更是典型的“理性合成谬误”。

警方在一宗盗窃杀人案的侦破过程中，抓到两个犯罪嫌疑人。警方将两人隔离，并分别跟他们讲清了他们的处境和面临的选择：如果他们两人中有一人认罪，则坦白者立即释放而另一人将判 8 年徒刑；如果两人都坦白认罪，则他们将被各判 5 年监禁；当然若两人都拒不认罪，因警察手上缺乏证据，则他们会被处以较轻的偷盗罪各判 1 年徒刑。

那么，两个罪犯会怎样选择呢？

囚徒到底应该选择哪一项策略，才能将自己个人的刑期缩至最短？两名囚徒由于隔绝监禁，并不知道对方的选择；即使他们能交谈，也未必能够尽信对方不会反口。

那么在困境中任何一名理性囚徒都会做出如此选择：

若对方选择抵赖，自己选择背叛，会让自己获释，所以会选择背叛。

若对方选择背叛，自己也要背叛，才能得到较低的刑期，所以还是选择背叛。

二人面对的情况一样，所以二人的理性思考都会得出相同的结论——

选择背叛。背叛是两种策略之中的支配性策略。因此，这场博弈中唯一可能达到的均衡，就是双方参与者都背叛对方，结果是二人同样服刑 5 年。

**囚徒困境**

| 囚徒甲 \ 囚徒乙 | 坦白 | 抵赖 |
|---|---|---|
| 坦白 | –5，–5 | –8，0 |
| 抵赖 | 0，–8 | –1，–1 |

囚徒困境反映的是个人的最佳选择并非团体的最佳选择。囚徒困境假定每个参与者都是利己的，即都寻求最大自身利益，而不关心另一参与者的利益。

根据以上假设，两人均为理性个人，且只追求个人利益，选择背叛是个人的最佳选择。但以集体利益而言，如果两个参与者都合作保持沉默，两人都只会被判刑 1 年，总体利益更高，结果也比两人背叛对方、判刑 5 年的情况好。

这种困境反映了个人理性与集体理性和之间的矛盾，对每个人而言都是理性的选择，能得到最优的结果，但对于整个集体来说却是非理性的，最终导致对集体中每个人都不利的结果。

如果每个人想到的都首先是自己的利益，进行的都是有利于自己的选择决策，那么最后的结果，往往都没有使自己获利，大家都没有从中获得好处。以一个足球队而言，当球员在赛场所想的只是自己的风采，或是自己的位置，或者是自己在俱乐部的前途的时候，这支球队就不会有希望了。

为避免“理性合成谬误”，任何一个集体都应该加强内部协作。不仅每个人要充当理性的经济人，集体也应该成为理性的经济人，只有这样，才能实现集体和内部成员利益的最大化。

## 最完美的分粥方法——制度

7 个小矮人同住在一个小木屋中，他们想用非暴力的方式解决吃饭问题——分食一锅粥，但是没有任何容器称量。怎么办呢？大家试验了这样一些方法：

方法一：拟定一人负责分粥事宜。很快大家就发现这个人为自己分的粥最多，于是换了人，结果总是主持分粥的人碗里的粥最多最好。大家得出结论：权力导致腐败，绝对的权力导致绝对腐败。

方法二：大家轮流主持分粥，每人一天。虽然看起来平等了，但是每个人在一周中只有一天吃得饱且有剩余，其余6天都饥饿难耐。结论：资源浪费。

方法三：选举一位品德尚属上乘的人，还能维持基本公平，但不久他就开始为自己和溜须拍马的人多分。结论：毕竟是人不是神！

方法四：选举一个分粥委员会和一个监督委员会，形成监督和制约。公平基本做到了，可是由于监督委员会经常提出多种议案，分粥委员会又据理力争，等粥分完，早就凉了！结论：类似的情况政府机构比比皆是！

方法五：每人轮流值日分粥，但是分粥的人最后一个领粥。结果呢？每次7只碗里的粥都是一样多，就像科学仪器量过的一样。

这就是分粥的难题。要让分粥工作能够既有效率又公平，不是一件容易的事情。所幸的是，7个小矮人最终通过实践与博弈，最终实现了效率与公平的共赢。

所谓"分粥"规则，是政治哲学家罗尔斯在其所著《正义论》中提出的。这个颇有趣味的小故事背后，罗尔斯所要揭示的却是社会财富的分配问题。罗尔斯把社会财富比作一锅粥，这锅粥当然不是敞开的"大锅饭"，所以罗尔斯假设7个小矮人共同分粥——这7个小矮人，实际上代表的就是政治经济体制下的广大人民。而以上小矮人进行的不同的试验，代表的自然就是不同的制度。

在没有精确计量的情况下，无论选择谁来分，都会有利己嫌疑。经过多方博弈后，解决的方法就是第五种——分粥者最后喝粥，要等所有人把粥领走了，"分粥者"自己才能取剩下的那份。因为让分粥者最后领粥，就给分粥者提出了一个最起码的要求：每碗粥都要分得很均匀。道理明摆着——倘若分得不匀，最少的那碗肯定是自己的了。只有分得合理，自己才不至于吃亏。因此，分粥者即使只为自己着想，结果也是公正、公平的。

上述五种分粥制度假设的前提是所有的"分粥者"个个都是自私鬼，

没有一个是大公无私的。正因如此，他们一有机会便会“以权谋私”。美国《独立宣言》起草人之一托马斯·杰斐逊说：“自由的政府不是以信赖，而是以猜疑为基础建立起来的。因此，在权力问题上，不是建立在对人性的信赖上，而是要用法律加以约束，防止其行为不端。”所以制度至关重要，制度是人选择、交易的结果。好的制度清晰而精妙，既简洁又高效，令人为之感叹。

从“分粥”中我们可以认识到制度的重要性。所谓制度，就是约束人们行为的各种规矩。“没有规矩，不成方圆”，制度在维护经济秩序方面起着重要作用。首先，制度可以避免人们交往过程中的不可预见行为。所谓不可预见行为，就是当事人在经济活动中的一个环节结束以后，不清楚下一步将会发生什么。有了制度以后，下一步该干什么规定得清清楚楚。也就是说，制度可以增强或保证人们在经济活动中的预期。例如财务制度的建立，使得公司内部资金使用十分规范，人们只需按照相应的规定行事即可。其次，制度能避免机会主义行为。“机会主义”在这里是指那些不遵循交易规则、一有机会就损人利己的经济行为。我国由计划经济向市场经济转型过程中，由于制度不健全，一些人钻价格双轨制的空子，把计划分配来的物资低价买来后，再拉到市场上高价卖出，从众牟取暴利，这就是典型的机会主义行为。

蚝是在海滩上繁殖的。要繁殖得好，每天要有过半的时间浸在海水之下。蚝是不会走动的；若海滩是公用的，任何人都可随意拾蚝，而这海滩又是在容易到的地方，那蚝的数量一定不会多。若海滩是私有，投资养蚝的机会必定较大。同样的人，同样的海滩，同样的天气，同样的蚝，不同的产权制度有肯定不同的行为。

美国西岸的华盛顿州，是一个养蚝的胜地。这可不是因为那里的天气适宜养蚝。正相反，这一地区在美国西北，天气较冷，对养蚝是不适合的。冬天若结冰过久，蚝会受伤害；夏天不够热，蚝的成长速度会减慢。为什么华盛顿州是养蚝的胜地呢？主要的原因，是这个州不单准许私人拥有海滩，就连被海水浸着的地也可界定为私产。所以这地区虽然海水奇寒，不适宜养蚝，但在那些海水较暖的海湾，养蚝者比比皆是。而在同一海峡的公众可用的海滩，蚝就很难找到了。

私人的海滩除了蚝多以外，我们还可看见开了的蚝壳被有计划地放回滩上；取蚝的人多在蚝床开蚝、；蚝与蚝之间有空隙，海星被人拿到岸上（海星是会吃蚝的）。这些小心翼翼的行为，没有私产保障，怎能办到？

商业化的蚝场，蚝床面积以亩计。被选用的海滩都是极平坦、海水浅而风浪不大的地方。商业养蚝的品种，都是长大较快的。养蚝者用竹枝插在浅水的蚝床上，作为产权的界定，也用以作为收获分布的记号。有不少商业蚝场的海滩是租用的；也有些海边住户将蚝滩卖掉。

可见，合理的制度确实可以对人们的行为起到良好的约束与引导作用。阿里巴巴集团创办的支付宝，在电子商务曾经一度遭受信用质疑的时刻横空出世，化繁为简，填补了中国金融业在电子商务领域的缺陷，让每一个消费者都可以放心地进行网上交易。支付宝取得成功的原因就在于取得了消费者的信任，而它之所以能够取得信任，就在于通过了严格的制度规范了网上交易的程序，买主和卖主的权益都得到了最大程度的保障。

可见，无论是公司的制度，或是国家的制度，跟我们每一个人都有紧密的关系。往往一个新制度的产生，会给社会带来不可估量的影响。分粥规则给很多人都带来了启发与思考。由此制定合理的制度，就应该反思制度是否合理，制度是否简洁高效，制度是否处在激励与制约之间的平衡点上。

# 第九章

# 干活多，拿钱少：职场中的经济学“黑洞”

## 你的产出决定了你的收入——劳动生产率

美国有一个农庄，经过统计报告发现其农作物的产出值达平均上限的二倍，这是令人难以置信的。有一位效率专家想去研究原因，他千里迢迢来到这个农庄，看到一户农家，就推门而入，发现有一位农妇，正在工作，她怎么工作呢？两只手打毛线，一只脚正推动着摇篮，摇篮里睡着一位刚出生不久的婴儿，另外一只脚推动一个链条带动的搅拌器，嘴里哼着催眠曲，炉子上烧着有汽笛的水壶，耳朵注意听水有没有烧开。但是效率专家觉得很奇怪，为什么每隔一会儿，她就站起来，再重重地坐下去，这样一直地重复？效率专家再仔细一看，才发现这位农妇的座垫，竟是一大袋必须重复压才会好吃的奶酪。

因此效率专家说不必查了，他已经知道高效率的原因了。

生产率是指用来表示产出与投入的比率，如果相同数量的投入生产了更多的产出，则生产率就增长了。劳动生产率的增长是由于技术进步、劳动技能的改善和资本深化。生产率是一个整体经济运作的基础，直接决定经济水平的高低。

有穷，就有更穷；有富，就有更富。举例来说，在 2008 年，世界上收入最高的国家是卢森堡，人均收入达到 43940 美元，中国香港的人均收入是 25430 美元，朝鲜人均收入是 1000 美元。其实，不只国与国之间、国家与地区之间有贫富差距，就公司、各小区来讲，这种人均收入的差别也是很明显的。有的人有房有车、衣着光鲜，每天出入高档消费区，时间和金钱都比较充裕和自由，有的人却为房子的首付款发愁，穿着简单，一日三餐粗茶淡饭，很少有出国旅游的机会。

从纵向的时间来讲，这种生活水平的差异也是很明显的。在新中国刚成立时，所有人几乎穷得吃不起肉，只好勒紧裤袋过日子；到改革开放之初，很多家庭就有了自己的电视机、洗衣机，慢慢步入“万元户”；到了今天，车、房、电脑，甚至一些奢侈品也开始走入平常百姓的家庭。

那是什么原因导致了不同国家、不同时期生活水平的巨大差异呢？答案非常简单。所有生活水平的变动都可以归因于各国生产率的差别，就是一个工人一小时所生产的物品与劳务量的差别。在那些每单位时间工人能生产大量物品与劳务的国家，大多数人享有高生活水平；在那些工人生产率低的国家，大多数人必须忍受贫困的生活。同样，一国的生产率的增长率决定了平均收入增长率。

对个人来说，收入的增长从根本上取决于劳动生产率的提高，也就是国民收入倍增的前提是劳动生产率的倍增。如果只是依靠人为地提高最低工资标准来实现工资翻番，这无异于揠苗助长。

## 谁偷走了你的工作——失业

受到2008年金融危机的影响，各大企业都裁员降薪。虽然全球经济正在逐渐复苏，但是失业问题仍是各国不可忽视的。

据新加坡联合早报网2011年1月4日报道，金融危机让英国经济元气大伤，据有关方面预测，英国2011年的失业人口将达到270万，创17年以来的最高点。

据克罗地亚就业局公布的最新统计，截止到2011年1月底，克罗地亚就业局登记的失业人数达33.43万人，当月增加1.44万人，较2010年同比失业人数增长8%，较2010年12月环比失业人数增加4.5%。

日本总务省2011年2月21日公布的2010年劳动力调查数据显示，在完全失业者中，失业时间达一年以上的长期失业者为121万人，较上年增加 26 万人，是 2002 年有可比统计数据以来长期失业人数最多的一年。

国际劳工组织发布的《2011 年全球就业趋势》报告更是显示，2011 年全球失业率将达 6.1%，相当于 2.033 亿人口将面临失业。

到底是谁偷走了这些人的工作，让他们处于失业人口的范畴呢？在经济学中，一个人愿意并有能力获取报酬而工作，但尚未找到工作的情况，就被认为是失业。

有劳动能力并愿意工作的人得不到适当的就业机会。没有劳动能力的人不存在失业问题。有劳动能力的人虽然没有职业，但自身也不想就业的人，不称为失业者。

对失业的规定，国际劳工组织（ILO）的统计标准认为，凡是在规定年龄内一定期间内（如一周或一天）属于下列情况的均属于失业人口：

1. 没有工作，即在调查期间内没有从事有报酬的劳动或自我雇佣；

2. 当前可以工作，就是当前如果有就业机会，就可以工作；

3. 正在寻找工作，就是在最近期间采取了具体的寻找工作的步骤，例如到公共的或私人的就业服务机构登记、到企业求职或刊登求职广告等方式寻找工作。

失业是普遍存在的现象，一般来说，人们都不愿意失业。但失业者可领取一定的失业救济金，但其数额少于就业时的工资水平，因而生活相对恶化，促使其重新就业。从这一点上来说，不少西方经济学家认为，一个合理的失业率及其失业现象的存在，是促进社会发展所必需的条件之一。

失业一般可分为以下几种：

**第一种是摩擦性失业。**例如你本来在广州工作，后来决定去上海发展。你不会一到上海就有事做，而是需要等待一段时间才有工作。在这一段时间，你就处于失业状态，这叫摩擦性失业。

**第二种是结构性失业。**例如一批人原来是做煤油灯的，后来电发明了，煤油灯没人用了，所有煤油灯工人都失业了。但社会上需要电灯工人，煤油灯工人不会一下子就转换成电灯工人，在这段时期，煤油灯工人就处于失业状态。这是由于社会所需要的人跟找工作的人不匹配造成的，叫结构性失业。

以上两类失业，在任何社会、任何状况下都会存在，是不能消除的，总会有人在地区间迁徙，总会有某些行业衰落、某些行业兴起。如果不允许劳动力迁徙，就会形成劳动力的垄断，比如在某个地区，有本事的人进不来，全是低素质的劳动力充斥在那里，生产的效率必然低下。

而且，这两类失业也很难区分清楚，一个人从一个地方到了另一个地方，是摩擦性失业，但也可能是结构性失业。所以，经济学家并不刻意去区分它们，而是把它们合起来，统称自然失业。

第三种失业是经济衰退或者经济周期造成的。在经济处于衰退期时，总需求严重不足，东西卖不出去。企业就要压缩生产，解雇工人。这是必然的现象。

正是失业的存在，对我们的生活造成了或多或少的影响，现在出现的女大学生“急嫁”就是其中之一。

2009 年过完年后，又到了高校毕业生拿着简历奔走于招聘会之时，个别女大学生并不急着找工作，却把精力放到了“找对象”上，她们觉得这样可以避过就业难题，过上舒适的生活，校园中就出现了“急嫁族”。

除了家长和朋友的介绍外，上网成了“急嫁族”寻觅男友的重要途径。其实，在很多论坛上，经常可以看到这样的帖子：“未婚女，22 岁，大四在读……觅 25 岁以上，月薪 3000 元以上，有住房有车……”这些“急嫁族”们认为直接找个起点高的丈夫，既避过了就业的麻烦，也省去了很多奋斗。

甚至在某校即将毕业的女生宿舍门外，出现了一副非常“强悍”的对联：

上联——找工作找好工作

下联——找老公找好老公

横批——噢耶

“急嫁族”和这副对联的出现，从一个侧面反映出了社会的重要问题：大学生就业难。

正是因为害怕面对“毕业即失业”的“前途”，“急嫁族”才应运而生的。其实，国家和政府已经注意到了失业带来的这些影响，并做出了一些努力。

我国《劳动法》对促进就业作了专章的规定。我国政府促进就业的措施主要有：

1. 通过促进经济发展，创造就业条件，扩大就业机会。

2. 采取措施鼓励企业、事业组织、社会团体在法律、行政法规规定的范围内兴办产业或者拓展经营，增加就业。

3. 支持劳动者自愿组织起来就业和从事个体经营实现就业。

4. 建立和完善劳动就业的服务体系。

当然，不让别人偷走我们的工作，还需要我们自身的努力。不断提升自己的职业素质，不断充实自己，用知识和技能武装自己，让自己成为不可或缺的人才，这样就能更多地避免被企业淘汰的情况发生。

## 激励员工努力工作——效率工资

汽车大王亨利·福特对企业经营有一套自己的方法。20世纪初的美国，企业最大的问题之一是工人怠工现象严重。尽管有工头在监工，而且处罚严重，一旦发现怠工马上开除。但工人多，工头少，工人怠工的手段千奇百怪，总是防不胜防。这时，福特发明了自动流水装配线。这种新生产工艺，无疑可以大大降低成本，提高效率。但如果工人仍然怠工，自动流水装配线不能正常运行，提高效率也是不可能的事。福特绞尽脑汁想找出一种消除工人怠工的方法。监督是难以奏效的，为什么不换一个角度让工人自己不愿怠工呢？于是福特在1914年宣布，把福特汽车公司工人每天的工资由2.34美元提高到5美元。

2. 34美元是当时汽车工人的市场工资，即由劳动市场上供求关系自发决定的工资水平。在这种工资水平时，企业可以雇用到自己需要的工人，工人可以找到工作。5美元高于市场工资，称为效率工资，意思是这种高工资能够带来更高的效率。

效率工资如何能带来高效率呢？

首先，这种工资能吸引最好的工人。在实行2.34美元的市场工资时，可以招到所需要的工人数量，但不能保证工人的质量。市场上汽车工人的素质并不一样，对工资的最低要求也不同。职业道德好、技术水平高、身体强壮的工人要求的最低工资要高一些，比如说，每天4美元；职业道德差、技术水平低、身体不强壮的工人要求的最低工资低，比如说每天2美元。当实行每天2.34美元的工资标准时，素质好的工人不来应聘，来的都是素质差的工人。但在实行每天5美元的工资标准时，素质好与不好的工人都会来应聘。只要用一个简单的测试，就可以把好工人留下。福特公司采用这种效率工资的确吸引了全国各地优秀的汽车工人来应聘。这样，整个工人的素质就大大提高了。

其次，实行效率工资时，工人自动消除了怠工。工人是理性人，是否怠工同样取决于成本与收益。在每天2.34美元的工资时，尽管怠工被发现有被开除的风险，但开除并不怕，无非是换一家工厂，再找份同样工资水平的工作而已。开除对工人来说成本几乎为零，工作时休闲的收益大于成本，怠工自然是有市场。在这种情况下，工头再多，处罚再严也是没有作用的。当监督不能成为一种有用的威胁手段时，监督就没用了。但福特公司支付每天5美元的工资时，如果被这家公司开除，在其他企业就找不到工资如此之高的工作，这时怠工被开除的风险成本就增加了，理性的经济人当然就不会怠工，并积极工作以能保持这个金饭碗了。

最后，减少了工人的流动性。一般，新进厂的工人需要一些必要的培训，以适应本企业的生产特点。培训是有成本的，工人流动性大，增加了培训成本，尤其是一些熟练工人的离去对企业的损失更大。但市场经济中，工人有自由流动的权利。工人很可能由于各种原因而流动，例如家搬到了离企业远的地方，与工头或其他同事关系不和谐，或者仅仅是工资比较低。当实行效率工资时，工人的流动性相当大，反正各个企业工资一样多，在哪里工作，收入也没什么差别，工人考虑的是其他因素。但当实行效率工资时，流动会使自己失去获得高工资的机会，流动性就大大减少了。

效率工资使福特公司工人的素质大大提高，工作勤奋而流动性小。在这种条件下，自动流水装配线充分发挥出效率，汽车成本大大下降，价格下降，从而进入家庭，成为经济中一个主要的行业。

在现代市场经济中，效率工资同样有意义。外企能招到最好的员工，而且效率高，正在于他们支付高于一般工资水平的高工资。东南沿海所谓“民工荒”并不是劳动力供给短缺，而是工资太低。我国有3／4以上的农民，越来越多的农民工正在进入城市转变为产业工人。在相当时间内劳动力不会短缺。许多企业招不到工人，不是市场上劳动供给少，而是企业支付的工资太低。

不过在运用效率工资时，要注意以下几点：

一是效率工资针对的是普通工人。用监督惩罚的那种方法对待企业的普通劳动者，吃亏的最终是企业自己。给工人高工资其实是双赢的，当年的亨利·福特如此，今天按这个原则办的任何人都如此。依靠压低工人工资降低成本来进行价格竞争，仅仅是企业刚刚开始起步时不得不采用的方法。如果不通过提高工资、提高工人技术水平和提高效率来发展，企业的低成本之路不会走得长远，因为任何优秀的工人也不会拿着低工资在这个企业一直工作下去。

二是效率工资是相对而言的。如果企业随整个社会工资水平提高而提高工资水平，并不是效率工资。效率工资是相对高于本地区、本行业市场工资的工资水平。要维持这种工资水平，必须以工资换效率为前提。

三是效率工资不仅指名义工资水平，还包括其他福利及工作条件。比如，尽管你与本地区、本行业的工资水平一样，但如果给员工的福利更好，工作条件更优越，或者向员工提供培训与学习的机会，都可以作为实现效率工资的方式。要把工资理解为广义的收入和工作条件，不要仅仅理解为货币工资。

实际上，实行效率工资对企业和员工来说是一种合作双赢的博弈：员工获得了更多的收入，从而激发了更高的工作热情，而企业也获得了永续发展的动力。

## 辞职之前先算一笔账——择业与跳槽

小吴即将毕业于东北某名牌大学，所学专业正是时下热门的计算机专业。在人山人海的招聘会上，他信心满满地去求职。然后，在先后递了几十份简历获得了几份面试机会后，却没有了下文。不仅如此，他还发现其他同一专业的学友似乎也遇到了同样的苦难。小吴疑惑不解，计算机不是热门专业吗？为什么会出现求职难的问题？

确实，虽然这两年IT行业看上去非常热门，但是现在很多大学的计算机本科毕业生都不太容易找到工作。这是因为当前人才市场上并不缺乏一般的计算机人才，缺少的是高级顶尖的IT人才。当然，这背后的因素是，前些年计算机人才走俏，人们一窝蜂地选择这个专业，各个学校都开设了计算机专业，造成这方面人才越来越多，庞大的毕业生数量使得整个就业形势受到影响，于是这个曾经热门的专业出现了“热门不热”的现象。

正所谓“男怕入错行，女怕嫁错郎”，它告诫人们在择业的时候要慎之又慎，避免作出错误的决策。但是当人们一旦发现当初择业出现失误时，人们往往便会转而“跳槽”。

“跳槽”，即指“换工作”、“换单位”。如果你去跳槽，那就说明你放弃了当前工作的收益，并同时放弃了这个机会可能带来的潜在收益，这些被放弃的所有收益就是你跳槽的机会成本。

跳槽在现代社会已经成为普遍现象，但我们也会发现身边总有一些频繁跳槽的人，他们总是对自己的工作不满意。跳来跳去成“跳蚤”，在跳槽之前，自己有没有算过一笔账呢？

临近年终，视跳槽为家常便饭的许娜又开始考虑跳槽的事了。说起来，许娜的个人资本也算不错：名牌大学财经系毕业，英语六级，口语不错，靓丽的外表。但她的资本使得她总不满足于现状。于是她每天必做的一件事就是研究人才网的招聘信息，如果哪家公司开出的待遇比现在的公司高，那她一定毫不犹豫地奔向那家公司。有好事者偷偷帮她算了一下，结果吓了一跳：毕业三年，许娜已经换了七八家公司，最夸张的时候她一个月连跳两家，其中一次才上三天班就跟老板说再见了。

许娜对那些好几年都待在一个单位，没有跳槽打算的人总是嗤之以鼻：“每个月拿这么一点工资，不跳槽，这辈子能混出什么来！”

其实，如果我们给许娜算一笔经济账，没准她就会重新考虑跳槽的问题了。对于一般人来讲，跳槽的成本与收益具体体现在哪些方面呢？

第一是时间的机会成本。如果想跳槽成功，就要花费时间搜集并分析招聘信息，对市场上的招聘企业作出正确的判断。这个过程中，跳槽者要付出时间、精力等成本，还要承担等待、焦虑、忧虑等心理压力。当信息不明朗时，还会为如何抉择而感到痛苦。

第二是薪资的机会成本。跳槽意味着你放弃本有的薪资，以及因此而可能获得的潜在薪资、福利等待遇。假如你本有的月薪是 5000 元，加上奖金、补贴和保险等，可能近 8000 元。如果你不能在辞职的当月找到工作，那么这 8000 元即是你跳槽所付出的机会成本。

第三是人际关系的机会成本。当你在一个环境里工作，获得的报酬不仅是货币工资，还包括学习锻炼的机会和人脉关系。人脉就是你的资源和钱脉，它同时也是你遇到困难和问题时的活期存折。

第四是升迁的机会成本。当你在一个新的环境里，往往很难一下子得到真正重用，尽管在职务或薪资上可能比原来高，但新的单位需要重新对你的人品和工作能力有一段时间的考验。

那我们都会为什么跳槽呢？调查显示：与同事沟通不好、太累、离家太远、被领导批评、男（女）朋友不同意、待遇不合理、工作没挑战、没原因就是不想做等等，都有可能成为我们跳槽的理由，也让很多企业领导人大伤脑筋。

这种轻易作出的跳槽选择，饱受人力资源专家的批评。且不说，这些年轻的朋友没有想到企业为培养自己所付出的代价，自己的离职将给企业带来的损失，他们更没有为自己的职业生涯、事业发展做出铺垫。放弃一次事业机会，或许觉得自己还年轻，或许会认为还能有更好的机会。实际上，随意跳槽，不仅对企业是损失，对个人同样是很大的损失。

虽然跳槽有机会成本，但并不是反对跳槽。能够跳槽和允许跳槽其本身是时代进步的表现，人才只有在不断的双向选择中才能真正实现资源优化配置，才能产生最大效用。像古时的韩信、现在的唐骏都在一次又一次的跳槽中实现了自己的利益最大化。从经济学角度分析一下跳槽可能会产生的机会成本，只是提醒职场人士在跳槽之前要通盘考虑和分析，让自己的职业变动决策更加理性、科学和正确，把成本搞清楚了再作决策也不迟。

## 你的一生就这样度过吗——内卷化

多年前，一位中央电视台记者也曾听到过一种令人深思的“重复”现象。这名记者到陕北采访一个放羊的男孩，曾留下一段经典对话：

"为什么要放羊？"

"为了卖钱。"

"卖钱做什么？"

"娶媳妇。"

"娶媳妇做什么呢？"

"生孩子。"

"生孩子为什么？"

"放羊。"

这段对话形象地为"内卷化"现象做了令人印象深刻的解释。内卷化效应是有美国人类文学学家利福德·盖尔茨在20世纪60年代末提出的。他曾在爪哇岛长期生活。这位长住风景名胜的学者，无心观赏诗画般的景致，却潜心研究当地的农耕生活。他眼中看到的都是犁耙收割，日复一日，年复一年，原生态农业在维持着田园景色的同时，长期停留在一种简单重复、没有进步的轮回状态。于是，他把这种现象冠名为"内卷化"。

观察我们的现实生活，"内卷化现象"比比皆是。比如在偏远农村，当地的农民仍然过的仍然是"一亩地一头牛，老婆孩子热炕头"的农耕生活；我们再看一些家族企业，重要岗位总是安排亲人把守，管理哲学是"打仗亲兄弟，上阵父子兵"，用自己的人放心。于是，在企业内部，人情重于能力，关系重于业绩，外部的新鲜空气难以吹进来，真正优秀的人才也吸引不进来，措施和办法因循守旧。几年过去了，厂房依旧，机器依旧，规模依旧，各方面都没有多大变化。

思想观念的故步自封，使得打破内卷化模式的第一道关卡就变得非常困难。而对于整天忙碌的人们，虽然没有站在黄土地上守着羊群，但在思想上是否就是那个放羊的小孩呢？怨天尤人或者安于现状，对职业没有信念，对前途缺乏信心，工作结束就是生活，生活过后接着工作，对内卷化听之任之，人生从此停滞不前。

我们身边随处可以看到陷入内卷化泥沼的人：

老张当了一辈子干事，眼看着身边的人都一个一个升迁了，自己眼看到了退休的年龄，心里酸溜溜地难受；作家李米，20出头就以一个短篇获得了全国性大奖，但是20多年过去了，他不再有影响的东西问世，眼看和他同时起步的作家已成了全国知名作家；老王，技工一做十五年，同辈人已升任高工和主管，自己还只是戴着一顶技工的帽子，心境抑郁……

同样的环境和条件，有的人几年一个台阶，无论是专业能力还是岗位，都晋升很快，士别几日就当刮目相看，而另一些人却原地不动，多少年过去了仍然还在原地踏步。为什么会出现这种现象？人为什么会陷入内卷化的泥沼？

分析个人的内卷化情况，根本出发点在于其精神。如果一个人认为这一生只能如此，那么命运基本上也就不会再有改变，生活就此充满自怨自艾；相信自己还能有一番作为，并付诸行动，那么便可能大有斩获。

“内卷化”的结果是可怕的，大到一个社会，小到一个企业、到一个人，一旦陷入这种状态，就如同车入泥潭，原地踏步，裹足不前，无谓地耗费着有限的资源，重复着简单的脚步，浪费着宝贵的人生。它会让人在一个层面上无休止地内缠、内耗、内旋，既没有突破式的增长，也没有渐进式的积累，让人陷入到一种恶性循环之中。

生活陷入内卷化的普通人迫切需要改进观念，而那些成功人士也要理念更新，否则内卷化的后果往往更为严重。为什么有些人一辈子注定只能做一个小老板？并非他不想做大做强，而是思想观念停滞在小的层面。小老板需要精明，而大老板不仅需要精明，更需要气度。上世纪 30 年代，我国的民营企业纷纷进入多事之秋，很多著名企业一夜之间轰然崩塌，其中一个主要原因是它们的思想观念停在原地。面对国际化接轨、现代化生产的企业，这些老板还在用小农思想进行管理。在市场中竞争如同逆水行舟，不进则退，倒闭是自然的事。

总而言之，一个企业或一个人要摆脱内卷化状态，就要先确信自己是否还有上进的志气。如果有，再看看自己的实力是否坚实。精益求精，发挥极限，这样才能最大限度地提升自己。只有充分地发挥自身力量，才能突破和创新，才能在未来的发展中呈现出一片勃勃生机。

## 一线城市中的奋斗群体——蚁族现象

在各大城市都存在着大量的“大学毕业生低收入群体”，低收入的大学毕业生群体，被形象地称为“蚁族”，他们有如蚂蚁般“高智、弱小、勤奋、群居”；虽都接受过高等教育，收入却并不高。据不完全统计全国有上百万的规模。“蚁族”，大学毕业生聚居群体，被称为继农民、农民工、下岗工人之后出现在中国的又一群体。

蚁族既有来自重点大学的毕业生，也有来自地方院校、民办高校的毕业生；他们主要从事保险推销、电子器材销售、广告营销等临时性工作，有的甚至处于失业和半失业状态，全靠家里接济度日；他们平均月收入低于2000元，大多数没有“三险”和劳动合同；他们的人均居住面积不足10平方米，主要聚居于城中村、城乡接合部或近郊农村，形成独特的“聚居村”。

唐家岭是海淀区最靠边的一个村子，这里看不出任何京都的气息，是典型的城乡接合部。但交通的便捷，生活成本的低廉，大量合法和违法建设的出租房屋，使刚刚毕业的大学生在此落脚成为可能，形成聚居。

陈华就是生活在聚居村里的一名普通“蚁族”。他就读于北京某高校工商管理专业，2004年考研未果，手忙脚乱地毕了业，留在北京找工作。刚开始找工作时手头没什么钱，住宿吃饭是他最大的问题。手里的大部分钱都用来交付房租，有个星期的饭费只花了10来块钱，除了馒头什么都吃不上。这样坚持了两个月，他找到了他的第一份工作——推销，底薪800。他的想法具有代表性：“当时有点饥不择食，反正先养活自己再说吧。”先养活自己是“蚁族”最基本的要求。

在北京，这一群体的数字估计有十余万人，他们聚集在房租低廉的京郊，每天像蚂蚁一样汇聚到市中心，傍晚，拖着疲惫的身躯回到京郊的高低床上，为了生存，也为了梦想。不仅在北京，他们也分布在上海、广州、武汉、西安等大中城市。

按照资本的投入及收益来看，高学历应该是高收入，但“蚁族”的出现呈现了高学历与低收益。可能有人会说，当今大学生就业如此难，农民工比大学生更值钱，进行人力资本投资有什么意义？正如几年前的“北大才子卖肉”，这个事例被用来证明人力资本投资其实是一种浪费。事实上并非如此。

2003年的一则“北大才子当街卖肉”的新闻让北大毕业生陆步轩一夜成名。陆步轩于1985年参加高考，当时以高出本科线100多分的成绩考取了北大中文系，是所在县的文科状元。四年苦读毕业后，陆步轩被分配到长安县柴油机械配件厂。遗憾的是，企业几年后跨了，此后，陆步轩搞过装修，开过小商店。几经挫折后，于2000年租房开起了肉店。这个文弱书生从此操起了切肉刀，每天起早贪黑，一年忙到头，交了水电费、房租后也就所剩无几了。

这听起来像个离奇故事，然而这的确是事实，是实实在在发生在古城西安的事实，一位自感“最适合去做编辑词典的工作”的北大才子，由于人生曲折和生活所迫做起了卖肉的生意。后来在各方关注下，终于在长安区档案馆谋得一份工作。

其实，换个角度来看这个问题，“北大才子当街卖肉”之所以成为新闻，说明这类事件是极少数，北大毕业生的薪资待遇、发展前景比一般大学毕业生要强得多。其实，这则新闻的出现不是否认人力资本投资的必要性，恰恰是证明了人力资本投资的重要性。

俗话说：“活到老，学到老。”我们生活在一个知识快速更新的时代，只有不断学习新的知识才能适应社会的发展要求。不进行人力资本投资，将会不断走向退步，因此，学习可以说是最重要的投资，比起其他项目，这项投资最有效、最划算、最安全，还将让人终身受益。

所有人都有必要培养和提高自己的学习技能，学习业务知识，不断拓宽知识面，从多方面丰富、提高自己的知识水平。其实，我们不应放弃一切学习的机会，应该努力通过各种方式学习一切有用的知识和技巧，从而提升自己的人力资本。学历只能代表过去，只有学习可以代表将来，人力资本的投资永远不会到达顶峰。

通过人力资本投资对职业生涯的发展有着非常重要的作用。在现代高速发展的信息社会，进行人力资本的投资就是要培植自身的核心竞争力，以在激烈的市场竞争中获得更多资源，才能让自己具备更牢固的升值与升职资本。



## 别让短板变成你的绊脚石——木桶效应

木桶原理是由美国的彼得提出的。木桶原理是指一只木桶要盛满水，必须每块木板都一样平齐且无破损，如果这只桶的木板中有一块不齐或者某块木板下面有破洞，这只桶就无法盛满水。也就是说一只木桶能盛多少水，并不取决于最长的那块木板，而是取决于最短的那块木板。一个木桶无论有多高，它盛水的高度取决于其中最低的那块木板。

经济学家经常使用木桶原理来说明在经济活动中，往往是最薄弱的环节影响整体的绩效，甚至会导致全面溃败。

其实任何一个企业或集体，总是由多名员工所组成，这犹如一只木桶是由若干块木板所组成的一样。组成木桶的木板有长有短，组成团队的员工也有“长”有“短”。也就是说构成企业的各个部分往往是优劣不齐的，而劣势部分往往决定整个组织的水平。短木板与木桶是个体与团队的关系，作为企业管理者只有一个选择：提升原有木板的长度，在保证原有木桶原有装水量的基础上不断提升容积。

某班组中有一个员工，技术能力处于班组的中上水平，但工作绩效一直提不上去，因为他总是没有工作激情。刚巧，兄弟班组需要从该班组借调一名技术人员。于是，班组长在经过深思熟虑后，决定派这位员工去。这位员工很高兴，觉得有了一个施展自己拳脚的机会。去之前，班组长只对那位员工简单交待了几句：“出去工作，既代表我们班组，也代表你个人。怎样做，不用我教。如果觉得顶不住了，打个电话回来。”

一个月后，兄弟班组长对该班班长说：“你派出的兵还真棒！”“我还有更好的呢！”班组长在不忘推销本班组的同时，着实松了一口气。这位员工回来后，班组成员都对他另眼相看，他自己也增添了自信。

这个例子表明，注意对“短木板”的激励，可以使“短木板”慢慢变长，从而提高企业的总体实力。班组管理不能局限于个体的能力和水平，更应把所有的人融合在团队里，科学配置，好钢才能够用在刀刃上。

因此，要建立一个优秀的团队，达到整体优化的目的，作为企业管理者来说，就必须分清自己所领导的这支团队中的“长板”和“短板”，然后采取科学的方法，把“短板”变成“长板”，从而使团队这个“木桶”的“存水量”达到最大值。怎样来实现这一目的呢？

在我们个人的职业生涯中，木桶效应的原理照样适用。通常大多人认为，一个人的成功取决于他的优势，他的专长。比如一个歌唱家的成功，取决于他天生就有一副好嗓子；一个画家的成功，取决于他对造型和色彩的敏感；一个作家的成功，取决于他对生活的洞察力和对文字的感受力；一个企业家的成功，取决于他有过人的才智和胆略……这无可厚非，但从另外一个方面来说，一个人成就的大小，就像木桶盛水的多少一样，往往不是取决于他的长处有多长，而是取决于他的短处有多短，他的短处则往往决定他在这方面成就的大小。有一副好嗓子而且想成为歌唱家的人很多，可为什么许多人却成不了呢，就是已经成了歌唱家的人，为什么成就与名气的大小也不一样呢？就是由于受到了自身短板的制约。

一项调查显示，用人单位对大学生基本能力多项选择的要求依次为：环境适应能力占92.9%，实践应用能力占88.1%，接纳新知识、学习能力占76.2%，逻辑判断、分析解决问题能力占73.8%，人际交往能力占66.7%，组织管理能力占42.9%。

引人注目的是，环境适应能力被排在了第一位。就业走上工作岗位，大学生面临的是个新环境，如何尽快适应环境、投入到工作中是用人单位最关注的素质，而我们所处的环境每时每刻都在发生变化，适应力已经成为最重要的非专业素质之一；在人格多项选择中，用人单位的要求依次为：道德品质（如诚信、社会公德）占92.9%，奉献和敬业精神占83.3%，心态、心理素质和身心健康程度占81%，合作意识和团队精神占66.7%，创新和创造力占47.6%，意志和毅力占42.8%。可见，用人单位最看重的还是员工的综合素质。

在资源配置的过程中，由于时间、资源、外部环境等的变化，木桶上的长板和短板并不是一成不变的。有人在他工作初期，决定他工作业绩大小的短板是他的努力程度。但是到了一定程度，他无论如何努力，业绩也提高不上去了。这时候，学习便成为他新的短板，他工作业绩提高的程度，则决定于他学习新知识的多少。有人取得了一定的成绩后，便以为天下第一，骄傲自大，这时傲气便成为他的短板。也有人因锋芒初露后，目前的环境已施展不开他的才能，所以环境便成为他的短板。

看来一个人要有所作为，不光要看自己的长处，更要正视自己的短处。木桶效应告诉我们，只有把自身的短板补齐了，长板的作用才能得到发挥，我们人生的木桶才能清澈盈满。

## 多劳未必多得——智猪博弈

在一个猪圈里有两头聪明的猪，一头大猪，一头小猪。猪圈的一边有个踏板，每踩一下踏板，在远离踏板的猪圈另一边，会有一定量的食物掉下。两只猪要想获得食物，就必须先去踩下踏板。

不过，因为踏板和食物存在一定的距离。如果有一头猪去踩踏板，另一头猪就有机会抢先吃到落下的食物。如果小猪去踩动踏板，大猪会在食物掉下来后迅速将其吃完，小猪一点食物都得不到；如果是大猪去踩动踏板，小猪的食量和进食速度有限，大猪完全可以在小猪吃完食物之前跑过来争吃剩下的食物。在这样一种场景中，两头猪应该各自采取怎样的策略呢？

这个案例就是经济学中的智猪博弈。两头很聪明的猪，为了吃到食物，会费一番脑筋。不过最终获益的只会是小猪，原因何在？假设小猪去踩踏板，那么它将一无所获，白费了劲，还吃不上任何食物，所以小猪是不会去踩踏板的。在这种情况下，只有大猪去踩。在大猪踩踏板的时候，小猪只需要直接在食物的投放处等着。虽然会被大猪抢走部分食物，但小猪不至于饿肚子。

对小猪而言，不管大猪踩不踩踏板，自己不去踩踏板总是最好的选择。而大猪呢？它知道小猪是不会去踩踏板的，与其两者一起饿肚子，自己去踩踏板总还能获得食物。于是，主动去踩踏板成了大猪的唯一选择。这就出现了，同样聪明的两头猪，却有不一样的付出：小猪舒舒服服地等在投食处，而大猪不得不来回奔波于踏板和食物之间。

智猪博弈存在的基础，就是双方都无法摆脱共存局面，而且必有一方要付出代价换取双方的利益。而一旦有一方的力量足够打破这种平衡，共存的局面便不复存在，期望将重新被设定，智猪博弈的局面也随之被瓦解。

“智猪博弈”告诉我们，多劳却并不一定多得。这是因为“小猪”笃定一件事：大家是一个团队，就是有责罚，也是落在团队身上，所以总会有“大猪”悲壮地跳出来完成任务。“大猪”也知道“小猪”一直是过着不劳而获的生活，但出于对自己利益的考虑，并不会坐以待毙。

在现实生活中，很多人都想以最小的代价，得到最大的回报，争着做那只坐享其成的小猪。其实每一个人在工作中所扮演的角色，不是“大猪”，就是“小猪”。既然有一些人会成为不劳而获的“小猪”，那么必定有另一些人去充当费力不讨好的“大猪”。

做“大猪”难道真的傻吗？其实，智猪博弈在生活中的各个方面都会有所体现，在职场中表现得更为突出。在职场的人际关系中，也会有“小猪”和“大猪”。在日常工作中会出现这样的场景：有人做“小猪”，舒舒服服地躲起来偷懒；有人做“大猪”，疲于奔命。

小李在一家合资企业上班，整天忙忙碌碌。经常是这项任务还没做完，又会有另外的任务指派给他。公司规模不小，小李所在的部门却只有三个人。这三个人正好分为三个等级：部门经理、经理助理和普通员工。小李正好是那个经理助理，处于中间级别。

部门经理的任务就是发号施令，上头派下来的任务，他一般直接指派给小李做。而小李接到任务后，又不放心给底下的小张做。小张的能力有限，很容易把事情搞砸，到时候自己又没法向经理交代。于是，最终的结果是，小李只得把自己当三个人用，加班加点完成工作任务。

由于在这个部门中，小李表现最积极，慢慢地，其他部门的同事也认识到办事就找小李。有时候，公司老板也直接给小李派任务。小李桌上的文件越堆越高，一上班，他就忙得连轴转，像个不断打转的陀螺。部门经理和小张则每天无所事事，乐得逍遥自在。

到了年底，由于部门成绩出色，公司特别奖励了 4 万元，经理独得 2 万元，小李和小张各分得 1 万元。小李想到自己辛苦了一整年，到头来却和小张拿得一样多，心里觉得很憋气。

但是，小李心里明白：如果自己不拼命干活，那他连这 1 万元都得不到，因为指望经理和小张是得不到奖金的。思前想后，小李还得继续当那头辛勤的“大猪”。

“大猪”拼命干活，“小猪”跟着拿奖金，这样的事情在很多公司都有发生。“大猪”明知道“小猪”过的是不劳而获的生活，也知道“小猪”是不会去主动完成任务的。为了不至于最后落得大家都没“食物”吃，“大猪”总是会跳出来去踩那个踏板。

不过，在工作中，说到底还得凭真本事、靠实力。“小猪”们不劳而获的日子虽然安逸，却并不稳定。他们总得依靠“大猪”吃饭，心里总是没底的：万一哪天，“大猪”一气之下，跳槽走人，自己可就得饿肚子了。而且如果工作的性质发生改变，比如不再是团队合作性质的工作，而变为侧重独立工作的任务，那“小猪”们可就不能再心安理得地坐等“食物”掉下来了。

其实在生活当中，“大猪”们付出了很多，虽然得到了回报，却和付出不相当。而“小猪”们可以在短期内坐享其成，却不是长久之计。实际上，我们每一个人都会面临自己不得不吃亏的现实，但往往只有自己吃点明亏，自己才会得到更多。

事实上，既要做“大猪”的实力，也要做“小猪”的策略，两个角色交替，才会在职场中获得成功。

# 第十章

# 不是教你诈：人脉的法则

## 人际关系就是一种资源——人脉经济学

一个刚踏上工作岗位的年轻人第一天上班前，父亲把他拉到身边，问他："你知道在社会上立足的关键是什么吗？""是学历吗？""不对"，父亲说。"是知识吗？""不对"，父亲说。"是能力吗？""不对"，父亲还是这句话。"那是？"年轻人大惑不解地望着父亲。父亲说："是人际关系！"

为什么人际关系会如此重要？在中国，"人脉就是钱脉"这句话，似乎是长者常来教育刚踏入社会的年轻人的。在国外，也有很多人认为，一个人是否能够成功，不在于他知道什么，而在于他认识了谁。

很多时候，会交际确实比会做事重要，一个人缘好、有声誉的人，因为有人际关系作为资源，所以很多事可以轻而易举地做成。美国学者卡耐基说："一个人的成功，15%是由于他的专业技术，85%则要靠人际关系和他的做人处世能力。"可见，一个人的社交能力是多么重要。

如果你知道人际关系的重要性，懂得运用人脉，你会发现，几个好朋友就可以决定你的"富贵指数"。

在纽约有一位白手起家的女士，她最初只带了几千美元到纽约，她在从事贸易的朋友处得知美国市场对一些消费品的需求，于是立刻委托在中国内地及香港的朋友帮她寻找有商机的货品来源，但为了让产品更有销路，她需要找到更多的买主。于是她虚心地请教大学的教授，教授以自己的经验告诉她，可以通过展销会找销路，随后她又借着大学同学的人脉，在商展中顺利取得了摊位，因此才有机会把产品全部销售出去。

现在，她的公司有稳定的收益，拥有上百位客户。能拥有现今这样的成就，其实靠的只是五位好朋友。这五位好朋友中的三位成为她生意上的伙伴，共同创造了商业上的最大利益，另外两位朋友则经常与她分享彼此的财经信息与人生经验，成为人生道路上相互扶持的知己。

现代人讲人脉，其实就是人际关系资源。美国史丹福研究中心发表的一份权威报告显示，一个男人一辈子所赚的钱，仅有 12.5% 来自知识，其余都来自关系。人常说，“三十年河东，三十年河西”，今天对别人真心相助，说不定什么时候你也会求助于人。多一个朋友多一条路，朋友多了好办事。

人际关系的投资是一种比较特殊的投资，因为要用心去投资。用心投资就是在平时交往之外多了一层沟通，多一分关心，多一分相助。当你遭遇不顺，朋友间可相互帮忙体谅。

例如，当你在职场上遇到了比较投缘的人，在成功合作的基础上，感情也融洽起来，这就是你的“有缘”的人。只有懂得保护和持续友情的人，才能爱护它、增进它，使友谊天长地久。不过，有时即使双方有“缘”，能够一拍即合，要保持长期的信任、关照的关系也不那么容易，仍需要不断进行“感情投资”。职场中，感情投资尤其重要。因为每个人都为各自利益做事，彼此都防范着别人，很容易互相起疑心，导致双方由合作转为对立，人情变成了敌意。最亲密的伙伴变成最仇视的对手，适当的感情投资是必要的。

也有的人与对方建立了良好关系后，就不觉得自己有责任去维护它了，就会忽视双方关系中的一些细节问题。例如该沟通的时候不沟通，该解释的情况不解释，小矛盾日积月累，最终难以化解。更有甚者，在与对方成为朋友后，一味地只索取不回报，总以为别人对自己好是应该的，如果别人对于自己照顾不到，就有怨言，这肯定会损害双方的关系。

感情需要滋润，否则就会枯萎。朋友、同事之间的“感情投资”更是必要，需要精心维系。从生意场到日常交往，都应该处处留心，善待每一个关系伙伴，要从小处、细处着眼，将友情落在实处。



## 与人交往的艺术——礼尚往来

有人想出了如何逃避埋单的招术：

1. 进餐厅时，应走在队伍中间，两个人时应走在后面。老板或服务员招呼时，不要主动应答，因为餐厅老板或服务员一般会将走在前面，一进门就评价店内布局或饭菜口味的人默认为将要掏钱的“老板”。

2. 落座时，应选择靠墙角的位置，这样不便于服务员近身，一般不会出现在你毫无准备时将账单递到你面前的尴尬局面。

3. 用餐时，要注意掌握进度。等到快埋单时，如果你碗中有饭，岂不是少了一份尴尬，多了一份从容？

4. 当有人大喊埋单，而服务员小姐笑盈盈地走过来时，你应口喊：“我来！我来！”伸进兜里的手却不可轻易拿出，待对方把钱递给服务员时，你再迫不及待地掏出钱包，此时脸上再配合以心有不甘却又无可奈何的表情。

5. 事情还没完，你不可白吃人家一顿，否则下次吃时也理不直气不壮了。比如一餐共用去283元，你应慷慨大方地掏出3元零钱，一来省得服务员找零麻烦，二来此举会形成这样的事实：这顿饭是你俩合请的……

相比于中国人的这么多埋单心机，西方人却是不争不抢，AA制，简明了事。为什么会有这样的差异？通常的回答是因为文化的不同，中国人讲面子、好客气，西方人比较实在，崇尚独立。其实，我们不妨从经济学的角度想一下，为什么会有这种差异。这就涉及经济学的成本与收益的问题，即一个人无论做什么事情，付出了成本，就要得到预期的收益。

人都是理性的，他今天付出成本为别人埋单，就是想得到以后预期的收益，即让别人以后也为他埋单。相互间的生存状态越稳定，一个人为他人埋单的风险就越小，他被别人日后回报的可能性就越大，反之风险就越大，回报的可能性也越小。

其实，中国人也不是一味地由一个人埋单。两个人第一次在一块儿吃饭，大家都抢着埋单，第二次大家虽然也是抢着付钱，往往是上一次没付钱的一方极力阻止另一方，将钱付上，而上次付钱的一方也就顺势将掏钱包的手放下，客气一番。这样看来，中国人实际上实行的也是一种AA制，只不过形式上不一样，相对含蓄一些而已。

从经济学的角度来分析，能够得出这种区别的实质。其实普天之下的人性都是相通的，中国人也同西方人一样，决定他们的思想观念与行为方式的，归根结底都是经济学上谈的根本问题——利益。那些在文化、道德范畴内解释不清的东西，用经济学进行分析，就让人豁然开朗。

吃饭埋单如此，其他问题亦是如此。所谓的礼尚往来早就成为国人做人的一个基本准则。一是人格上的成本与收益，公共汽车上你给一个陌生人让了座位，你也许并不希望下次碰上他，他会给你让座，再说，能碰上的机会太小了。但你会需要他的一声“谢谢”，获得心理上的平衡。

二是物质形式的礼品。中国人办红白喜事，都会准备一本礼簿，谁送了多少礼金，送了什么礼品，都会一一记录在案。等对方将来办事，也会备一份相当的礼品给对方，作为回报。尤其有趣的是，一般人在送礼时，都会根据关系的亲疏程度和对方的实际情况，反复掂量，看到底送多少合适，一副相当务实的态度。

三是送礼的穷富之分。给富人该送什么，给穷人该送什么，是有讲究的。给富人送礼，主要是为了借此和权势人家拉拉关系，联络联络感情，以后求人办事就好说了。而给穷人送礼，则打水漂的风险就要大得多。不论是东方和西方，也不论是古代还是现代，礼始终是贯穿与维持人际关系的一个尺码，礼节和送礼也不是一门简单的学问。人们之所以这样崇尚礼，也是为了一种预期的收益。对于送礼的掌握程度以及运用技巧的差异，则决定了一个人在人际关系中优劣势态的不同。

有一句古话：“穷在闹市无人问，富居深山有远亲。”传统的观念认为这是一种势利，但在经济学家的眼中，却是一种理性。理性地处理人际关系，能够使人更加理智和严谨，减少麻烦和损失。相信大家都有共同的感受，富人借钱，很容易，而穷人借钱，却很艰难地为借钱吃尽了苦头。其中缘由，就是有着付出与回报的问题。借钱给富人，一是不担心富人将来还不起，再者就是我今天帮了富人的忙，日后我也有可能用得着富人的时候。而借钱给穷人，则风险相当大，很有可能是刘备借荆州——有借无还。即便穷人人品很好，不是那种赖账的人，但他偿还能力的有限性却不能不让人担忧。

人常说"好朋友，清算账"，也是一种理性。因为人与人之间说到底是一种利益关系，朋友之间如果账算不清，彼此都感到自己好像是吃了亏，久而久之，好朋友也会反目成仇。

## 为什么锦上添花不如雪中送炭——及时雨效应

《增广贤文》里有这样一句话："雪中送炭君子少，锦上添花小人多。"大概是说能解人于困顿中的人委实太少了，这样的人值得敬仰，而在别人春风得意的时候，却常常会有许多人前去献媚讨好，这样的人是应该被鄙视的。

"锦上添花"与"雪中送炭"是在别人给予你帮助后，你致谢时可选用的两个成语。但"雪中送炭"与"锦上添花"有本质上的区别。雪中送炭，是你在穷途末路之际，你最真诚的朋友为你伸出的援助之手，把你拉出火坑，带你走出困境。在你最需要、最渴望别人帮助的时候，有人来帮助你，这个人就是雪中送炭之人。锦上添花，是你在风光得意的时候，许多的人都来恭维你，追捧你，他们可以让你威风的时候更威风，风光的时候更风光。

其实，从经济学的角度来说，我们不能把锦上添花的人看成是小人，锦上添花也是一种理性行为。举个简单的例子，比如你送1000元钱的礼物给穷人，尽管对于穷人来说效用很大，但是对于付出人来说，可能没有任何物质收益。如果送给一个富翁，尽管对于富翁来说效用很小，但是对于付出人来说，收益是有保障的。因此我们不难理解，成功者的门前总是花团锦簇，失败者却门可罗雀。

实际上，社会就是如此的现实，当你得意时，你的朋友会很多，多得你有时自己都分不清在哪里见过他，什么时候认识他的。每个人都希望与优秀的人交往。与事业有成的人结交，可以利用对方的气势增强自己的积极力量。但是这种因利益关系所展开的友谊，很难牢固。就像伊朗的那句谚语：战场上识勇敢，激怒中识智慧，穷困中识朋友。其实，向落魄的人伸出援手，困境中结交朋友，才可以积累潜在资源，在你日后落魄时伸出援手。

人生在世，不可能永远一帆风顺，总会有艰难与困苦。当你遇到断崖险阻时，你需要的是帮助你架桥搭梯、雪中送炭的人。这时帮助你的人，是你真正的朋友。当你排除万难，穿过险峰，越过险阻时，那些给你送来花环，拿着美酒佳肴前来祝贺的人，你要当心，他们只是锦上添花的人，他们给你的友谊并非真诚可靠。

真正的朋友，需要的是雪中送炭。于失败情形下建立的友好关系，就像股票，如能在低价购入潜力股，便可赚钱。别人落魄时你伸出的援手，帮忙解难的行为，是赚取人脉行之有效的方法。

生活中，荣枯盛衰也是经常之事。随时都有人步步攀升，也有人失足没落。步步高升的人身边攀附者众多，他未必觉得你是莫逆之交；而落魄的人身边门庭冷落，你的关怀问候就尤为可贵，此时他心目中你的分量或许最重，你就会是共患难的挚友。如果等到对方再度成功之际才来攀附交情，则为时已晚。

锦上添花给人的回报是现实的，而雪中送炭给人的回报却是潜在的。孟子说：“有力者疾以助人，有财者勉以分人，有道者劝以教人。”也就是说有力气的人应该积极热情地帮助别人，有财力的人应当尽力地支援别人，有学识的人应当去教导别人。尤其是在别人有困难的时候，自己更要乐于助人，自觉地做“雪中送炭”的人。

锦上添花和雪中送炭只是两种生活方式，锦上添花自然是美事，雪中送炭则更是益事！

## 熟人也未必是可靠的——杀熟现象

“衣不如新，人不如故”，“人熟为宝”，这些向来是人们坚守信奉的观念。可以说，熟是“关系”的另一种表达。拉关系、找关系、建立关系、利用关系，首先需要熟悉，人熟才好搭上话、贴上边、凑上前，办事容易成功奏效。

在传统的社会结构里，对于一个理性的“经济人”而言，他是轻易不会“杀熟”的，因为“杀熟”的成本往往要远远高出它的收益。人们的交际范围有限，重复互动的频率也很高，相互的利益联结也紧密，道德监督也相对容易，“杀熟”容易败露。而一旦败露，就等于触犯了整个网络中的人情法则，代价不仅仅是个别关系的终止，更会影响到他在所属的关系网络中的声誉，所以无论是从“面子”方面考虑还是从长远利益考虑，“杀熟”不是一个理性人愿意去做的事情。

在现代经济社会中，原先的熟人之间的关系受到了挑战。原来的乡土社会是一个狭小的地域性社会，受传统和历史支配，讲究身份，个人很难基于自身特质来获得成就，而随着转型期市场经济制度的转轨，“杀熟”行为明显多了。

通过托关系，本想买点便宜货，结果买回来的东西比市场价还要贵，这是一种常见的“杀熟”。最厉害的“杀熟”大概要算传销了，我们经常听到传销引起的父子夫妻不和、兄弟姐妹反目的故事。

几年前，在西安到处可以看到“保安培训班”的招生简章，宣传小传单上把培训班吹得天花乱坠。陈程是一个普通的农村小伙子，家住咸阳附近，在一个远房亲戚的再三保证下，他向亲友借了几千块钱，到西安去“学习”。但没过几天，陈程就摇身一变，成了保安学校“招生办”的人，跑回来“大量招生”。结果陈程或远或近的亲戚、邻居都把孩子交给了他。后来大家才知道，陈程的“待遇”，就是从亲自招的“学员”身上“提成”出来的；而所谓的“保安学校”，只不过是一个空壳子而已，结业分配等承诺只是一句美丽的谎言。

这是一桩典型的利用传统熟人关系来“杀熟”的事件。在市场经济中，人们会充分借助于自己的熟人关系网络来获取信息和资源，就像陈程的亲朋好友想充分借助陈程这个熟人关系来求职一样。陈程的那些亲朋好友认为陈程和自己都“熟人”，相互间都值得信赖，而没有看到其中的风险，更没想到陈程会“杀熟”。而陈程不但没有帮助亲朋好友们，相反，他还利用这个机会来赚一笔，他通过“杀熟”这种非法手段来获取资源。

通过上例，还可以进一步看出来，当人们在利用这种熟人关系网络，并把它作为一种社会资本来经营时，很可能没有意识到这里面的风险，在市场经济中熟人的关系运作情境显然和市场经济已经不能同日而语了。

“杀熟”伤了感情，但更可悲的是，人与人之间的社会信任感以及人际关系安全感成了最大的牺牲品。据一项调查显示，现在有 29.8% 的中国人认为陌生人值得信任和完全信任，而对于熟人的信任度仅有 20.6%。

其实，我们所有人都是自利的经济人。在与熟人交往时，我们也应该学会保护自己，以理性的眼光去与人交往，不落入“杀熟”的陷阱中。

人际关系的缺失不是一朝一夕能够改变的，我们应该学会用一些方法保护自己。一是只要自己有疑虑，不管关系有多好，都要直接讲出自己的担心。二是必要时，不要害怕面子，要敢于撕破脸皮。当对方油腔滑调地反复说服你时，或者用“你不够意思”、“忘恩负义”的语言激你时，对这样的人，撕破脸皮可能是最好的办法。三是不怕啰唆，反复提醒。这适用于对方向你借一笔数目可观的钱时，要经常提醒他还钱，不要觉得难为情，难以启齿。

## 狡兔三窟，多个朋友多条路——多余性

春秋战国时期，俞伯牙琴艺高超，然而没有几个人能听得懂。有一次，伯牙在楚国乘船沿江游历，琴意大发，便在江边的船上操琴而奏。突然发现江边有个樵夫听得很入神，这个樵夫便是钟子期。伯牙把钟子期请到船上，两人互通了姓名，伯牙说：“我为你弹一首曲子听，好吗？”子期立即表示洗耳恭听。伯牙弹琴心中想到高山时，子期赞叹道：“多么巍峨的高山啊！”伯牙弹琴想到流水，子期称赞道：“多么浩荡的江水啊！”伯牙又佩服又激动，对子期说：“这个世界上只有你才懂得我的心声，你真是我的知音啊！”于是两个人结拜为生死之交。伯牙与子期约定，第二年这个时节再来此地弹琴听琴。第二年，伯牙如约前来，但是子期已经不幸因病去世了。伯牙悲痛欲绝，奔到子期墓前为他弹奏了一首充满怀念和悲伤的曲子，然后站立起来，将自己珍贵的琴砸碎于钟子期的墓前。从此，伯牙与琴绝缘，终身再也没有弹过琴。

现代人把好朋友称为知音，就来源于这个故事。一个没有任何朋友的

人，并不多见。人为什么要交朋友？在这背后还有一定的经济学道理。

为什么朋友对自己如此重要呢？用经济学的观点来说，就是与朋友交往能给人带来效用。在孤独的时候，朋友能帮助消除寂寞，在困难的时候，朋友能帮助渡过难关，这就是朋友所带来的效用。

每个人在选择朋友的时候，总是选择能给自己带来最大效用，有共同的志趣和爱好的朋友，和这样的人在一起能使自己获得最大的快乐和满足。有的人风趣幽默，把笑声与欢乐带给别人；有的人乐于助人，用温暖帮人渡过难关；有的人善解人意，善于帮别人解开心里的纠结。这些人总是能给别人带来正效用，当然他们会拥有很多朋友。相反有的人自私自利，遇到利益总先考虑自己，遇到责任先要推给别人；有的人骄傲自大，目中无人；有的人小肚鸡肠，斤斤计较。这些人给别人带来负效用，他们能交到的朋友总是不多。所以，当一个人埋怨自己朋友少时，不要在别人身上找原因，而应该首先看看自己给交往的人带来了什么样的效用。

在经济学家的眼里，朋友就是资源和信息源，一个朋友就是一份资源，一个人的朋友越多，他所拥有的资源也就越多。他在进行资源配置的时候，就能做到游刃有余，让资源配置达到最优化。

比如你在外地有朋友，你去办事，就会得到朋友的照料，给你节约远行的成本和办事成本；你有教师做朋友，就有人给你为培养孩子出谋划策；在政府有朋友，就会比别人更了解政策动态；在商场有朋友，你会轻松买到价廉物美的商品。有句话说得好，如果你有财神做朋友，就不会有金钱挡路。

在经济学家的眼里，朋友就是信息。一个人对某种事物所掌握的现有信息和这种事物的所有信息总是不对称的。正是由于信息的不对称，给人们判断、选择和决策带来了难度。而能从朋友处所得到的信息是一种活信息，是一种更为可靠的信息。比如你从电视上看到一则致富的信息，可能并不以为意，但是如果朋友郑重其事地介绍这个信息，你就一定会有所思考。

"尺有所短，寸有所长"，就是说每个人都有自己的资源优势，而朋友就是这样一种能够用他的优势弥补你的劣势的资源，即资源优势互补。如果你的朋友很少，或者只是某一领域的，就意味着你办事的途径很单一，无法在众多的事情上游刃有余。

朋友多了会产生乘数效应。比如你的一个朋友带你去参加他的聚会，参加聚会的很多人你几乎不认识，但通过朋友的介绍，你和大家都认识了，然后你们也成为朋友。朋友的介绍就相当于信用担保，如果他不信任你，就不会把你介绍给所有人。有了朋友的信用担保，几乎不用花什么成本，朋友圈子就扩大了。

拥有一个稳固的朋友圈，不仅可以给我们带来心理上的安全感，还能够给我们提供很多信息源。多交些朋友，让我们在困难的时候，能够在更广的范围内求得解决的办法，是很有必要的。

## 与人为敌对自己有什么好处——对抗性博弈

在一个家属院里住着五六户人家，平时由于太忙，各家都互不来往，关门过着平静的生活，邻里之间形同陌路。但不久前，这个家属院热闹了，原来，有一户人家为女儿买了一把小提琴，小女孩没有学过小提琴，所以拉得难听极了。但小女孩坚持天天拉，而且还总挑人们午休的时间，弄得家属院的人都难以忍受，矛盾就这样产生了。有的人直接找上门去提意见，结果闹得不欢而散，小女孩依然我行我素。大家私下里议论纷纷，有年轻人发了狠话，干脆一家买一个铜锣，到午休的时候一齐敲，看谁斗得过谁。几家人还真那样做了。结果合计的几家人，终于让那个小女孩停止了拉提琴。但从那以后，小女孩见了邻居，更是如同见了仇敌一样。小女孩认为，自己不能再拉小提琴，都是他们跟自己过不去。邻里关系更是进一步恶化。

可以说，这个一方吃掉另一方的零和博弈是完全可以避免的。对于这件事，其实双方都有好几种选择。对于小女孩这一家来说，最好的选择是让女儿去培训班参加培训。稍次一点的选择是在被邻居告知后，改变女儿拉提琴的时间。最坏的选择是在被邻居告知后，不去理会。而其邻居也有如下选择：最好的选择是建议这家的家长，让小女孩学习一些有关音乐方面的知识。稍次的选择是建议他们让小女孩不要午间休息拉琴。最坏的选择是以其人之道，还治其人之身。

结果，双方的选择很令人遗憾，因为他们都选择了最坏的方案。事实证明，在很多时候，参与者在人际博弈的过程中，往往都是在不知不觉做出最不理智的选择，而这些选择都是由于人们的为一己之利所得出的结果，要么是零和博弈，要么是负和博弈，都是非合作性的对抗博弈。

如果博弈的结果是“零和”或“负和”，那么，对方得益就意味着自己受损或双方都受损，这样做的结果只能是两败俱伤。因此，为了生存，人与人之间必须学会与对方共赢，把人际关系变成一场双方得益的“正和博弈”，与对方共赢，这也是使人际关系向着更健康方向发展的做法。如何才能做到这一点呢？这要借助合作的力量。

可以说，在这个世界上，没有一个人可以不依靠他人而独立生活的，这本来就是一个需要互相扶持的社会，主动伸出友谊的手，你会发现原来四周有这么多的朋友，在人生的道路上，我们更需要和其他人互相扶持，共同成长。

因此，在发生矛盾和冲突时，如果能从对方的利益出发，能从良好的愿望出发，便能使人际交往达到互利互惠的正和博弈。也就是说，在人际交往中，要达到效益最大化，就不能以自己的意志作为和别人交往的准则，而应该在取长补短、相互谅解中达成统一，达到双赢的效果。

其实，在交际中，如果遇到与交际对象发生冲突的时候，互相之间若能为对方着想，采取一种双方合作的态度，那么，就一定能避免交际中的对抗性博弈发生。

## 人际交往的尺度——刺猬法则

“刺猬效应”来源于西方的一则寓言，说的是在寒冷的冬天里，两只刺猬要相依取暖，一开始由于距离太近，各自的刺将对方刺得鲜血淋漓，后来它们调整了姿势，相互之间拉开了适当的距离，不但互相之间能够取暖，而且很好地保护了对方。

法国总统戴高乐就是一个很会运用刺猬效应的人。他有一个座右铭：“保持一定的距离”！这也深刻地影响了他和顾问、智囊和参谋们的关系。

在他十多年的总统岁月里，他的秘书处、办公厅和私人参谋部等顾问和智囊机构，没有什么人的工作年限能超过两年以上。他对新上任的办公厅主任总是这样说："我使用你两年，正如人们不能以参谋部的工作作为自己的职业，你也不能以办公厅主任作为自己的职业。"

这就是戴高乐的规定。这一规定出于两方面原因：一是在他看来，调动是正常的，而固定是不正常的。这是受部队做法的影响，因为军队是流动的，没有始终固定在一个地方的军队。二是他不想让"这些人"变成他"离不开的人"。这表明戴高乐是个主要靠自己的思维和决断而生存的领袖，他不容许身边有永远离不开的人。只有调动，才能保持一定距离，而唯有保持一定的距离，才能保证顾问和参谋的思维和决断具有新鲜感和充满朝气，也就可以杜绝年长日久的顾问和参谋们利用总统和政府的名义营私舞弊。

戴高乐的做法是令人深思和敬佩的。没有距离感，领导决策过分依赖秘书或某几个人，容易使智囊人员干政，进而使这些人假借领导名义，谋一己之私利，最后拉领导干部下水，后果是很危险的。两相比较，还是保持一定距离的好。

刺猬法则强调的就是人际交往中的"心理距离效应"。运用到管理实践中，就是领导者如要搞好工作，应该与下属保持亲密关系，但这是"亲密有间"的关系，是一种不远不近的恰当合作关系。与下属保持心理距离，可以避免下属的防备和紧张，可以减少下属对自己的恭维、奉承、送礼、行贿等行为，可以防止与下属称兄道弟、吃喝不分。这样做既可以获得下属的尊重，又能保证在工作中不丧失原则。一个优秀的领导者和管理者，要做到"疏者密之，密者疏之"，这才是成功之道。

个人空间是相对的，它的范围的大小由交往双方的人际关系以及所处情境所决定。简单地说，合适的距离取决于你和对方的亲疏关系和所处环境。

人与人之间的距离由双方的人际关系以及所处情境决定，即你和对方是什么关系就要保持什么样的距离。人类学家爱德华·霍尔博士给出了清楚的解答，它将人际交往划分了四种区域或距离，各种距离都与双方当下的关系相称。

通用电气公司的前总裁斯通在工作中就很注意身体力行刺猬理论，尤其在对待中高层管理者上更是如此。在工作场合和待遇问题上，斯通从不吝啬对管理者们的关爱，但在工余时间，他从不要求管理人员到家做客，也从不接受他们的邀请。正是这种保持适度距离的管理，使得通用的各项业务能够芝麻开花节节高。与员工保持一定的距离，既不会使你高高在上，也不会使你与员工互相混淆身份。这是管理的一种最佳状态。距离的保持靠一定的原则来维持，这种原则对所有人都一视同仁：既可以约束领导者自己，也可以约束员工。掌握了这个原则，也就掌握了成功管理的秘诀。

每个人在和陌生人交往的过程中都要掌握“距离”的分寸，随着关系的改变调节距离，让人觉得舒服、安全，这才是友谊长久之道。

容纳意识要求我们尊重差异，容纳个性，容纳对方的缺点，谅解对方的一般过错。“水至清则无鱼，人至察则无徒”，清澈见底的水里面不会有鱼，过分挑剔的人也不会有朋友，没有容纳意识，迟早会将人际关系推向崩溃的边缘。

# 第十一章

# 篮子里的鸡蛋：理财需要与经济学亲密接触

## 如何才能惬意地生活——财务自由

小李善于持家，周围人很羡慕他。

这天，几个好朋友聚在一起，大家要小李介绍一下自己的经验。小李一点都不谦虚，说："这有什么问题？最近我刚刚发现一个既能省钱，又不影响花钱的好办法！""什么办法？"大家显得很急切，异口同声地问道。

小李说："那我就给你们举个例子吧！比如我上周在家乐福看上一条裙子，我忍住了，就把买裙子的钱省下来了。"大家不禁一片赞叹，都很钦佩她的忍功。小李又说："这周我在商场看上了一件真丝衬衫，忍住了没买，把买真丝衬衫的钱也省下来！""这是截流理财法。"旁边的一个朋友的话还没说完，小李突然间果断地说道："今天我实在忍不住了，就把不买裙子省下来的钱去买了衬衫，再用不买衬衫省下来的钱去买了裙子。"

看来，小李会持家理财，只是徒有其名。理财之路不平坦，我们不仅仅需要知难而进的精神和坚忍顽强的毅力，还需要不断地学习、探索和实践，才能让自己不被收入束缚，拥有财务自由。

美国第一理财大师苏茜·欧曼被誉为"全球最出色，最富有激情，也是最美丽的个人理财师"，也可能是身价最高的理财师——和她共进晚餐的费用是1万美元。尽管如此，人们依然趋之若鹜，因为从她那里获得的理财建议，带给你的财富可能远远不止1万美元。她被《今日美国》杂志称作是“个人理财的发电站”。这位美国个人理财权威曾经现身上海，接受了《钱周刊》的专访，对于什么是财务自由，苏茜给出了她自己的答案：

财务自由不是拥有百万、千万美元，而是感觉到自由，了解你自己和你自己所拥有的，知道即使明天因为生病或是公司裁员你丢了工作，你也不会有大麻烦，仍旧可以舒适地生活一段时间，不必发愁立即找工作。

从经济学角度来看，所谓财务自由，就是当你不工作的时候，也不必为金钱发愁，因为你有其他投资。当工作不是你养家糊口的唯一手段时，你便自由了，因而你也获得了快乐的基础，也达到了财务自由。

想达到这种财务自由，其实首先要做的就是树立理财的意识。必须使已有的钱既保值又增值，选择恰当的理财方式。现在适合个人投资理财的方式有很多种：储蓄、股票、保险、收藏、外汇、房地产等，面对如此多的理财方式，最关键的问题是要选择适合自己的理财方式。

1. 职业

有的人认为个人投资理财首先需要投入大量的时间，即如何将有限的生命进行合理的分配，以实现比较高的回报。你所从事的职业决定了你能够用于理财的时间和精力，而且在一定程度上也决定了你理财的信息来源是否及时充分，由此也就决定了你的理财方式的取舍。例如，如果你的职业要求你经常奔波来往于各地，甚至很少有时间能踏实地看一回报纸或电视，显然你选择涉足股市是不合适的，尽管所有的证券公司都能提供电话委托等快捷方便的服务，你所从事的职业也必然会影响到你的投资组合。

2. 收入

投资理财，首先要有一定的经济基础。对于一般普通家庭而言就是工资收入。你的收入多少决定了你的理财力度，那些超过自身财力，“空手道”式的理财方式不是一般人能行的。所以很多理财专家常告诫人们说将收入的1/3用于储蓄，剩余1/3用于投资生财。按此算来，你的收入就决定了这最后1/3的数量，并进而决定了你的理财选择。比如，同样是选择收藏作为理财的主要方式，但资金太少而选择收藏古玩无疑会困难重重。相反，如果以较少的资金选择投资不大、但升值潜力可观的邮票、纪念币等作为收藏对象，不仅对当前的生活不会产生影响，而且还会获得相当的收益。

3. 年龄

年龄代表着阅历，是一种无形的资产。一个人在不同的年龄阶段需要承担的责任不同，需求不同，抱负不同，承受能力也不同。所以不同年龄阶段有不同的理财方式。对于现代人而言，知识是生存和发展的基础，在人生的每一个阶段都必须考虑将一部分资金投资于教育，以获得自身更大的发展。当然，年龄相对较大的人在这方面的投资可以少些。因为年轻人未来的路还很长，偶尔的一两次失败也不用怕，还有许多机会重来，而老年人由于生理和心理方面的原因，相对而言承受风险的能力要小一些。因此，年轻人应选择风险较大、收益也较高的投资理财组合，而老年人一般应以安全性较大、收益比较稳定的投资理财组合为佳。

4. 性格

性格决定个人的兴趣爱好以及其知识面，也决定其是保守型的，还是开朗型的；是稳健型的，还是冒险型的，进而决定其适合哪种理财方式。个人理财的方式有很多种，各有其优缺点。比如，储蓄是一种传统的重要的理财方式，而国债是众多理财方式中最为稳妥的，股票的魅力在于收益大、风险也大，房地产的保值性及增值性是最为诱人的，至于保险则以将来受益而吸引人们等等。每一种投资理财方式都不可能让所有人在各个方面都得到满足，只能根据个人的性格决定。如果你是属于冒险型的，而且心理素质不错，能够做到不以股市的涨落喜忧，那么，你就可以将一部分资金投资于股票。相反，如果你自认为属于稳健型的，那么，储蓄、国债、保险以及收藏也许是你的最佳选择。

## 投资获利需要智慧而非运气——理性投资

从某种意义上来说，赌博和投资并没有严格的分界线，这两者收益都是不确定的。同样的投资工具，比如期货，你可以按照投资的方式来做，也可以按照赌博的方式来做——不做任何分析，孤注一掷；同样的赌博工具，比如赌马，你可以像通常人们所做的那样去碰运气，也可以像投资高科技产业那样去投资——基于细致的分析，按恰当的比例下注。

赌博的心态在投资中经常出现，有时候可能人们觉得投资本身就是赌博，有的人投资就能赚钱，有的人投资却总是赔钱，就认为是运气的因素。其实不然，除了运气外，还有一个因素就是理智的分析能力，很多人投资赔钱就是因为被赚钱的欲望冲昏头脑，失去理智造成的——而那些能够在投资中赚得盆盈钵满的投机商们，靠的不是运气，而是他们的投资智慧。

美国著名经济学家萨缪尔森是麻省理工学院的教授，有一次，他与一位同事掷硬币打赌，若出现的是他要的一面，他就赢得 1000 美元，若不是他要的那面，他就要付给那位同事 2000 美元。

这么听起来，这个打赌似乎很有利于萨缪尔森的同事。因为，倘若同事出资 1000 美元的话，就有一半的可能性赢得 2000 美元，不过也有一半的可能性输掉 1000 美元，可是其真实的预期收益却是 500 美元，也就是 50% ×2000+50% ×( — 1000) — 500。

不过，这位同事拒绝了："我不会跟你打赌，因为我认为 1000 美元的损失比 2000 美元的收益对我而言重要得多。可要是扔 100 次的话，我同意。"

对于萨缪尔森的同事来说，掷硬币打赌无疑是一项风险投资，不确定性很大，无异于赌博。

有人做过一个标准的掷硬币实验，结果显示，掷 10 次、100 次与 1000 次所得到正面的概率都约为 50%，不过掷 1000 次所得到正面的概率要比扔 10 次更加接近 50%。重复多次这种相互独立而且互不相关的实验，同事的风险就规避了，他就能稳定地受益。当我们在投资的时候，也要像萨缪尔森的这位同事一样，要稳扎稳打，而不要抱着赌徒的心态去冒险。

无论是巴菲特还是索罗斯，他们投资都有着自己的智慧，有着自己的投资理论，他们不是在靠运气赚钱，而是在靠智慧赚钱。投资者在投资之前必须做好以下几个准备：

第一，应该审查一下家庭和个人的经济预算。如果近期要等钱用的话，最好不要投资股票，哪怕是被认为的最优股也不宜购买。因为股票即使从长期来看是好的，但两三年内股价是升是降还很难说。只有在不等钱用的时候，或者即使损失了本钱，生活也不至于受影响的时候，才能投资。所以，投资者应有充分的银行存款足以维持一年半载的生活以及临时急用。除了购买公债没有风险外，其他投资都有风险。

第二，不应在负债的情况下投资。应将债务先偿清，或在自己还贷能力绰绰有余时再投资。因为投资的收益没有100%保障，所以投资者不宜借贷投资。

第三，在投资前应有适当的保险，如人寿保险、医疗保险、住宅保险等。

第四，投资应从小额开始，循序渐进。投资过多是大多数投资者失败的原因之一。不把所有的鸡蛋放到一个篮子里，分散投资，使投资多元化，也是规避风险的重要手段之一。

让财富增值，就需要投资，有投资就有风险。风险是由市场的变化引起的，市场的变化就像一个陷阱，会将你投入的资金吞没。变化之中，有你对供需判断的失误，也有合作方给你设置的圈套。股票市场，一不小心就会被套牢；谈判桌上，一不小心，就会受制于人；市场竞争，一不小心就会被对手挤出市场。

投资组合就是由投资人或金融机构所持有的股票、债券、衍生金融产品等组成的集合，它的目的在于分散投资风险。投资者选择适合自己的投资组合，进行理性投资，以不影响个人的正常生活为前提，把实现资本保值、增值、提升个人的生活质量作为投资的最终目的。因此，个人投资首先必须使财产、人生有一定保障，无论采取什么样的投资组合模式，无论比例大小，储蓄和保险都应该是个人投资中不可或缺的组成部分。

如果没有一定的心理素质和辨别能力，随时都有可能跌入陷阱，你必须眼观六路，耳听八方。你要不断地提升你自己，才能应对突如其来的变化，才能避开风险，走上坦途。

## 你会成为那个最大的傻瓜吗——最大笨蛋理论

1919年8月，凯恩斯借了几千英镑进行远期外汇投机。4个月后，净赚一万多英镑，这相当于他讲10年课的收入。

投机生意赚钱容易，赔钱也容易。投机者往往有这样的经历：开始那一跳往往有惊无险，钱就这样莫名其妙进了自己的腰包，飘飘然之际又倏忽掉进了万丈深渊。又过了3个月，凯恩斯把赚到的利和借来的本金亏了个精光。投机与赌博一样，往往有这样的心理：一定要把输掉的再赢回来。半年之后，凯恩斯又涉足棉花期货交易，狂赌一通大获成功，从此一发不可收拾，几乎把期货品种做了个遍。他还嫌不够刺激，又去炒股票。到1937年凯恩斯因病金盆洗手之际，他已经积攒起一生享用不完的巨额财富。与一般赌徒不同，他给后人留下了极富解释力的"赔经"——最大笨蛋理论。

"最大笨蛋理论"又称为"博傻理论"，比如说，你不知道某个股票的真实价值，但为什么你花20元去买走1股呢？因为你预期有人会花更高的价钱从你那儿把它买走，这就是凯恩斯所谓的"最大笨蛋理论"。

什么是"最大笨蛋理论"呢？凯恩斯曾举例说：从100张照片中选择你认为最漂亮的脸蛋，选中有奖，当然最终是由最高票数来决定哪张脸蛋最漂亮。你应该怎样投票呢？正确的做法不是选自已真的认为最漂亮的那张脸蛋，而是猜多数人会选谁就投她一票，哪怕她丑得不堪入目。

投机行为建立在对大众心理的猜测之上。对中外历史上不断上演的投机狂潮最有解释力的就是最大笨蛋理论：

艺术品市场中，真正的行家约占5%—10%左右，其他的购买者是无法对当前一件艺术品的价值与真伪做出合理判断的。某个艺术家的艺术作品，乃至细分到某种题材，某个时间段的艺术作品，其价值的计算与衡量，是与他作品的历史成交价与当前的市场环境紧密相关的，是与95%以上的外行人所出价格进行统计得出的一个近似的平均值有关的。当前我们所说的齐白石的虾，80多岁的虾平均价在15万左右一尺，90多岁的虾平均价在25万左右一尺，就是这么得出来的。

2005年是中国书画市场疯狂的一年，也是很多人都在赚钱的一年，投机行为占了90%以上。有一个艺术品买家送一个当代画家的作品去拍卖行拍卖，底价8万元，场上拍卖到18万的时候，这老兄20万举牌到自己手上，缴给拍卖行4万佣金。为什么？因为他相信这张画他可以卖到30万。

而回溯历史，也可发现类似事件。始于1720年的英国股票投机狂潮有这样一个插曲：一个无名氏创建了一家莫须有的公司。自始至终无人知道这是什么公司，但认购时近千名投资者争先恐后把大门挤倒。没有多少人相信它真正获利丰厚，而是预期更大的笨蛋会出现，价格会上涨，自己要赚钱。饶有意味的是，牛顿参与了这场投机，并且不幸成了最大的笨蛋。他因此感叹：“我能计算出天体运行，但人们的疯狂实在难以估计。”

投资者的目的不是犯错，而是期待一个更大的笨蛋来替代自己，并且从中得到好处。没有人想当最大笨蛋，但是不懂如何投机的投资者，往往就成为了最大笨蛋。那么，如何才能使自己在投资和投机时避免做最大的笨蛋呢？其实，只要猜对了大众的想法，也就赢得了投机。

所以，要想知道自己会不会成为最大的笨蛋，除了需要深入地认识自己外，还需要具有对别人心理的准确猜测和判断能力。

只要有钱在手，就要拿它消费，不要害怕风险。在投资时不要有任何顾虑，也许你的钱投进去了，你就赚了，但你要是总在犹豫里徘徊，把钱攥得紧紧的，那你将永远赚不到钱。只有你把钱投进去了，才可能会有更大的笨蛋出现，要是你不投钱的话，那么发财的机会就永远是别人的，你就是最大的傻瓜了。

## 神奇的财富密码——复利

西方人把国际象棋称之为“国王的游戏”。

相传国际象棋是一个古波斯的大臣所发明，国王为这个游戏的问世深为喜悦。当时该国正在与邻国交战，当战争进入对峙阶段，谁也无法战胜谁时，两国决定通过下一盘国际象棋来决定胜负。最后，发明国际象棋的这个国家赢得了战争的胜利。国王因此非常高兴，决定给大臣以奖赏。大臣就指着自己发明的棋盘对国王说：“我只想要一点微不足道的奖赏，只要陛下能在第一个格子里放一粒麦子，第二个格子增加一倍，第三个再增加一倍，直到所有的格子填满就行了。”国王轻易地就答应了他的要求：“你的要求未免也太低了吧？”

但很快国王就发现，即使将自己国库所有的粮食都给他，也不够百分之一。因为从表面上看，大臣的要求起点十分低，从一粒麦子开始，但是经过很多次的翻倍，就迅速变成庞大的天文数字。

这就是复利的魔力。

复利也称利上加利，是指一笔存款或者投资获得回报之后，再连本带利进行新一轮投资的方法。复利现值是指在计算复利的情况下，要达到未来某一特定的资金金额，现在必须投入的本金。

复利不是数字游戏，而是告诉我们有关投资和收益的哲理。在人生中，追求财富的过程，不是短跑，也不是马拉松式的长跑，而是在更长甚至数十年的时间跨度上所进行的耐力比赛。只要坚持追求复利的原则，即使起步的资金不太大，也能因为足够的耐心加上稳定的“小利”而很漂亮地赢得这场比赛。

据说曾经有人问爱因斯坦：“世界上最强大的力量是什么？”他的回答不是原子弹爆炸的威力，而是“复利”；著名的罗斯柴尔德金融帝国创立人梅尔更是夸张地称许复利是世界上的第八大奇迹。

那么我们有必要了解一下复利与单利的区别。无论从事何种行业，生活中总会遇到一些存款和借款的情况，因此学会计算利息是很有必要的。利率通常有两种计算方法，单利和复利。

单利的计算方法简单，借入者的利息负担比较轻，它是指在计算利息额时，只按本金计算利息，而不将利息额加入本金进行重复计算的方法。如果用 I 代表利息额，P 代表本金，r 代表利息率，n 代表借贷时间，S 代表本金和利息之和。那么其计算公式为：

$$I=P\times r\times n$$

$$S=P\times(1+r\times n)$$

例如某银行向某企业提供一笔为期 5 年、年利率为 10% 的 200 万元货款，则到期时该企业应付利息为：

$$I=P\times r\times n$$
$$=200\times 10\%\times 5$$
$$=100（万元）$$

本金和利息为：

$$S=P\times(1+r\times n)$$
$$=200\times(1+10\%\times 5)$$
$$=300（万元）$$

复利是指将本金计算出的利息额再计入本金，重新计算利息的方法。这种方法比较复杂，借入者的利息负担也比较重，但考虑了资金的时间价值因素，保护了贷出者的利益，有利于使用资金的效率。复利计算的公式为：

$$I=P\times[(1+r)^n-1]$$

$$S=P\times(1+r)^n$$

若前例中的条件不变，按复利计算该企业到期时应付利息为：

$$I=P\times[(1+r)^n-1]$$

$$=200\times[(1+10\%)^5-1]$$

$$=122.102（万元）$$

$$S=P\times(1+r)^n$$

$$=200\times(1+10\%)^5$$

$$=322.102（万元）$$

由此可见，和复利相对应的单利只根据本金算利，没有利滚利的过程，但这两种方式所带来的利益差别一般人却容易忽略。假如投入 1 万元，每一年收益率能达到 28%，57 年后复利所得为 129 亿元。可是，若是单利，28% 的收益率，57 年的时间，却只能带来区区 16.96 万元。这就是复利和单利的巨大差距。

我们完全可以把复利应用到自己的投资理财活动中。假设你现在投资 1 万元，通过你的运作每年能赚 15%，那么，连续 20 年，最后连本带利变成了 163665 元了，想必你看到这个数字后感觉很不满意吧？但是连续 30 年，总额就变成了 662117 元了，如果连续 40 年的话，总额又是多少呢？答案或许会让你目瞪口呆，是 2678635 元，也就是说一个 25 岁的年轻人，投资 1 万元，每年赢利 15%，到 65 岁时，就能获得 200 多万元的回报。当然，市场有景气和不景气之分，每年都挣 15% 难以做到，但这里说的收益率是个平均数，如果你有足够的耐心，再加上合理的投资，这个回报率是有可能做到的。

因此，在复利模式下，一项投资所坚持的时间越长，带来的回报就越高。在最初的一段时间内，得到的回报也许不理想，但只要将这些利润进行再投资，那么你的资金就会像滚雪球一样，变得越来越大。经过年复一年的积累，你的资金就可以攀登上一个新台阶，这时候你已经在新的层次上进行自己的投资了，你每年的资金回报也已远远超出了最初的投资。

当然，复利的巨大作用也会从投资者的操作水平中体现出来。因为，为了抵御市场风险，实现第一年的赢利，投资者必须研究市场信息，积累相关的知识和经验，掌握一定的投资技巧。在这个过程中，需要克服一些困难，但投资者也会养成一定的思维和行为习惯。在接下来的一年里，投资者过去的知识、经验和习惯会自然地发挥作用，并且又会在原来的基础上使自己有一个提高。这样坚持下来，使投资者越来越善于管理自己的资产，进行更熟练的投资，这是在实现个人投资能力的“复利式”增长。投资理财能力的持续增长，使投资者有可能保持甚至提高相应的投资收益率。

## 股市没有带头大哥——股票投资

早在2007年6月，一个名为“带头大哥777”的荐股博客迅速蹿红。“我要是天下第二，没有人敢自称天下第一”，“我的预测准确率超过90%”，这些是“带头大哥”的宣言。

他自2007年2月以来，开始在网上设群传授股票经验，因其自称对股票预测准确率超过90%，又自诩为“散户的保护神”。因此许多人通过缴费方式申请加入了“带头大哥777”的QQ群。股民缴费最少的每人每年3000元，最多的竟达3万多元。“黄金群是1.3万一年，铂金群2.7万一年，白金群3.9万一年。”

“带头大哥777”真名为王秀杰，他喜欢把777作为自己的幸运数字缀在自己的绰号“带头大哥”后面。然而，疯狂追捧“带头大哥777”的股民万万没有想到，在司法机关的调查下，王秀杰非法敛财的真实目的终于浮出水面，即先在博客上编造“辉煌”的过去，然后再利用QQ群最终谋取利益。

“不论他是‘带头大哥777’还是‘带头大哥888’，我以后都不会再相信了。”受到诓骗的某散户小吴认为，那些收费的荐股博客和QQ群就是为了收费赢利，推荐的股票根本就不准。

此前，小吴不但曾经加入过“带头大哥777”的以收费为目的荐股QQ群，而且在“带头大哥777”入狱之后，她还加入过其他几个以收费为目的荐股 QQ 群。虽然花费了一万余元，但是最后不但没有跟着这些所谓的专家赚到什么钱，反而亏损超过 30%。

“当时宁可交费加入这些 QQ 群，不就是为了在股市中赚点钱吗？谁成想是‘偷鸡不成蚀把米’，最后不但白交了不少会员费，自己的操作也弄得一塌糊涂。”小吴说，“带头大哥”们真的不可信，以后再也不能信了。”

股市上很多被奉为“股神”的人，貌似有着各种传奇经历。但实际上，都是他们杜撰的故事。等他在股市中走红后，他的身后就有成千上万的散户崇拜者，赚散户的钱才是他们唯一的目的。

股票投资是指企业或个人用积累起来的货币购买股票，借以获得收益的行为。股票投资具有高风险、高收益的特点。

股票在交易市场上作为交易对象，同商品一样，有自己的市场行情和市场价格。由于股票价格要受到诸如公司经营状况、供求关系、银行利率、大众心理等多种因素的影响，其波动有很大的不确定性。正是这种不确定性，有可能使股票投资者遭受损失。价格波动的不确定性越大，投资风险也越大。

进行股票投资首先要对股票进行分析。股票是股份有限公司在筹集资本时向出资人发行的股份凭证，代表着其持有者（即股东）对股份公司的所有权。这种所有权是一种综合权利，如参加股东大会、投票表决、参与公司的重大决策、收取股息或分享红利等。每个股东所拥有的公司所有权份额的大小，取决于其持有的股票数量占公司总股本的比重。股票一般可以通过买卖方式有偿转让，股东能通过股票转让收回其投资，但不能要求公司返还其出资。

股票投资是一种重要的投资方式。经常说投资要谨慎，但并不意味着要投资名气大的公司股票。2008 年中石油回归内地，不少人购买中石油股票，结果使众多股民遭受重大损失。在这方面我们应该向巴菲特学习。

2008 年的世界首富是人称“股神”的沃伦·巴菲特。2001 年他斥资 23 亿元买进 1.4 ～ 1.6 港元之间的中石油。此后一直到 2006 年，他持有了 5 年中石油的股票。到 2007 年，中石油要回归中国内地发行 A 股，当所有人都看好中石油的时候，巴菲特却在香港股市上分批抛出了自己手上所有的中石油股票，卖价在 12 ~ 14 港元之间，这一笔就赚了几百亿港币。当他卖完股票，中石油股票仍然暴涨。结果中石油回归中国内地股市后，香港中石油股价也随之直线下跌了。

股市上有句谚语："不要告诉我什么价位买，只要告诉我买卖的时机，就会赚大钱。"因此，对于股票投资者来说，选择买入时机是非常重要的。买入时机因投资时期长短、资金多少等因素有所不同，但也是有规律可循的。

1. 当坏消息如利空消息等传来时，投资者由于心理作用，股价下跌得比消息本身还厉害时，是买进的良好时机。

2. 股市下跌一段时间后，长期处于低潮阶段，但已无太大下跌之势，而成交量突然增加时，是逢低买进的佳时。

3. 股市处于盘整阶段，不少股票均有明显的高档压力点及低档支撑点可寻求，在股价不能突破支撑线时购进，在压力线价位卖出，可赚短线之利。

4. 企业投入大量资金用于扩大规模时，企业利润下降，同时项目建设中不可避免地会有问题发生，从而导致很多投资者对该股票兴趣减弱，股价下跌，这是购进这一股票的良好时机。

5. 资本密集型企业，采用了先进生产技术，生产率大大提高，从而利润大大提高的时候，是购买该上市股票的有效时机。

在确定何时买股票之前，选买点的重点是选择止损点。即在你进场之前，你必须很清楚若股票的运动和你的预期不合，你必须在何点止损离场。

股市大起大落对于短线操作既是个危机，又是个机会。只要保持清醒的头脑，盯住绩优股，抓住机会进场，确定自己的止损点，就能减少自己的投资风险而获利。一般，购入某股票后，该股的支撑线或 10% 左右的参考点，即可设为一个止损点。如果股价上扬，则可随时将止损点往上移。

确定股票的止损点，换句话说，你在投资做生意时，不要老是想你要赚多少钱，首先应该清楚自己能亏得起多少。有些人以 10% 的数量做止损基数，即 10 元进的股票，以 9 元做止损点。有些人将止损点定在支撑线稍下。有些人定 20% 的止损额。还有其他各种方法。无论什么方法，你必须有个止损点，这个止损点不应超出投资额的 20%。请投资者牢记，否则一切的股票操作技巧都是空的。

## 一场风险与利润的战争——期货投资

吴先生在期货市场泡了十多年，金融风暴这波大行情，让他的资金一下从 60 万元暴涨至 1000 万元。

吴先生专门从事农产品期货市场研究，也从未间断亲自操盘投资。多年进行农产品研究，让吴先生本人坚信国家会不惜一切保护农民利益。他预测，国家一定会大量收储大豆，而且会提高收购价。2008 年 10 月，国家收储大豆 150 万吨，收购价高于期货价。当时市场上还有人不相信这是真的。吴先生预测国家还会收储，还会提高收储价，他给许多朋友讲，有些朋友还不相信。

吴先生从大豆每吨 3000 元时开始建多头仓单，之后一直看“多”。2008 年 12 月底，国家再次收储大豆 150 万吨，2009 年 1 月，国家第三次收储大豆 300 万吨。大豆价格一路攀升，春节过后，吴先生平仓时已经赚了一倍多。

依据同样的判断和分析，采用同样的模式，2008 年 12 月底，他从每吨 2800 元开始做多白糖，直到春节过后，白糖涨到每吨 3100 元时平仓，又赚了一把。

在风险和利润的战争中，期货令无数人悲喜不已。

期货的含义是：交易双方不必在买卖发生的初期就交收实货，而是共同约定在未来的某一时候交收实货，因此中国人就称其为期货。一般指期货合约，就是指由期货交易所统一制定的、规定在将来某一特定的时间和地点交割一定数量标的物的标准化合约。这个标的物，即对期货合约所对应的现货，可以是某种商品，如铜或原油，也可以是某个金融工具，如外汇、债券，还可以是某个金融指标，如三个月同业拆借利率或股票指数。

为什么要这样呢？因为卖家判断他手中的商品在某个时候价格会达到最高，于是选择在那个时候卖出，获得最大利润。简单来说，期货的赚钱方法简单来说就是赚取买卖的差价。

期货交易的特点是投资量小，利润潜力大。期货投资者一般只要投入相当于期货合约值 10% 的保证金即可成交。这是因为他们可以先订买约再订卖约，也可以先订卖约再订买约，最后买约卖约两抵，投资者结清合约的义务，故没有必要拿出相当于某一合约的商品全部价值的资金。期货投资者拿出的保证金是为了在必要时抵偿买约和卖约的商品价格差额。

举个简单的例子，期货投资人小林在 5 月份看涨豆价，于是买进一份 9 月份到期，成交价为每蒲式耳 6 元的大豆期货合约。大豆期货合约每份 5000 蒲式耳，买约值 30000 元，但小林只需付 3000 元的保证金就行了。

由于他判断准确，豆价在 7 月初涨至每蒲式耳 7.5 元。小林决定解单，即卖出一份成交价为每蒲式耳 7.5 元 9 月份到期的大豆期货合约。卖约值为 37500 元，扣去买约值 30000 元，获利 7500 元。小林原来 3000 元的投资翻了一番多。

由于期货合约有统一规格，买卖双方不必直接打交道，而是通过期货合约清算所成交，故一纸合约可以多次易手。要买时，买方和期货合约清算所订买约。要卖时，卖方与期货合约清算所订卖约。

假如投资者认为某一商品价格看跌，他可先订卖约，待到价格下跌时，再签订低价买约而牟利。如果他判断失误，商品价格非但没有下跌反而上涨，他就不得不签一高价买约而亏本。

因此，我们有必要了解一下期货套利有什么策略，在操作过程中是怎么进行套利的。

### 1. 利用股指期货合理价格进行套利

从理论上讲，只要股指期货合约实际交易价格高于或低于股指期货合约合理价格时，进行套利交易就可以赢利。但事实上，交易是需要成本的，这导致正向套利的合理价格上移，反向套利的合理价格下移，形成一个区间，在这个区间里套利不但得不到利润，反而会导致亏损，这个区间就是无套利区间。只有当期指实际交易价格高于区间上界时，正向套利才能进行；反之，当期指实际交易价格低于区间下界时，反向套利才适宜进行。

股指期货合约的合理价格我们可以表示为：$F(t,T)=s(t)+s(t)\times(r-d)\times(T-t)/365$。也就是说，涨得越高正向套利赢利空间越大，跌得越低反向套利赢利空间越大或越安全。

### 2. 利用价差进行套利

合约有效期不同的两个期货合约之间的价格差异被称为跨期价差。在任何一段时间内，理论价差的产生完全是由于两个剩余合约有效期的融资成本不同产生的。当净融资成本大于零时，期货合约的剩余有效期越长，基差值就越大，即期货价格比股指现货值高得越多。如果股指上升，两份合约的基差值就会以同样的比例增大，即价差的绝对值会变大。因此市场上存在通过卖出价差套利的机会，即卖出剩余合约有效期短的期货合约，买入剩余有效期长的期货合约。如果价格下跌，相反的推理成立。如果来自现金头寸的收入高于融资成本，期货价格将会低于股票指数值（正基差值）。如果指数上升，正基差值将会变大，那么采取相反的头寸策略将会获利。

无论商品价格上涨还是下跌，有经验的期货投资者都可以通过期货买约或卖约来牟利。期货交易是专业性强、宜由行家操作的投资。除非你已经是行家，否则切勿涉足这一高风险投资区，以免追悔莫及。由于期货买卖的损益大起大落，投资者一定要有自知之明，要量力而行。

## 别把鸡蛋放在一个篮子里——投资的组合理论

"股神"巴菲特在为他的恩师，同时也是其上一代最成功的投资大师本杰明·格雷厄姆的巨著《聪明的投资者》所作的序言中写道："要终生投资成功，不需要超高的智商、罕见的商业眼光或内线消息，需要的是做决定的健全心态架构、避免情绪侵蚀这种架构的能力。"在书中格雷厄姆也给投资者这样的忠告，即投资者应合理规划手中的投资组合。比如说50%的资金应保证25%的债券或与债券等值的投资和25%的股票投资，另外50%的资金可视股票和债券的价格变化而灵活分配其比重。当股票的盈利率高于债券时，投资者可多购买一些股票；当股票的盈利率低于债券时，投资者则应多购买债券。当然，格雷厄姆也特别提醒投资者，上述规则只有在股市牛市时才有效。一旦股市陷入熊市时，投资者必须当机立断卖掉手中所持有的大部分股票和债券，而仅保持25%的股票或债券。这25%的股票和债券是为了以后股市发生转向时所预留的准备。

在面对不可预知的金融投资风险时，建立组合投资计划，通过减少"可分散风险”，从而间接地提高了预期收益。

组合投资有三句箴言：“不要把所有的鸡蛋放在同一个篮子里”，即组合投资并不意味着把钱过度分散，过度分散反而会降低投资收益；“把鸡蛋放在不同类型的篮子里”，不同类型的篮子是指相关系数低的投资产品，例如股票基金与债券基金各买一些，这样的组合才能发挥组合投资的优势。

美国经济学家马科维茨 1952 年首次提出投资组合理论，并进行了系统、深入和卓有成效的研究。他认为，风险为整个投资过程的重心，一项投资计划若没有风险，困难将不存在，但利润亦相应低微。风险意味着可能发生的事较预期发生的更多！我们并不期待居住的楼宇发生火灾，但火灾可能发生，为了避免这种可能损失，只有买保险；同理，我们不希望所持的股票跌价，然而它可能下跌，因此我们不把所有资金购买一种股票，即使它看起来前景那么美好。马科维茨用资本资产定价模型来解答投资者如何在风险和收益之间做出取舍，即如何建立一个风险和报酬均衡的投资组合。

人们进行投资，本质上是在不确定性的收益和风险中进行选择。投资组合理论用均值一方差来刻画这两个关键因素。所谓均值，是指投资组合的期望收益率，它是单只证券的期望收益率的加权平均，权重为相应的投资比例。用均值来衡量投资组合的一般收益率。所谓方差，是指投资组合的收益率的方差。我们把收益率的标准差称为波动率，它刻画了投资组合的风险。

由于投资者类型和投资目标不同，我们合理选择投资组合时可以选择下面三种基本模式：

1. 冒险速进型投资组合

这一投资组合模式适用于那些收入颇丰、资金实力雄厚、没有后顾之忧的个人投资者。其特点是风险和收益水平都很高，投机的成分比较重。

这种组合模式呈现出一个倒金字塔形结构，各种投资在资金比例分配上大约为：储蓄、外汇、房地产等投资为 50% 左右。

投资者要慎重采用这种模式，在作出投资决定之前，首先要正确估计出自己承受风险的能力（无论是经济能力，还是心理承受能力）。对于高薪阶层来说，家庭财富比较殷实，每月收入远远高于支出，那么，将手中的闲散资金用于进行高风险、高收益组合投资，更能见效。由于这类投资者收入较高，即使偶有损失，也容易弥补。

2. 稳中求进型投资组合

这一类投资组合模式适用于中等以上收入、有较大风险承受能力、不满足于只是获取平均收益的投资者，他们与保守安全型投资者相比，更希望个人财富能迅速增长。

这种投资组合模式呈现出一种锤形组织结构。各种投资的资金分配比例大约为：储蓄、保险投资为 40% 左右，债券投资为 20% 左右，基金、股票为 20% 左右，其他投资为 20% 左右。

这一投资模式适合以下两个年龄段的人群：从结婚到 35 岁期间，这个年龄段的人精力充沛，收入增长快，即使跌倒了，也容易爬起来，很适合采用这种投资组合模式；45 ～ 50 岁之间，这个年龄阶段的人，孩子成年了，家庭负担减轻且家庭略有储蓄，也可以采用这种模式。

3. 保守安全型投资组合

这一类投资组合模式适用于收入不高，追求资金安全的投资者。

保守安全型投资组合市场风险较低，投资收益十分稳定。

保守安全型的投资组合模式呈现出一个正金字塔形结构。各种投资的资金分配比例关系大约为：储蓄、保险投资为 70%（储蓄占 60%，保险 10%）左右，债券投资为 20% 左右，其他投资为 10% 左右。保险和储蓄这两种收益平稳风险极小的投资工具构成了稳固、坚实的塔基，即使其他方面的投资失败，也不会危及个人的正常生活，而且不能收回本金的可能性较小。

# 第十二章

# 几斤几两的男女：你为自己的婚恋估算过市值吗

## 各取所需的市场交易——婚恋经济学

袁珠是某著名外国语学院德语系毕业的高才生，毕业后在外资企业工作。袁珠相貌出众，经常精心打扮地出现在周末各类的小资派对或沙龙，以便有更多机会认识优秀的男人。这样的女孩对自己的婚姻当然有非常精明的如意算盘。

在朋友的介绍下，袁珠结识了在中国工作的德国商人保罗。虽然保罗已经36岁，并且有一次离异的经历，但是德国人的严谨个性和优秀的个人条件，以及袁珠对国外生活的向往促成了她的跨国婚姻。婚后，袁珠留在德国，而保罗的事业重心在中国，于是，两个人开始了异地分居的生活。

袁珠知道丈夫作为一个单身男人，在中国时常会和一些女人有着短暂的暧昧关系。但是她同时也明白，保罗是一个理智的成年男人，所以这些对她稳定的生活并不构成威胁。而袁珠自己，除了细心地照顾孩子之外，还时常参加一些附近的邻居组织的活动，遇到优秀的男人，也不介意偶尔地有节制地约会。她觉得自己完全得到了当初想要的生活。而保罗需要的，也正是一个像她这样的既漂亮又有学识，而且对他保持着很宽松的环境的妻子。他们都了解自己真正要的是什么，于是达成了一种默契……

这是典型的各取所需的婚姻“买卖”，买方需要的是一个理解自己的优秀女人，卖方需要的是优越的生活环境。虽然有时候看起来太过于赤裸裸，但是买卖双方事先划分了权利、义务，只要双方不越界，和平相处，也不失为一种平衡。

一般认为，爱情是一种只讲奉献，不讲索取的非功利现象，但在经济学的视野里，爱情不过是一场双方各取所需的交易。1992年的诺贝尔经济学奖获得者贝克尔说：“由于男人和女人为寻找配偶而竞争，所以可以假定婚姻中存在一种市场。”

婚姻是两个单个的经济自由体的结合，在这对消费品与客户的互相合作中，男女双方本身同时作为商品存在。交易的内容是对方的性别差异、物质金钱、权力名声、容貌才气等。爱情不会平白无故地产生，人们在寻找对象之前，总会有意识或无意识地依赖一种择偶标准，身体条件、社会条件和物质条件如何。身体条件主要包括年龄、身高、容貌、健康等，社会条件主要包括学历、地位、家庭背景等，物质条件主要包括收入、财产、职业等。在这些变量中，身体条件是随年龄增长而递减的。社会条件和物质条件的增减是可以凭经验进行预期的。学历、地位、家庭背景的高低好坏以及收入、财产、职业等，预示着将来家庭收入及精神生活质量的好坏，即婚姻效用的大小。一般来说，男子对女方的选择较为重视容貌，因为男人自信有能力养活对方，而容貌能够给自己带来心理的满足，还具有正面的外部性（别人看着顺眼）。女人则更看重男方的社会条件和物质条件，女人因其先天的生理构造，在社会生产生活中处于弱势，比较重视婚后的物质支撑。

在以上诸要素中，综合得分最高者，就成了抢手的商品，如“钻石王老五”。但我们必须看到，每一个要素都是可变量，有的人很有钱，他（她）可能就不是太在乎对方的物质条件，而会把对方的社会地位和年龄、容貌等当成重要的参数。有的人缺钱，就会把钱看得很重要，这就可以解释一些年轻美女傍大款的现象了，其实就是各得其所。理性的人总是在自身客观条件的约束下选择合适的对象以实现婚姻效用的最大化。

婚姻是一种交易。从找对象到结婚的过程就是一个寻找目标市场、考察双方需求、认同商品交换条件直到签订交换契约的过程。选择结婚和选择单身都是人们在成本与收益间权衡的一种理性的选择，结婚的目的在于希望从婚姻中获取最大效用。

夫妻婚姻生活能不能保持稳定，主要是在交换价值上能不能对等。从经济学角度来看，婚姻生活就是"交换"，即双方的付出和得到的交换。如果有一方付出和得到极不平衡，心理很容易倾斜，久而久之，婚姻就会出现裂痕。

拿离婚来说，我们常常看到，总有一方认为自己的付出与回报不成正比。女方认为，我起早贪黑，为了孩子，操持家务，你挣钱多就夜不归宿、拈花惹草，没有一点良心。男方则认为，我比你挣得多，偶尔花心一下，也没什么可大惊小怪的。实际上，这本身就是经济学的一个命题。女方收入少，但会花费很多时间和精力在家务劳动上，而这部分劳动本身就是机会成本，是有经济价值的，可以折算成金钱。而男方之所以有些"牛气"，恰恰忽略了女方这部分经济价值，因此"偶尔花心一下"不仅不觉有愧，还满不在乎。

婚姻就是一个各取所需的市场，也是一个相互满足的市场，至于结局是幸福还是悲剧，取决于你的需求和供给，更取决于你的态度。一味地向对方索取，在对方身上寻找能满足自己需求的地方，而吝啬自己的付出，是很难达到这种"市场均衡"的。爱情的维持需要双方的奉献与互助，这样才会使得婚姻更稳固、更幸福。

## 裸婚时代的困惑——爱情与物质

鲁迅先生的《伤逝》讲述的是五四时期两个年轻知识分子涓生和子君的爱情故事。他们冲破封建礼教、追求恋爱自由和个性解放，最后却以悲剧收场。

涓生和子君之间的感情深厚，但是到最后他们那朵美丽的爱情花朵悄然凋落。除了社会压迫和他们个人性格特点的缺陷之外，生活的困顿拮据：衣食问题、住房问题，不时撞击着他们爱情的幻梦，使他们失去了斗志。

因经济困顿，涓生和子君那轻松自如的心境没有了，当涓生被局里开除了的时候，子君的第一反应是："无畏的子君也变了颜色。"涓生也只有忙碌在那求生的道路上，以前的那些轻松心情没有了，他忙碌在那抄抄写写的工作中，由此也和子君产生了矛盾。涓生要一个安静的环境去工作，而子君也为了生活上的一点琐碎的事情和生活上的拮据而同邻居争论不休，致使涓生有了那样一种感觉："天气的冷和神情的冷，逼迫我不能在家庭中安身。"

在窘迫的生活状态下，爱情还会长久吗？

这部小说至少说明了一个道理，爱情的基础是物质，尤其在经济学家的眼里，爱情必须建立在一定的经济基础之上。我国有"米面夫妻"的说法，也是说夫妻关系首先建立在物质的基础上。虽然不敢说没有面包就没有爱情，但是没有面包的爱情是难以维持的，美满的爱情是建立在一定的经济基础上的，就像一朵美丽的花朵需要阳光和雨露一样。

涓生和子君都是实实在在的经济人，他们并非不食人间烟火，他们的爱情是建立在物质基础上。作为理性经济人，他们首先追求个人物质生活的满足。爱情是一种心理感觉，而这种感觉不能建立在"空中楼阁"上，它需要物质来支撑。这种支撑会使爱情变得更实在、更牢固，也更持久；相反，如果只是纯粹浪漫的爱情，一旦遇到现实问题，可能就会不堪一击。

裸婚，是一种时尚的热潮，即不买房、不买车、不办婚礼、不买婚戒、不度蜜月，凭着两颗热切的心，带着对爱情及婚姻美好的愿望，徒手冲进了围城。

裸婚的原因肯定有很多，比如最直接的：缺钱。没有钱，谈什么房子车子蜜月？愿意裸婚的情侣，最大的原因当然是爱情。只要彼此相守、彼此扶持，即使没有令人羡慕的婚礼，没有闪闪发亮的钻戒，没有装修华美的房子，那也不成问题。因为那些"身外之物"可以两个人一起慢慢奋斗得到。

宁愿没有物质也要结婚的女人似乎格外值得尊敬。裸婚，似乎是女方"下嫁"，甚至可以说是女方对真爱的牺牲。然而，裸婚是需要勇气的，在被爱情冲昏头脑前，一定要想清楚：裸婚，日子会过得不容易，一天、一年也许可以有情饮水饱，但十年后呢？你还能坚守吗？将来会后悔吗？

一个家庭，没有了物质财富的维系与填补，再相爱的两个人也会出现矛盾与纠葛，常常会为了钱财的问题而争执不休。一些经不起考验的爱情常常就在不富有的物质基础上失去了生机。因此，在爱情中注入对经济的考虑，是无可厚非的。

时代在变化，爱情的观念也悄然地发生着改变。在经济意识已经深入骨髓的今天，越来越多的人相信，没有面包的爱情难以幸福，爱情和浪漫也要有坚实的物质基础。在给女方介绍对象时，我们经常可以听到这样的语句："他月薪多少？有车没？有房没？"在实际选择爱情的过程中，又有多少人完全不考虑双方的物质基础？

很多父母尤其是女孩的父母都希望子女婚姻幸福，其中很大的成分就要考虑对方的物质条件，这虽然有碍爱情的高尚性，但是面对婚后的生活，物质的基础又让人们在一面歌唱爱情的高尚的同时又不得不顾及爱的现实，这就是爱情的虚伪性最真实的表现。

如今，女人傍大款和男人找富婆的现象已屡见不鲜，这样做无非是想让自己的物质起点高一些。很多人认为将恋爱婚姻与经济挂钩，爱情显得庸俗化，也有人认为这是道德滑坡。但是从经济学的角度看，这是符合人性的。

当然，现实是复杂的，决定爱情的因素也是多方面的。物质并不是唯一的条件，但我们更应该从经济学的角度对爱情与物质的关系有一定的认识与了解，这样一定会有利于对爱情的抉择。能找寻到一份建立在物质基础上的浪漫爱情，不是更好吗？

## 不以结婚为目的，不一定是要流氓——同居现象

一天，某经济学带着一名年轻女子到珠宝店买戒指。两人挑选得非常仔细，就像要举行什么盛大的仪式一般。在女子挑了一颗明亮的钻戒后，经济学家去付账。

店员小姐微笑着对经济学家说："您是同那位小姐来挑婚戒的吧？

恭喜您了。”经济学家听了，摇了摇头，说：“不，我们不过是庆祝同居一周年。”店员小姐很疑惑，又问道：“可是，您既然愿意为她买戒指，为什么不同她结婚呢？”

经济学家苦笑着说：“因为，我不愿意为她花更多的钱。和她结婚的成本可要比同居的成本高多了。”

经济学家的说辞，恰恰反映现在很多人的心声。如今，同居早已是一种普遍的现象，人们也见怪不怪，甚至还将它看做一种现代人的时尚和潮流。但凡青年男女相恋，两情相悦，用不了多久就会像夫妻一样生活在一起。尽管这种现象在许多老人眼中看来非常不可思议，但不可否认的是，同居者越来越多。

为什么人们要选择同居？西方经济学家对此解释说，很重要的一个原因就是结婚成本太高。爱情这种纯粹精神的东西越来越抵挡不住物质财富的冲击。人们的生活条件和过去截然不同了，购买房产要按揭贷款，布置新房要添置家具，结婚之后要赡养双方父母和养育孩子。林林总总，琐碎的事情让人们发觉，一结婚就要付出无数的精力和成本。尤其是过早结婚带给人们的难题越来越多，而外部世界的诱惑也越来越多，夫妻在生活中面临的变数越来越大。

有很多人开始害怕结婚，但又想享受婚姻生活带来的一切乐趣与好处。于是，他们就想到了同居。

其次，离婚的成本也很高。不要以为两个人觉得不合适，就可以很轻松地离婚。结婚不单单是两个个体的联姻，还是两个家庭的结合。当夫妻这个家庭破裂时，首先损失掉的就是几个家庭中的感情联系，之前的感情投入——无私的关爱、心疼都等于白费。尤其是在投入了人生不短的一段时间来熟悉和对待对方后，一旦离婚，过去的都成了竹篮打水。还有，离婚要涉及财产和孩子的费用问题。一旦离婚，双方的共同财产被分割，财富就会少掉一半，而孩子的抚养费用也成为不可忽略的重要支出。况且，离婚带来的精神压力、健康压力亦需要人们掏腰包来解决。

从某种意义上看，同居很像一张信用卡。有的年轻人想利用它进行婚姻的提前消费，就如“试婚”一样。他们通过同居来了解彼此，再进一步形成对夫妻生活的尝试。

老张夫妇俩是出了名的实在人，待人厚道，处世周全。一次，他们上大学的儿子放暑假回来，竟带了个女孩子回来。家中拥挤，老张夫妻正愁不知如何安顿，这时女孩子却说："我和他住一起就行，不必麻烦了。"夫妻二人听了，觉得不妥，可也没说什么。第二天早上，母亲一起床就将儿子拉到一边说："将来可要对人家女同学负责任啊！"然后又说了一大堆劝导的话。女孩子从房间里出来，恰巧听到了，笑了起来，又回了房间。

第二年，老张夫妻早早就为儿子和女孩准备好了衣食，想好好招待一下女孩，谁知，这回只是儿子一个人回来了。

夫妻俩大吃一惊，问儿子那个女孩怎么没来，是不是换了女朋友，去年那个女孩不是挺好吗？都住在一起了，怎么这么不负责任？儿子竟然说："是她甩的我！她又找了比我更好的对象。"

两夫妻愕然，无言。

时下，同居就成了许多人眼中一个能规避婚姻重大责任和压力的"理性"选择。这些人相信，它使相爱的人不再分开，避免了孤独，也就避开了单身的缺点。

尤其是对再婚的男女来说，他们之间本身就很难再建立起彼此的信任和对婚姻的依赖，遇到生活中的困扰和问题也多，不成功的比例往往比初婚还高，此时选择同居就可以给彼此一个回旋的余地。

不知是谁先说起可以不用考虑承诺是否能实现，合则聚，不合则散——同居者的心态就是这样，他们以为就算哪天觉得不适合，也可以随时下"贼船"，甩甩衣袖一走了之。亦如徐志摩的那首诗——"轻轻的我走了，正如我轻轻的来；我挥一挥衣袖，不带走一片云彩。"

## 为什么"小三"越来越多——婚外情

有一则柏拉图与苏格拉底关于"外遇"的对话很有意思。

有一天，柏拉图问老师苏格拉底什么是"外遇"。苏格拉底叫他到树林走一趟，可以来回走，在途中要取一枝最好看的花。柏拉图充满信心地出去了。两小时后，他精神抖擞地带回了一枝颜色艳丽但稍稍蔫掉的花。苏格拉底问他："这就是你选的最好的花吗？"柏拉图回答老师："我找了两小时，发觉这是盛开得最美丽的花，但我采下带回来的路上，它就逐渐枯萎下来。"这时，苏格拉底告诉他："那就是外遇。"

这段故事是否可以让蠢蠢欲动的男人们明白"外遇是诱惑的。它也犹如一道闪电，虽照亮，但稍纵即逝。而且，追不上，留不住？"

对现在的国人而言，"婚外情"已不是什么新鲜事，有一家侦探公司这样说："婚外情最泛滥的城市是上海，深圳紧跟其后。深圳是一个移民城市，很多人只身闯荡，没有亲人可以倾诉，经常感到空虚，很容易依赖别人。私企老板、公务员等职业最容易发生婚外情，女白领兼职当第三者也并非个别案例。"

所谓的小三，就是互联网流行起来的一个词，是对"第三者"的贬称。不管怎么说，第三者插足总是不光彩的，但是为何越来越多的人喜欢做这种不光彩的事情？

婚姻就是一种契约，小三行为是对婚姻所有者权利的一种侵犯。婚姻就意味着两个人彼此可以享有垄断权利，从而排斥第三方来分享。道理很简单，一个女人有权利要求自己丈夫和自己同居，并且可以禁止自己的丈夫和其他女人同居。小三行为就是无视这种契约的存在，从而对人家的婚姻进行破坏。为何中国很多女人却是喜欢做人家小三，难道仅仅是因为爱情而让自己失去理智吗？不可否认，确实有女性仅仅出于感情因素而做了人家的小三，其实，很多女性之所以选择做小三，无非就看上已婚人士的财富。

如今社会上有些人把金钱看得很重，这本身并没有错，但是有一些女人把这种希望寄托在老公身上，而不是通过个人奋斗去争取。有些人，希望自己过着富有生活，希望自己开奔驰宝马，拎 LV 包，住豪宅。但是却没有脚踏实地去奋斗，而是希望能够认识一个有钱人，看看自己能否让某个大款看上，从而过着无忧无虑的生活。

以经济学来分析婚外情市场，"小三"越来越多，并不完全是女人的问题。男人为了追求激情，为了获得快感，更为了体现他们成功的价值，在婚外情的市场角逐，对于他们来讲，利益的最大化就是占有，不断地占有稀缺的优秀女性。一个社会无论有多少资源，相对于人们的无限欲望而言，总是有限的。家花再美，难敌外来神秘诱惑。

其实，造成小三越来越多，这和个人价值取向有很大关系，当然社会因素也占一定的原因。

## 21世纪了为何还流行门当户对——帕累托最优

一位商人生了个女儿叫叶限。一天，叶限捉到一条金鱼。她将金鱼放养到后院的水池里。可惜，没几天，心狠的后妈趁叶限不注意，把金鱼吃掉了。叶限知道后，非常伤心，就对着被吃剩的鱼骨头哭。这时，来了一个头发蓬松、衣衫褴褛的人，告诉她，这鱼骨头有魔力，她想要什么就向鱼骨头许愿，定能实现。

叶限随便许了个愿望，希望能有漂亮的衣服和鞋子，没想到自己眼前立刻出现了上等的衣料和金履。一次她出去玩，不小心把一只鞋子弄丢了。

半年后，这个金履被卖到了远方的陀汗国。国王辗转得到了这只金履，很想见到鞋的主人。久经寻找，终于找到了叶限。国王一见叶限，发现她十分美丽，就立即决定娶她做了王后。

不过，叶限并没有高兴多久。因为，当初国王娶她的真正目的是那块神奇的鱼骨头——他相信鱼骨头能带来无数的财富，若以娶叶限为代价，也还算合理。婚后，国王经常让叶限向鱼骨头祈求珠宝，善良的叶限感到非常苦闷，每每都会为此同国王争吵。国王却认为，有这样神奇的宝物不使用，那不是太愚蠢了！两人的争执和分歧越来越大，婚姻也变得越来越不幸福。

后来，鱼骨头也不灵验了，叶限无奈之下离开了国王。

叶限嫁给国王，摆脱贫穷，国王得到鱼骨头和美女，表面上双赢的事情，但两人都没有获得预想的幸福。在门不当户不对的婚姻中，不幸的可能性要远远大于幸福。

在经济学家眼里，婚姻若想幸福，就应当让社会中每个适龄男女都达到帕累托最优，所谓帕累托最优，是指在不使其他人境况变糟的情况下，而不可能再使另一部分人的处境变好，即达到资源的最优配置。如果一场婚姻能够使没有任何人处境变坏的情况下，至少有一个人处境变得更好，就可以被称为帕累托改进。当没有任何帕累托改进余地，就意味着现状已经达到了帕累托最优。

一般而言，如果一个社会的现状不是处在帕累托最优状态，就存在着帕累托改进的可能。

假设一男婚前的生活质量为 X，一女婚前的生活质量为 Y，婚后一起生活带来的共同所得为一个常量 m。

由于他们共同拥有双方的资源，所以婚后的每人所得分别是（X + Y + m）/2。

如果男女不门当户对，那么 X、Y 相差极大。不妨设 X = 3，Y = 9，那么婚后的各人所得为（3 + 9 + m）/2。

当 m < 6 时，婚后各人所得小于 9。此时 Y 对婚姻是不满意。

当 m = 6 时，婚后各人所得等于 9。此时 X 得到帕累托改进，Y 不变，Y 对婚姻不是很积极。

当 m > 6 时，婚后各人所得大于 9。此时 X、Y 都得到帕累托改进，皆大欢喜。

所以，两人的婚后所得至少要达到 6，才能维持稳定的婚姻。

如果是一对门当户对的人，假设 X = Y，那么，只要 m > 0，两者都能得到帕累托改进。显然，这样的婚姻最稳定。

现实中，一个富人家和一个穷人家结亲，无论是男穷女富，还是女穷男富，双方家庭在物质条件上，消费观念上，甚至看待问题的思想上，都存在着很大的差距。往往都是贫穷的那一方要被看轻，受气。当然，也有两者十分恩爱，（即双方性格、价值观等搭配程度很高）终于冲破种种差异生活在一起，比如司马相如和卓文君，但毕竟几率较低。可见，再浪漫的爱情，静下来一想，都有着成本与收益的关系。在婚姻中，只有双方都平衡了，达到一种均衡状态，婚姻才会稳固下来。

时至今日，门当户对的规则仍是适用的，事实证明这千年流传下来的观念，的确有几分道理。更确切地说，不论在哪个时代，门当户对都应当是人们对待婚姻的一种理性行为。那些不登对的婚姻——例如王子和灰姑娘幸福地在一起，更像是人们幻想的童话般不切实际。对于适婚的男女来说，与其做着难以实现的梦，不如找一个门当户对的伴侣。

## 为什么美女总要配丑男——逆向选择

有句俗话“好汉无好妻，赖汉娶个花枝女”，这正是爱情里的逆向选择：好女子嫁了比较差的男子。在大学校园里，我们也经常慨叹，一对对恋人是那么的不协调。这种结果就是逆向选择造成的。但每个人在选择自己的另一半时可不是这样，我们总是希望找到理想中的好对象，也总是喜欢把自己的优势表现得完美，以引起好女子或好男子的青睐。通常我们看到的征婚广告，都是这么介绍自己的：“年轻美貌、身体健康、才华丰富、爱好广泛，对爱情执著，对缘分珍惜。”

爱情本身也是一场交易，在当代的信息社会里，如何才能实现一宗公平的交易呢？首先需要双方的诚信，需要双方都拥有足够的共同信息，互通有无，彼此了解，因为在信息大爆炸时代，虚假信息实在太多了，只有所获的信息是真实而可靠的，买卖双方的最终决策，才可能是最好的“抉择”。有关爱情市场的逆向选择，有人曾形象地用一个例子来解释。

漂亮女孩的追慕者会这样想：这么漂亮的女孩，怎么轮得到我来追？肯定有那些比我有钱的男人，比如巴菲特去追求她，于是长叹一声，转而追求其他女孩去了。而巴菲特在华尔街上巧遇到来纽约观光的漂亮女孩之后，也颇为心仪，但是他转念一想：这么漂亮的女孩，怎么轮得到我来追？肯定有那些比我年轻的小伙子，比如比尔·盖茨去追求她。于是巴菲特长叹一声，转而与结发老妇相伴去了。

漂亮女孩去微软公司面试时，巧遇比尔·盖茨。面对如此佳人，比尔·盖茨再也不能正襟危坐了，心中一阵激动，但他转念一想：这么漂亮的女孩，怎么轮得到我来追？肯定有那些比我更强壮的阔佬，比如乔丹去追求她。于是比尔·盖茨长叹一声，埋头继续考虑他的慈善事业。

漂亮女孩去观看篮球比赛时，邂逅飞人乔丹。面对如此佳人，乔丹岂能不心乱？脑海中翻起千层浪，但他冷静下来一想：这么漂亮的女孩，怎么轮得到我来追？肯定有那些比我更英俊的小伙，或许她的同学或同事，早就已经把她追到手了，于是乔丹长叹一声，转身来个空中走步。

这就是漂亮女孩的困惑。那些想追求她的人相互之间都不能互通信息，也不了解她的尴尬处境和真实想法，结果是那些男人都根据自己的预期来决定是否要去追求她。但由于大家都预期追求漂亮女孩一定有极高的门槛，最后造成大家都退缩不前的局面。

在这个过程中，大家只观察到了女孩的美貌和自己的不足之处，而根本不知道其他任何信息。因为都相信追求漂亮女孩的代价很高，所以大家都不采取行动，最后反而是那些考虑问题简单、懵懵懂懂的普通男生追到漂亮女孩。

但事实是很多情况下，卖方知道的信息内容买方不一定知道，而买方的价格底线，卖方也不知道。甚至，卖方有时候为牟取暴利，故意隐瞒某种对自己不利的信息，而由于信息不对称，买方无法排除干扰，作出逆向选择，其利益受到损害。

在爱情婚姻市场上，当你是卖家的时候，你一定会刻意隐瞒一些对自己不利的信息，而只把那些最出彩的精华部分提供给对方。在这之前，所有的爱情都会存在“逆向选择”的问题，所以在契约达成之前，买卖双方总是想绞尽脑汁瞒骗对方。

但爱情里有时候需要故意的“逆向选择”，不是因为信息不对称，而是故意“反其道而行之”。这和穿衣服是一个道理，虽然今年流行长裙，有的人却选择一条超短裙。这时候的“逆向选择”可以避免潮流引领下的撞衫尴尬，可以凸显自己的标新立异，最大限度吸引公众眼球。爱情还是需要更多的诚实，哪怕是从经济学的角度分析，诚实也比不诚实的收益显著。

看来爱情这场交易要达到公平，还真不是一件简单的事情。

## 爱情也要常保鲜——边际效用递减

作家刘震云在《一地鸡毛》中讲述了普通市民小林的故事，小林和老婆本是大学毕业生，但结婚之后，便陷入了单位和家庭的琐事当中，正如一地鸡毛。

自从小林两口子有了孩子后，生活越来越繁杂，几次折腾搬家，老婆也变得爱唠叨了，甚至为了多接两桶水故意不关紧水龙头。小林很奇怪，当初的一个大学生什么时候变得这么市侩？

为什么结婚之前的情侣恨不得天天黏在一起，而结婚后双方却在家庭琐事当中变得陌生？我们可以用经济学来解释。

人们之所以要结婚，其目的在于从婚姻中获取最大效用。结婚给人带来的收益是十分明显的，大体上可以归纳为五个方面：

一是获得性的满足和情感的寄托。婚姻使性伴侣长期化、稳定化，使性生活安全化。二是通过男女互补，促进资源的充分利用，实现规模经济，获取规模经济效益。具有不同专业优势的、在能力与收入方面存在差别的男女，通过婚姻的形式可以使双方的收益达到最大，是一个互补双赢的方案。三是互相提供信用，协调人力资本投资的收益，比如一个人支持另一方做生意，最后实现总效用的增加。四是起到防灾保险的作用，比如印度农村流行女儿远嫁，明显具有防止农业歉收风险的功效，两家不在一个农业区，同时受灾的可能性较小。五是可以分享家庭商品增值。婚姻的某些独特效用会逐步显现出来，比如情感的寄托、家庭的福利、知识和智慧的交融、小孩带来的乐趣等等。有了那么多的好处，大多数人当然选择结婚了。

但是，大量的调查显示，现代人的离婚率在逐年上升。作家柏杨曾经说，爱情是会变的，谁要是不相信这句话，谁就得付出不相信的代价。

经济学家用效用来阐释这个问题。人们追求爱情，是因为爱情能够给人们带来效用，即生理和精神上的满足。当一个人连续消费某一种物品的时候，其边际效用是递减的。热恋中的男女，纵使爱得死去活来，但是随着彼此付出的越来越多，给对方带来的边际效用就会越来越少，到了彼此厌烦的地步，边际效用就成了负的。

结婚之前双方并不是天天见面，每一次约会都有新鲜感，效用不会递减。当结婚后天天生活在一起，效用递减也就出现了。一方面双方在一起过平淡无奇的日子，日复一日没有什么改变，从婚姻中得到的效用在递减。另一方面，是对方的品质下降了。女性结婚尤其是有了孩子之后，从内到外都忽视了“保鲜”，不再像恋爱时那样注意自己的形象了。男性在结婚后可能也会恢复自己的“本性”。天天相处，给对方带来的效用是下降的。

现代人离婚率越来越高的缘故，就是边际效用递减规律在起作用。

面对现代爱情边际效用的递减，不允许离婚显然不可能，刻意增加两个人的距离，从某种程度上来说也是不现实的，倒是鲁迅说过的那句“爱情需要时时更新”的话，对我们很有启发。现代婚姻有“七年之痒”之说，爱情消费到了一定的时候，如果不及时更新，夫妻间的爱情恐怕真的不容乐观了。

当有一天忽然发现你的爱人正在疏远你的时候，不要埋怨世风日下，而应该首先从经济学的效用入手，看看你对他（她）的边际效用是不是递减了。

# 第十三章

# 他们为何那么红：名人的经济学定律

## 贝克汉姆发型的魔力——注意力经济

世界杯是一个帅哥的舞台，英俊的外表再配上经典的发型，帅哥们想让人们不记住都难，贝克汉姆就是一个最具典型性的例子。除了一脚优美的“贝氏弧线”之外，贝克汉姆之所以如此有吸引力，他那变幻莫测的发型恐怕是其中一个至关重要的因素。

有着“万人迷”之称的贝克汉姆已不再是单纯的足球运动员，自从和维多利亚在一起之后，他正逐渐成为一个时尚界的明星，他对于时尚的敏感度和品位都在逐渐地发生变化——从文身、眉毛故意剃掉一半、莫希干头到染指甲、戴太阳镜等，不一而足，尤其是他的发型更是变化多端。

1995 年，贝克汉姆从曼联青年队升到一队，并且在 4 月 2 日首次代表曼联参加比赛，他们的对手是利兹联。那个时候的贝克汉姆一脸稚气，唯一能够代表他独特气质的便是那一头蓬松的金发和他灿烂而极具魅力的笑容。每当球队取得胜利的时候，或者他自己将球攻入对方大门的时候，小贝都会张开两臂在场上飞奔，那一头飘逸的金发就成为场上最引人注目的焦点。

1997 年，小贝认识了辣妹组合中的“时髦辣妹”维多利亚，从那时起我们就开始见到一个不一样的贝克汉姆了。那个曾经以为美国著名设计师范思哲是一个意大利球员，那个根本没有听说过 GUC-CI、阿曼尼这些世界著名品牌的贝克汉姆摇身一变，他的发型也由原来的清汤挂面变成了很有性格的莫希干头：脑袋两边剃得精光，只在中间留下两寸来宽的头发。但是球队主教练弗格森大发雷霆，斥令贝克汉姆要么留头，要么留人。于是，贝克汉姆的"莫希干"夭折。

2002 年世界杯之前，英国某赌博公司为贝克汉姆设计了 8 种发型，但他们还是不了解小贝。贝克汉姆以一个胭脂鱼的发型出现在赛场上。自从贝克汉姆到日本后，许多日本球迷纷纷模仿小贝的发型，他们理这样一个发型大约需要花费 2 ~ 3 万日元，相当于几天的工资。东京专门开了一家贝克汉姆莫希干发型设计屋，每天从上午 11 点半一直到晚上 8 点生意都相当红火。

2003 年 5 月 21 日，曼德拉在约翰内斯堡接见来访的英格兰国家队。为了这一次接见，贝克汉姆给自己设计了一个很非洲的发型——将自己的头发编成了近 20 根小辫子。而为了完成这个发型，小贝需要安静地待上 4 个小时，花费 450 英镑。

2005 年，头发变长之后，小贝就开始以马尾辫示人：有的时候是后脑上扎一个小辫子，有的时候会变成上下两个。

球星们的闪亮登场不仅仅是单纯为了吸引眼球，更多的是经济因素在作怪，因为众多的眼球中不仅仅有球迷的，还有广告商的。他们考虑更多的是经济的作用。用经济学家的话说，这是一种新的经济模式，叫做注意力经济，俗称眼球经济。

最早正式提出"注意力经济"这一概念的是美国的迈克尔·戈德海伯，他于 1997 年在美国发表了一篇题为《注意力购买者》的文章。他认为，当今社会是一个信息极大丰富甚至泛滥的社会，信息非但不是稀缺资源，相反是过剩的。相对于过剩的信息，只有一种资源是稀缺的，那就是人们的注意力。

亚里士多德曾说过：美是比任何介绍信更有力的推荐。美的东西，自然会产生更强的注意力，有注意力，就会有商机。这就是"注意力经济"日渐风靡的道理。

"注意力经济"还可以延伸为名人效应。要不然，市场上怎么会出现如此多的品牌，诸如“邓亚萍”、“李宁”、“乔丹”等。

当然，并不是所有的名人都会产生这样的效应，也不是所有的商家请了名人后都能脱胎换骨，甚至起死回生，但有一定胜过于无。

所谓注意力，从心理学上看，就是指人们关注一个主题、一个事件、一种行为和多种信息的持久程度。它有如下几个特点：一是它是不能共享，无法复制的；二是它是有限的、稀缺的；三是它有易从众的特点，受众可以相互交流、相互影响；四是注意力是可以传递的，名人广告就说明了这一点，受众的注意力可以由自己关注的名人到名人所做的广告物——产品；五是注意力产生的经济价值是间接体现。

在现代经济社会中，把注意力转化为经济价值的过程中，媒体既是注意力的主要拥有者，同时又是注意力价值的交换者，所以传媒经济就是以注意力为基础的经济。但在当今信息过剩的社会，吸引人们的注意力往往会形成一种商业价值，获得经济利益，因此在经济上，注意力往往又会成为一种经济资源。而由这种注意力所形成的经济模式，就是注意力经济。进一步说，注意力经济是指最大限度地吸引用户或消费者的注意力，通过培养潜在的消费群体，以期获得最大的未来商业利益的经济模式。在这种经济状态中，最重要的资源既不是传统意义上的货币资本，也不是信息本身，而是大众的注意力，只有大众对某种产品注意了，才有可能成为消费者，购买这种产品就要吸引大众的注意力，重要的手段之一就是视觉上的争夺。

在知识爆炸的后信息社会，注意力资源已经成为十分稀缺的经济资源，不但成为财富分配的重要砝码，最直观的反映就是明星、名人现象，而且经营注意力资源的产业如媒介、广告、体育、模特等获得迅猛发展，成为高利润的新兴产业群，注意力经济正在形成。

如今，注意力经济已经成为一种十分流行的商业模式，新兴产业的出现都不再是润物细无声，而是先打雷后下雨，在一番轰轰烈烈中登台亮相，表现出泡沫经济特征，互联网的发展就是采取这种方式登上历史舞台的。

注意力经济营造了一种新的商业环境和商业关系，它改变了市场的观念以及市场的价值分配。最明显的表现，就是我们进入一个品牌经济时代。在这样的环境下，商家更加注重公众的注意力和长期顾客的维持，关系营销、事业营销、品牌教育等新概念被引进。

这种新的商业模式使得企业越来越注重客户价值，管理的内涵日益外部化，媒介的风险日趋突出，注重客户的价值与客户关系的协调管理，引进了声誉管理和风险公关的新理念。注意力经济引发了发展战略的变革，专注化已经成为企业发展的趋势，大企业在纷纷剥离非主导业务，加强自身的核心竞争力，小企业则靠专业化和特色化获取生存的空间。

因此，注意力经济大行其道也就不值得奇怪了。

## 丁俊晖为什么不上大学——机会成本

大家知道，很多运动员都没有上大学，著名台球运动员丁俊晖就没有上大学。在这个知识经济的时代，他为什么不上大学呢？但是，他不上大学是明智的选择，因为通过比赛获得的各项奖金，加上他做广告的收入，每年的实际收入都在 1000 万元之上。可以想象，如果丁俊晖选择上大学，放弃打球的机会，他一年少收入至少 1000 万元。

这就是丁俊晖上大学的“机会成本”。一种东西的机会成本是为了得到这种东西所放弃的东西。当你做出任何决策（例如是否上大学）时，决策者都应该认识到，伴随每一种可能的行动而来的机会成本。现在，如果你也能像丁俊晖一样有一项能赚很多钱的职业，也许退学真是一个明智的选择。比尔·盖茨为了不错过计算机时代发展的黄金时机，就主动选择了退学。

因为你应该深深地认识到，你现在上大学的机会成本是很高的。一方面这是你的机会成本，另一方面花费这么大的机会成本来获得上大学的收益。所以丁俊晖是聪明的，他没有让机会白白溜走，他抓住了机遇。

面对有限的资源，为了能够得到自己想要的，人们必须选择放弃。由此看来，做出选择并不是一件容易的事，其根源在于在资源有限的情况下，有所得必有所失。鱼和熊掌不能兼得时，选择吃鱼，那么就不能吃熊掌，熊掌就是选择吃鱼的机会成本。

《艺文类聚》里描述了这样一个故事：

齐国有一个人家的女儿，有两家男子同时来求婚。东家的男子长得丑，但是很有钱；西家的男子长得俊美，但是很穷。父母一时间陷入了两难之中，不知道该如何抉择，因为无论选择哪个都会有所失。于是父母便征询女儿的意见："要你自己决定愿意嫁给谁要是难以启齿，不便明说，就以袒露一只胳膊的方式，让我们知道你的意思。"女儿便袒露出两只胳膊。父母感到奇怪，问其原因，女儿说："想在东家吃饭，在西家住宿。"

其实对于"齐女"来说，东家、西家都具有吸引力，无论选择哪个，都会造成机会成本的损失，这也就是为什么"齐女"不能做出决策的原因。

一般人头脑里的成本概念是会计成本，也就是做账用的。会计成本有几个特点：第一，会计成本是直接的成本，即实际发生的成本，跟生产和消费直接相关；第二，会计成本是已经发生的成本。但是"机会成本"却很不一样。

机会成本是一个纯粹的经济学概念。要想对备选方案的经济效益作出正确的判断与评价，必须在作决策前进行分析，将已放弃的方案可能获得的潜在收益作为被选取方案的机会成本计算在内。

举个例子来说，假如小李原来在一个政府部门上班，每年有 10 万元收入。现在，小李决定下海经营一家餐馆。每年的全部收入是 11 万，会计成本是 10 万，包括买菜、买肉、员工工资、税收和各种其他费用。他的会计利润就是：

$$11 - 10 = 1 \text{ 万}$$

但是，经济学家认为小李没有赚钱，反而赔了钱，至少赔了 9 万。因为，如果小李的时间不是用于开餐馆，而是继续在政府部门上班，他就会有 10 万元，现在他只有 1 万元，所以，他至少赔了 9 万元。

问题出在他少算了成本，不能只算买菜、买肉等的成本，为了开餐馆，他放弃的收入也是成本，而他没有算上。

机会成本的特别之处在于，在一般人看来，干什么都可以挣钱，都可能有利润；而在经济学家看来，在一定的时期内，只有做一件事情才有利润，做其他任何事情都亏损。比如一笔资金，有 1000 个项目可以投资，最多只能在一个项目上有经济利润。这意味着投资这个项目得到的收入，比做这个项目的机会成本大，也就是比所有其他项目获得的收入都大。如果还有另一个项目也有经济利润，那就意味着，这个项目的收入也大于所有其他项目的收入，包括前一个有利润的项目，这就矛盾了！

所以，只有把资金投到那个唯一产生利润的项目上去，才真正有经济利润，才是正确的决策，其他的都是错误的。这是经济学的高明之处，会计学认为任何一个项目都可能有利润，而经济学认为只有一个项目才有利润。

我们做事情必须考虑机会成本。也就是，不但要看由于做这件事我们得到了什么，更重要的是要看因为做这件事情，我们失去了什么。如果失去的比得到的还多，这件事情就不值得做。

## 甘地为什么要扔掉另一只鞋——沉没成本

一次，印度的“圣雄”甘地乘坐火车出行，当他刚刚踏上车门时，火车正好启动，他的一只鞋子不慎掉到了车门外。就在这时，甘地麻利地脱下了另一只鞋子，朝第一只鞋子的方向扔去。有人奇怪地问他为什么，甘地说道：“如果一个穷人正好从铁路旁经过，他就可以拾到一双鞋，这或许对他是个收获。”

甘地扔掉了自己的另一只鞋子，对于他们而言已经丢失的那只鞋子如同泼出去的水，他以博大的胸襟坦然面对自己的“失”。经济学中沉没成本的概念，是指已经付出且不可收回的成本。

关于“不可收回”的概念，《汉书·朱买臣传》中“覆水难收”的故事足以解释。

西汉时期有个读书人朱买臣，家境贫寒，但他仍然坚持读书。几年时间过去了，他的妻子实在受不了贫寒的生活，终于决定离开他而嫁给了一个家境比较殷实的人。

几年后，朱买臣出人头地，做了太守。当他衣锦还乡时，很多人挤在街道两旁，他的前妻也在人群中。当她看到朱买臣穿着官服、戴着官帽，威风凛凛地过来时，她不禁为以前离开他而自责，主动上前要求和朱买臣复婚。朱买臣叫随从端来一盆水，泼在地上，对前妻说：“泼出去的水，是再也收不回来了。”

后来，“覆水难收”便比喻一切都已成为定局，不能更改。其实，“覆水难收”就是一种沉没成本。举例来说，如果你预订了一张电影票，已经付了票款而且不能退票。但是看了一半之后觉得很不好看，此时你付的钱已经不能收回，电影票的价钱就是沉没成本。无疑，甘地的一只鞋子和温森的支票都已经成为“沉没成本”。

当然有时候沉没成本只是价格的一部分。比方说你买了一辆自行车，然后骑了几天低价在二手市场卖出。此时原价和你的卖出价中间的差价就是沉没成本。在这种情况下，沉没成本随时间而改变，那辆自行车骑的时间越长，一般来说你的卖出价会越低。

大多数经济学家们认为，如果你是理性的，那就不该在做决策时考虑沉没成本。比如在前面提到的看电影的例子中，会有两种可能的结果：

付钱后发觉电影不好看，但忍着看完。

付钱后发觉电影不好看，退场去做别的事情。

两种情况下你都已经付钱，所以应该不再考虑钱的事。当前要做的决定不是后悔买票了，而是决定是否继续看这部电影。因为票已经买了，后悔已经于事无补，所以应该以看免费电影的心态来决定是否再看下去。作为一个理性的经济人，选择把电影看完就意味着要继续受罪，而选择退场无疑是更为明智的做法。

不计沉没成本也反映了一种向前看的心态。对于整个人生历程来说，我们以前走的弯路、做的错事、受的挫折，何尝不是一种沉没成本。过去的就让它过去，总想着那些已经无法改变的事情只能是自我折磨。

过去所说的话、所做的事均代表着昨天，无论对错，无论你如何后悔都已经无法更改，这与沉没成本的道理是一样的。昨天的成本已经付出了，是赢是亏，都是昨天应该的支出，从今天来看，这些成本是昨天的沉没成本。人在思考问题时老是后悔莫及、悔不当初，其实是非理性的，是自己给自己寻找痛苦。

所以，应该承认现实，勇敢地承认自己过去言行的对与错，把已经无法改变的“错”视为昨天经营人生的坏账损失，今天经营人生的沉没成本。以全新的面貌去面对今天，这样才是一种健康的、快乐的、向前看的人生态度，以这样的态度去面对人生才可能轻装上阵，才可能有新的成功，才会有辉煌的人生和幸福。

## 罗斯福连任三届总统后的感受——边际效用

美国总统罗斯福连任三届后，曾有记者问他有何感想，总统一言不发，只是拿出一块三明治面包让记者吃，这位记者不明白总统的用意，又不便问，只好吃了。接着总统拿出第二块，记者还是勉强吃了。紧接着总统拿出第三块，记者为了不撑破肚皮，赶紧婉言谢绝。这时罗斯福总统微微一笑："现在你知道我连任三届总统的滋味了吧。"

一般来说，人的需要越得到满足，边际效用就会越低，因为人们总是在得不到满足的情况下才会对现有的供给产生很大的满足感。消费某种物品实际上就是提供一种刺激，使人有一种满足的感受，或心理上有某种反应。消费某种物品时，开始的刺激一定大，从而人的满足程度就高。但不断消费同一种物品，即同一种刺激不断反复时，人在心理上的兴奋程度或满足必然减少。或者说，随着消费数量的增加，效用不断累积，新增加的消费所带来的效用增加越来越微不足道，也就是边际效用是不断递减的。

为了对此加深理解，先讲一个简单的例子。

俄国的克雷洛夫写过一则寓言《杰米扬的汤》，说的是有一个叫杰米扬的人，他做的鱼汤非常鲜美，他本人也以此为荣。有一次，一个朋友来拜访他，他给朋友做了香喷喷的鱼汤，"上面漂着一层油，像琥珀一样"，里面都是"鲟鱼片和内脏"。朋友很快喝完一碗，在朋友刚放下碗时，杰米扬又端来了第二碗。朋友边喝边和他聊天，很快第二碗也下肚了。为了显示自己的热情，杰米扬又盛了第三碗，朋友实在是不想喝了，但耐不住他的热情，终于勉强喝完。当看到杰米扬端出了又一碗汤时，朋友最后吓跑了，从此再也不敢到杰米扬家做客了。

当朋友喝第一碗汤时，感到无比鲜美，在经济学家看来，就是这碗汤发挥了效用。所谓效用就是指人们消费某种物品时所得到的满足程度。例如，吃一个面包得到物质上的满足，或看一场电影得到的精神满足。效用完全是消费者的主观感觉，取决于个人的偏好，没有什么客观标准。

尽管效用是主观的，但所有人的消费都遵循一个共同规律，这就是随着所消费的同一种物品的增加，给消费者带来的满足程度是递减的。例如，朋友喝杰米扬的第一碗汤时，一定感到味道鲜美（满足程度高），喝第二碗汤的感觉不如第一碗汤那么好（满足程度减少了）。当喝了一碗又一碗时，满足程度越来越低，最后成为痛苦（负效用），以至于不得不逃之夭夭。这就是边际效用递减规律。

现在许多企业都为产品卖不出去发愁。其实产品卖不出去，并不是消费者没有购买能力，而是你的产品不能满足消费者的要求，给消费者带来了边际效用递减，成了“杰米扬的汤”。

如瓷器市场上几乎都是图案与造型极为相似的青花瓷，这种同样的瓷器，你顶多需要一套就可以了。相同的瓷器再多就边际效用递减了，甚至没地方放，边际效用就为负的了。但是不是瓷器市场就这样有限呢？当然不是。相同的瓷器才带来边际效用递减，不同的瓷器就不存在边际效用递减——记住，边际效用递减是对同样东西数量增加而言的，不同的东西满足消费者的不同需要，就没有边际效用递减。瓷器可以有不同造型与图案，每种瓷器可以满足不同需求，带来不同的效用。例如，实用性的瓷器可以在生活中用；艺术瓷器可以作为欣赏，给消费者带来精神享受；被儿童喜爱的动画瓷器，可以满足父母爱孩子的需求，则是另一种满足。这样的三套瓷器当然就不存在边际效用递减，因而也就不会没有需求了。

消费者对物品有多大需求取决于它消费这种物品得到了多少边际效用。消费者从一种物品中得到的边际效用大，就愿意出高价买。反之，消费者从一种物品中得到的边际效用小，就只愿出低价。如果边际效用为零，甚至负数，像杰米扬的第三、第四碗汤，消费者决不会买。

## 杨振宁为什么选择理论物理？——比较优势

杨振宁曾在芝加哥大学做实验物理的研究，然而他的研究工作并不太顺利。虽然师长们对他的见识非常欣赏，但缺乏动手能力却成了杨振宁的死穴。他自幼便是左撇子，好不容易才被母亲纠正过来。

关于杨振宁的笨手笨脚有个笑话：杨振宁小时候曾用泥捏了一只鸡，拿给父母看，杨武之夫妇为了鼓励他，夸奖说：“这支藕做得真不错！”而在芝加哥大学，“哪里有爆炸，哪里就有杨振宁”的笑话，更是一直流传至今。杨振宁后来在他的导师特勒的建议下，转攻理论物理学。

1957年，因和李政道合作提出了宇宙不守恒理论，最终获得诺贝尔物理学奖。

实验物理并不是杨振宁的强项，继而他转攻理论物理，才在最大限度上发挥了他的比较优势。在经济学上，比较优势的意思是说生产一种物品机会成本较少的生产者在生产这种物品中有比较优势，比较优势主要是用来衡量两个生产者的机会成本。除非两个人有相同的机会成本，否则一个人就会在一种物品上有比较优势，而另一个人将在另一种物品上有比较优势。

举个简单的例子，乔丹是一位出色的篮球运动天才，在他的篮球生涯中留下了光辉的一页。我们可以设想，他也很有可能在其他的某项活动中也出类拔萃。例如，乔丹修剪自己家的草坪大概比其他任何人都快。但是仅仅由于他能迅速地修剪草坪，就意味着他应该自己修剪草坪吗?

为了回答这个问题，我们可以用机会成本和比较优势的概念。比如说乔丹能用2个小时修剪完草坪，在这同样的2小时中，他能拍一部运动鞋的电视商业广告，并赚到1万美元。与他相比，住在乔丹隔壁的小姑娘玛丽能用4个小时修剪完乔丹家的草坪。在这同样的4个小时中，她可以在快餐店工作并赚30美元。

在这个例子中，乔丹修剪草坪的机会成本是1万美元，而玛丽的机会成本是30美元。乔丹在修剪草坪上有绝对优势，因为他可以用更少的时间干完这件活。但玛丽在修剪草坪上有比较优势，因为她的机会成本低。

从绝对优势上来说，乔丹比玛丽更适合修剪草坪。但是从比较优势上来说，玛丽更应该修剪草坪，因为她修剪草坪的机会成本要比乔丹低得多。因此，乔丹去拍商业广告，玛丽修剪草坪是符合经济学的劳动分工。

其实，比较优势的理论还可以解释贸易的问题。只要两个人有不同的机会成本，每个人都可以通过以低于自己生产时的机会成本的价格得到一种物品，而从贸易中获益。这些利益的产生是由于每个人集中于机会成本低的活动。

比较优势的思想虽然深入人心，但是有不少人不以为然。曾有人建议林肯从英国那里购买便宜的铁轨去建成横跨大陆的铁路，林肯却回答说："在我看来，如果我们从英国购买铁轨，我们得到铁轨，他们得到钱，如果我们自己制造铁轨，我们得到我们的铁轨，并且我们得到我们的钱。"林肯的回答看似无懈可击，只不过从贸易的角度来说，并没有运用比较优势为美国谋得最大的利益。

在经济生活中，机会成本和比较优势的差别引起了交易（交换）的好处。每个人都知道，如果一件东西在购买时所费的代价比自己独自生产时的费用小，就永远不要自己独自生产。例如，裁缝不想制作他自己的鞋子，而向鞋匠购买。鞋匠不想制作他自己的衣服，而雇裁缝制作。

李嘉图指出，贸易的基础并不是绝对优势，而是比较优势。生产并出售自己比较有优势的产品或劳务，购买自己不具有优势的产品或服务，各方都可以获益，这就是贸易的双赢原则。按照比较优势进行分工，即使是再落后的国家，也可以找到自己的比较优势，也可以通过贸易强国。

比较优势的原理是国际贸易的最基本的理论，直到今天，它仍然是指导国际贸易实践的核心理论。理解比较优势原理，对我们理解贸易的利益和原因，对于我们坚定奉行自由贸易政策具有重要的价值。

## 所罗门王的智慧——信息甄别

两位母亲争夺一个孩子，双方都声称自己是孩子的亲生母亲，僵持不下。在那个没有亲子鉴定、DNA 检测的时代，不可能用科技手段证明事实的真相。主持调解的所罗门王下令手下拿把刀来，告诉她们，将孩子一斩两半，两人各得一半。这时一位母亲的反应是"我得不到孩子，她也别想得到，斩就斩"，另一位母亲则哀求道"王啊，求你不要斩孩子，我把孩子让给她好了"，所罗门王此时已经知道心疼孩子的是真正的母亲，就把这个孩子判给了她。

我们生活在信息社会中，每天都要接收到来自四面八方的信息，这些信息泥沙俱下，真假夹杂。提升自己甄别信息的能力，这是每一个经济人的基本能力。信息甄别是市场交易中没有私人信息的一方为了减弱非对称信息对自己的不利影响，能够区别不同类型的交易对象而提出的一种交易方式，方法。所罗门王判案是一次典型的信息甄别案例。

在市场经济中，消费者面对琳琅满目的商品和纷繁的信息，甄别是一项非常复杂的工作。在所罗门判案的例子中，其实所罗门王并没有将孩子劈为两半，而是发出“将孩子劈为两半”的信号来甄别谁才是孩子的母亲。在我们的经济生活中，信息发送与信息甄别是比较常见的。

市场中的卖方，如果手中的商品有可能不为顾客所熟悉，但是商品质量确实比较高，他就会主动将商品信息向买方传递，让买方了解商品的信息。我们在市场中可以看到这样的情形：卖西瓜的小贩，会问你要不要给你挑好的西瓜切个三角形口子，如果不是鲜红的瓜瓤就不要你的钱了，这就是信号发送。

市场中的买方，因为怕自己得不到商品的真实信息而吃亏，面对纷繁的信息来源，买方必须运用自己的信息甄别能力来作决策。比如你要买一件羽绒服，就要想方设法知道里面究竟是鸡毛还是鸭绒。

为了降低信息甄别的成本，买方往往会要求卖方提供有关私人信息的可靠证据。当你买一件较贵重的物品时，对实际价值与价格不能鉴别，正在犹豫要不要买，老板有可能把进货的发票在你面前晃一下，以表示这样的价格他只赚点毛利。

虚假信息的普遍存在，在商场上十分明显。所谓“兵不厌诈”，很多商家都对其竞争对手、客户，甚至政府机关输送大量的虚假信息。例如有的商家为能销售低质产品，大产品进行虚假宣传；个别商家为能逃税漏税，假造各种单据；还有商家为了挤兑对手，大肆向外界做虚假的宣传……

而要获得准确的信息，消费者就要具备一定的能力：信息甄别能力。相信很多人都会收到类似中奖多少的手机短信，如果不加甄别，往往会吃亏。

福州的陈女士收到这样一条短信：本行接银联通知：您在南街大洋百货刷卡消费 7585 元已确认成功。此笔金额将从您的银联卡上扣除，如有疑问请咨询我行城南客户受理中心 0591 — 2271XXXX。中国建设银行福州银联管理中心。

收到这短信，她的心咯噔了一下，她确实有张建行的信用卡，几天前还借给朋友使用过。陈女士很焦急，她现在联系不到那个朋友。

在这种情况下，应该如何甄别此条信息呢？既然陈女士联系不上她的朋友，她就应该通过其他途径甄别信息的真伪：可自己去银行实地查询，或打银行的电话查询（当然不是短信上告知的电话）。

该如何降低信息虚假性带来的损害？这是让很多人头痛的问题。经过上面的分析，信息的虚假性很难避免，为了提高信息甄别的质量，人们能做的就是不断采用各种方式筛选信息。一般来说，甄别信息的方法主要有以下几种：

1．根据信息来源途径判别。第一手信息资料是相对可靠的，如果是道听途说，可靠程度就会降低。

2．不盲目相信自己已获取的信息。根据自己的理性判断以及原有的经验来判断，不对获取的信息轻易下结论。

3．多渠道获取信息。扩大信息获取的途径，广泛的信息量有助于自己作出理性的决策。

4．向权威机构核实。比如自己不能对市场上的高仿真钞票进行鉴别，应该向银行或其他部门核实。

## 狄德罗丢掉旧长袍之后的烦恼——配套效应

18世纪，欧洲掀起了一场轰轰烈烈的启蒙运动，法国人丹尼·狄德罗正是这场运动的代表人物之一。他才华横溢，不但编撰了世界上第一部《百科全书》，还在文学、艺术、哲学等诸多领域做出了卓越贡献，是当时赫赫有名的思想巨人。

有一天，一位朋友送给狄德罗一件质地精良、做工考究、图案高雅的酒红色长袍，狄德罗非常喜欢。于是，他马上将旧的长袍丢弃了，穿上了新长袍。可是不久之后，他就产生了烦恼。因为当他穿着华贵的长袍在书房里踱来踱去时，越发觉得那张自己用了好久的办公桌破旧不堪，而且风格也不对。于是，狄德罗叫来了仆人，让他去市场上买一张与新长袍相搭配的新办公桌。当办公桌买来之后，狄德罗神气十足地看着自己的新书房。可是他马上发现了新的问题：挂在书房墙上的花毯针脚粗得吓人，与新的办公桌不配套！

狄德罗马上打发仆人买来了新挂毯。可是，没过多久，他又发现椅子、雕像、书架、闹钟等摆设都显得与挂上新挂毯后的房间不协调，需要更换。慢慢地，旧物件挨个都更新完了，狄德罗得到了一个神气十足的书房。

这时，这位哲人突然发现“自己居然被一件长袍胁迫了”，更换了那么多他原本无意更换的东西。于是，狄德罗十分后悔自己丢弃了旧长袍。他还把这种感觉写成了一篇文章，题目就叫《丢掉旧长袍之后的烦恼》。

整整过了两百年之后，在1988年，美国人格兰特·麦克莱肯读了这篇文章，感慨颇多。他认为这一个案具有典型意义，集中揭示了消费品之间的协调统一的文化现象，并借用狄德罗的名义，将这一类现象概括为“狄德罗效应”，也称为配套效应。

在人们的观念里，高雅的长袍是富贵的象征，应该与高档的家具、华贵的地毯、豪华的住宅相配套，否则就会使主人感到“很不舒服”。这种“配套效应”在事物的联系中为整个事物的发展提供了动因，从而促进了周围事物的变化发展和更新。

狄德罗效应在生活中可谓屡见不鲜。在服饰消费中，人们会重视帽子、围巾、上衣、裤子、袜子、鞋子、首饰、手表等物品之间在色彩、款式上的相互搭配。在装修时，我们会注重家具、灯具、厨具、地板、电器、艺术品和整体风格之间的和谐统一。这些都是为了实现“配套”，达到一种和谐。

生产厂家和商场可谓最善于利用这种配套效应了。配套效应的核心并不在于那件新长袍的风格样式，而在于它所象征的一种生活方式，后面的一切都是为了这种生活方式的完整构成。所以，厂家和商家往往会想方设法，利用这一效应来推销自己的商品。他们会告诉你这些商品是如何与你的气质相配，如何符合你的档次等等。总之一句话，它们都是你不能不拥有的“狄德罗商品”。比方说，劳力士手表和宝马汽车都宣称自己是成功和地位的标志，所以如果你拥有了一块劳力士手表，那么你就应该考虑以宝马代步，这样才不会失掉自己的“面子”。

很多人都有这种经历：在外出购物时明明只想买一样东西，结果却买回了一大堆。比方说，出门时只想买一件衬衫，但买下衬衫之后，又觉得跟裤子不配套，于是又去买了一条新裤子。穿上裤子，又觉得皮鞋的式样不般配，只好又去买双皮鞋。回到家才发现，原本只想花几十块钱，最后却花了好几百。

又比方说，买到一套三室两厅的新住宅之后，自然要好好装修一番。首先是铺上大理石或木地板，然后以黑白木封墙，再安装像样的吊灯；四壁豪华之后，自然还想配上一些高档家具。而一旦住上了这样的高档住宅，出入时显然不能再穿旧衣烂衫，必定要“拿得出手”的衣服与鞋袜。如此这般下去，所有这一切，都只是为了跟这套房子配套。

其实，应该警惕这种预料之外的开支。还没有到月末，就发现这个月已经大大超支，原因是买了许多不在计划之中的“狄德罗商品”。再比如原本计划得好好的日程安排，却由此被弄得乱七八糟。

# 第十四章

# 创富有一套：做生意，远离经济学陷阱

## 阿尔迪凭什么战胜了沃尔玛——价格战

大约75%的德国人都常在“阿尔迪超市”购物。阿尔迪ALDI是德国的廉价连锁超市，它在德国有3600多家连锁店。

“阿尔迪”的成功法则，就是其“疯狂”的低价。它的商品价格，比别人便宜10% ~ 20%，甚至便宜一半。按说“沃尔玛”凭借其强大的供应链管理，已经是以平价著称，但在进军德国市场时，却在“阿尔迪”的价格战中落败，于2006年怆然撤离德国。

那么，阿尔迪是如何做到的呢？首先，阿尔迪的商品种类很少，只提供同类商品中质量最好的产品，每种商品只有一种规格的包装。为保证产品质量，阿尔迪找到那些名牌产品的代工大厂，委托它们生产，并冠以“阿尔迪”自己的品牌。在2009年，其自有品牌所占销售额的比例超过85%。所以，阿尔迪的商品，和名牌产品的质量可以不相上下，但价格却可以远远低于名牌产品。在保证商品质量的同时，阿尔迪的商品种类不多。沃尔玛有15万种商品及规格，而它却只有1400种。这样使它单个商品的销售量很大，平均每个商品的年销售额达到3800万美元，而沃尔玛仅是它的1/20。这使得阿尔迪的议价能力很强，采购成本也就更低。

品种少，虽然为顾客带来相应的选择也少，却也有另一个好处，就是顾客在买东西时，省心，购物快捷。在店面选址和设计上，阿尔迪也是能省则省。它的店址，均选在居民区、大学校区附近或边缘，以保证客流量。店面不大，多在500～1100平方米，以减少租金和水电费用。只有少量日用品或食品，设有货架或冷柜，多数商品都是按照出厂的纸箱和托盘，摆放在店里。整个超市看起来就像一个仓库，非常简陋。

价格战三字恐怕任何一个企业经营人员都不会陌生，它更使许多企业谈虎色变，人们对它早已是杯弓蛇影，对由它所导致的市场无序竞争更是深恶痛绝。

很多人认为，价格战对企业来说消极作用是主要的。因为价格战往往以牺牲利润为代价。如果企业长期搞低价销售，那么利润会减少，相应会减少在研发、技改、营销、管理等领域的投入，致使发展后劲不足。而发展后劲不足又会反过来进一步影响企业的经营业绩，使得企业陷入恶性循环的泥淖。

降价竞争对有的企业是战略决策的需要，对有的企业则是市场环境下的无奈的行动。启动消费、抢夺市场是企业生存的关键，生产的产品难以售出则意味着危机，利润一时没了，来日还可以挣回，市场没了，则等于丢了江山，这才是生命攸关的大事。

值得关注的是，在近几年的价格战中，无论是哪个行业，挑起价格战的企业都得到了不小的好处，有的市场份额大幅上升，确立或稳固了行业龙头老大的位置；有的知名度迅速提高，赢得了消费者倾心，这正是降价策略的魅力所在。

实际上，每个行业在发展之初，由于其技术上的不成熟和资源配置、利用的不合理会导致成本偏高，致使价格居高不下，而一些垄断行业更是在国家的保护之下垄断价格。随着垄断的打破，技术的进步，资源的合理配置利用，规模的扩大，生产成本会逐渐降低，也给降价提供了空间。随着价格逐渐逼近成本，企业无利润可赚时，其他的竞争形式，包括品牌竞争、质量竞争、服务竞争、产品品种竞争以及技术竞争等就成为了企业竞争的主体，企业的品牌、服务、质量、技术的提高同时就会促进整个行业的提高和进步。因此，在一定程度上，“价格战”既可以促进行业自身进步，也可以促进相关行业的发展。

一些行业的价格竞争已到了白热化的地步，许多人担心，价格竞争过度会导致“行业垮台”，但在世界各国的市场经济发展过程中，从来没有过因为价格竞争而导致“行业垮台”的先例。因为价格竞争的一种结果是资源的优化配置和资源利用效率的提高。在资源有限的条件下，提高效率是发展的根本途径，严酷的竞争环境会导致技术的加速进步和质量的大幅提高，同时也使企业竞争力提高。

由此说明，在激烈的竞争环境下，立足于企业的现实，即使在多种多样的营销策略面前，价格的作用仍不可忽视，价格竞争的环境还没有消失，价格仍是企业掌握的一张竞争王牌。甚至有人说：“很难想象，如果没有价格的竞争手段，企业还能依靠什么在市场竞争中取得优势。”

有人认为：降价，降低了厂家的利润空间，使厂家再投入能力不足，而影响了产品质量，是对消费者、对企业不负责任的表现。诚然，一分钱，一分货，价格同质量在消费者心中存在一定的依存关系，在价格战中，一些不堪重负的企业也可能以低质量作代价，但如果以价格战中有质量下降的现象出现而否定价格战，显然有失偏颇。我们看到，在彩电、汽车、电脑、影碟机等行业，价格在一年一年下调，而产品质量却一年一年提高，而且，哪个行业价格竞争激烈，哪个行业产品质量提升迅速。这种现象与我们价格战的具体形式和特定竞争环境是不可分的。

各行业的价格战中，挑战者几乎都是本行业中的领先企业，它们拥有良好的产品形象和企业形象，它们的降价借助的是有声望的产品和企业声誉，很难在消费者心中形成低质量心理，而且，若以低质量为代价显然与其企业战略是背道而驰的。技术推动型的价格竞争是伴随产品的升级换代而产生的，旧款产品降价的同时，必然有功能更全、质量更高的新产品上市。在价格战中，一些规模不大、经营不善、资金缺乏、无竞争实力的企业为了暂时的还击，会以降低产品质量为代价，但在市场竞争中，质量的降低无疑意味着自取灭亡，这又正是价格战所要达到的目标之一。

面临市场的严峻挑战和各行业内部结构上的矛盾，价格战是时势所致，不可阻挡，它是国内市场转轨时期的必然，也是企业在市场转型期逐步适应市场，从幼弱走向成熟的必经阶段。它所带来的利是长远的、根本的，带来的弊是暂时的、必要的。

## 定价多少才有收益——边际成本

从北京开往石家庄的长途车即将出发。客车的票面价格是 50 元。一个匆匆赶来的乘客见一家国营公司的车上尚有空位，要求以 30 元上车，被拒绝了。他又找到一家也有空位的私人公司的车，售票员二话没说，收了 30 元允许他上车了。

哪家公司的行为更理性呢？乍一看，私人公司允许这名乘客用 30 元享受 50 元的运输服务，当然亏了。但如果用边际分析法分析，私人公司的确比国营公司精明。

当我们考虑是否让这名乘客以 30 元的票价上车时，实际上我们应该考虑的是边际成本的概念。边际成本是增加一名乘客所增加的收入。在这个例子中，增加这一名乘客，所需磨损的汽车、汽油费、工作人员工资和过路费等都无需增加，对汽车来说多拉一个人少拉一个人都一样，所增加的成本仅仅是发给这个乘客的食物和饮料，假设这些东西值 10 元，边际成本也就是 10 元。边际收益是增加一名乘客所增加的收入。在这个例子中，增加这一名乘客增加收入 30 元，边际收益就是 30 元。

在这个例子中，私人公司让这名乘客上车是理性的，无论那个售票员是否懂得边际的概念与边际分析法，他实际上是按边际收益大于边际成本这一原则作出决策的。国营公司的售票员不让这名乘客上车，或者是受严格制度的制约（例如，售票员无权降价），或者是缺“边际”这根弦。

从经济学来分析这一现象，说明商品有两种价格，一是它的生产成本；二是消费者愿意出的价格。前者位于商品的边际成本线上，后者位于消费者的需求线上。这两种价格是彼此独立的，互相不发生影响。企业应该明白这样一个道理，即价格应定在边际成本上，边际成本就是指在一定产量水平下，增加或减少一个单位产量所引起成本总额的变动数，用以判断增、减产量在经济上是否合算，这样的定价可以避免浪费，使商品得到最大的产出，造福于社会。

例如，某企业生产某种产品100个单位时，总成本是5000元，单位产品的成本是50元。若生产101个单位时，其总成本为5040元，则所增加一个产品的成本为40元，边际成本即为40元。当产量未达到一定限度时，边际成本随产量的扩大而递减，但当产量超越一定限度时，就转而递增。所以，当增加一个单位产量所增加的收入高于边际成本时，是合算的；如果低于边际成本就是不合算的。因此计算边际成本对制定产品决策具有极其重要的作用。

王永庆被誉为台湾的“经营之神”，其经营之道备受推崇。20世纪50年代初，王永庆表示要投资塑胶业。当地一个有名的化学家，公然嘲笑王永庆根本不知道塑胶为何物，开办塑胶厂肯定要倾家荡产！其实，王永庆作出这个大胆的决定，并不是心血来潮，铤而走险。他认为，烧碱生产地遍布台湾，每年有70%的氯气可以回收利用来制造PVC塑胶粉。这是发展塑胶工业可以降低成本的一个大好条件。

1954年，王永庆创办了台湾岛上第一家塑胶公司。3年以后建成投产，立刻就遇到了销售问题。首批产品100吨，在台湾只销出了20吨，明显地供大于求。按照生意场上的常规，供过于求时就应该减少生产。可王永庆却反其道而行之，下令扩大生产！

这一来，连他当初争取到的合伙人，也不敢再跟着他冒险了，纷纷要求退出。王永庆决定背水一战，变卖了自己的全部财产，买下了公司的全部产权。王永庆有自己的算盘，他相信自己产品销不出去，并不是真的供过于求，而是因为价格太高——要想降低价格，就只有提高产量以降低成本。

第二年，他又投资成立了自己的塑胶产品加工厂——南亚塑胶工厂，直接将一部分塑胶原料生产出成品供应市场。事情的发展，证明了王永庆的计算是正确的。随着产品价格的降低，销路自然打开了。台塑公司和南亚公司双双大获其利！从那以后，王永庆塑胶粉的产量持续上升，使他的公司成了世界上最大的PVC塑胶粉粒生产企业。

当然，台塑的成功还有其他方面的努力，如内部管理、与政府的良好关系等，但最关键的是台塑通过将自己的产量扩大，从而达到边际成本最低，这是台塑成功的法宝。

任何增加一个单位产量的收入不能低于边际成本，否则必然会出现亏损；只要增加一个产量的收入能高于边际成本，即使低于总的平均单位成本，也会增加利润或减少亏损。计算边际成本对制定产品决策具有重要的作用，当产量增至边际成本等于边际收入时，将为企业获得其最大利润的产量。因此，考虑边际成本有助于企业制定最佳决策。

## 走出定位的泥沼——市场定位

某省一位茅台啤酒代理商百思不得其解：茅台这么大的牌子，可茅台啤酒就为啥不被市场所接受呢？作为中国白酒类第一品牌的延伸产品——茅台啤酒，按品牌法则是应当红红火火的，可是什么原因使茅台啤酒这么多年来一直没做起来呢？

茅台啤酒也曾做过定位：茅台啤酒，啤酒中的茅台。其广告一段时间内也在央视强势推出，可市场的反应平平。但是还是有很多消费者会反问：茅台也有啤酒？茅台生产啤酒吗？

一个冠名茅台的啤酒就和茅台白酒一样好！这个逻辑行得通？这些年茅台啤酒可以说是陷于困境：普通的人嫌它价贵不消费，高端人士不喝因为没有消费它的理由。白酒价有高低之分，产品形象有尊贵与否之别。而啤酒却只有价格高低之分，没有产品形象尊贵之别！所以在地摊小店喝扎啤的人不会感到好有面子，而在五星级酒店喝扎啤的人也不会感到丢面子。

“定位”理论是美国营销学会评选出的有史以来对营销界影响最大的观念。定位的力量，来自对认知优势的充分发掘，所以定位的首要原则就是符合顾客已有的认知。一旦品牌认知与定位相冲突，就很难获得成功。

娃哈哈从 AD 钙奶到纯净水的延伸成功了，但向童装的延伸却失败了。从 AD 钙奶到纯净水的延伸，其实后者是借助了前者品牌在渠道和分销的优势。而童装呢？渠道的优势完全没有了，它期望利用的是它品牌儿童专家的定位。娃哈哈是儿童专家吗？“哇哈哈？你说的是那个生产纯净水的吗？”消费者根本不认可这样的定位。

万宝路既是香烟品牌又是休闲服装品牌。而万宝路是什么？人们想到的是那个极富魅力的牛仔形象，男人的象征，那万宝路服装就是牛仔的服装。所有的这一切是建立在消费者认可的基础上的。

就产品定位而言，至少存在以下五方面的误区：

1．把品牌定位看作市场划分。很多企业一说定位，就喊出我们做什么行业，不做什么行业，然后把市场再分成高中低档市场，开大会小会讨论我们到底做哪个，哪个已经做了，哪个还没做等等。其实，这个问题在业务战略或市场细分、目标市场选择时就应该搞定。因为，市场细分时，这个变量是不可或缺的。所以，品牌定位不是市场划分。

2．把品牌定位看作产品差异化。定位也讲差异化，但更多的是战略层面的，在同一定位下面，不同产品可以有不同的差异化策略。

3．把品牌定位看作竞争优势。比如，一个品牌的定位是“天然”，他们的员工会到处说：天然是我们的优势。这句话，就把定位和竞争优势画等号了。再如，一个品牌具有领先的技术优势时，它们的员工也会鼓吹：我们这个品牌的定位就是技术领先。同样把定位和竞争优势画等号了。

4．把品牌定位看作广告语。广告语，确实有传播定位的职责。所以，从广告语里能够看出一个品牌的定位和承诺。但广告语可以不断更换，定位却不可以。市场上曾出现一种K可饮料，这个品牌最初的宣传定位是原生态饮料，后来变成健康饮料，后来又变成保健饮料。推出的产品包括：人参花蕾花饮、“K可”西洋参饮、“K可”灵芝饮、“K可”养生元饮、“K可”枸杞饮。过多的概念和过复杂的产品，使顾客无法弄清这个品牌究竟代表什么。

5．把品牌定位看作企业价值观。这一般是老板们犯的错误，把定位说来说去，就和企业文化画等号。在企业，如果一定要划分大小的话，企业价值观应该大于品牌定位，它是针对企业生存价值而言的，是企业非标准、做事原则、员工风气等。通俗来讲，是企业的宗教。而品牌定位是针对消费者而言的，是考虑到价值观基础上的，与消费者直接沟通的工具。

很多产品的定位大多是功能性的，单一性的。比如高露洁就是“防蛀”专家，七喜就是“非可乐”。当科技使人类生活获得更多自由后，人们对品牌的认识不仅停留在功能上，更是扩充到情感世界、生活态度等概念上。

如果星巴克在 10 年前还只是一个咖啡店的名字，今天已经成为一种生活标志。所以越来越多的企业用概念跨越的方法来打造单一品牌的多领域跨越。

由于不少企业对定位普遍的误读、误解、误用，造成一方面企业以为自己懂定位，有定位，在用定位，但另一方面企业营销普遍受困于定位瓶颈，造成产品滞销、竞争乏力的矛盾局面。

## 赔本的买卖做不做——固定成本与可变成本

假设你经营着一家炸鸡店，每块炸鸡的平均成本是 10 元。若售价是每块 12 元，每块炸鸡可以赚 2 元。若售价是每块 10 元，则不赔不赚，收支相抵。虽然利润是零，可是成本中包括了机会成本和会计利润，依旧可以继续经营。假如因为某种意外情况每块炸鸡的售价需要降到 8 元，每卖一块炸鸡就要赔 2 元。那么，我们现在还要继续经营下去吗？

如果想回答这个问题，我们必须分析成本与收益。收益非常简单，就是售价乘以售出的炸鸡块。可是，还要仔细分析一下成本。成本就是投入的生产要素量乘以价格。短期内，投入的生产要素分成固定投入（比如机器设备）和可变投入（比如劳动）。固定成本必须包括租赁店面的租金、开店所需资金的利息、炸鸡设备的折旧，还有员工工资。而可变成本包括用于可变投入的开支，例如用于炸鸡原料的开支、燃料开支以及临时雇小工的工资等。这两种成本的和就是总成本。分摊到每块炸鸡上的成本就叫做平均成本，它是平均固定成本和平均可变成本的总和。

所谓固定成本，就是指在短期内是固定不变的。在上面的例子中，就算你一块鸡都不炸，短期中你的店面无法退租，设备不能转卖，租金与设备的折旧费依旧要支出，更别说贷款利息了。但是若产量增加，例如生意非常好，一天炸了几百块，该成本也依旧不会增加。而平均固定成本会随着产量的增加而不断减少。比如固定成本是每月 6000 元，若只炸 100 块，那么每块鸡的平均固定成本是 60 元，若炸 1000 块鸡，那么每块鸡的平均固定成本就是 6 元，若炸一万块，则每块鸡的平均固定成本就是 0．6 元了。固定成本指在刚开始时它就支出了，一旦支出就收不回来了。

可变成本是指在短期内可以随产量的变动而发生变动的成本，当没有产量时就无可变成本，当产量增加时它也就会随之增加。不过需要注意的是，平均可变成本的变动和可变成本并不一样。可变成本随着产量的增加而不断增加，而平均可变成本却和它不一样。当产量开始增加时，平均可变成本反而减少。等达到某一种产量时，平均可变成本达到最小值之后，当产量再增加时，平均可变成本就又增加了。

在做短期决策时，不必考虑固定成本或者平均固定成本，仅仅需要考虑可变成本和平均可变成本。在上面的例子中，假设在正常情况下，每月炸 1000 块鸡，总成本是 1 万元，其中 6000 元是固定成本，4000 元是可变成本，那么每块鸡的平均固定成本是 6 元，平均可变成本是 4 元。在做决策时，固定成本可以不用考虑，只要能够弥补可变成本便可坚持经营。

因此，短期内的营业条件为：

可变成本 = 总收益 = 产量 × 价格

对于每块炸鸡来说，此条件可以写成：

平均可变成本 = 价格

这一条件也叫停止营业点，也就是说，在此时是否经营结果都相同，经营时支出的平均可变成本 (4 元 ) 得以弥补，可是固定成本的损失并没有减少。若不经营，可变成本不必支出，固定成本的损失依旧一样。在这个停止营业点上，即价格高于平均可变成本时，必须经营，这时因为高于平均可变成本的价格那部分可以弥补固定成本。在上面的例子中，价格是 8 元，平均可变成本是 4 元时，每出售一块炸鸡就可以得到 8 元，用 4 元来弥补平均可变成本，其余 4 元用来弥补平均固定成本。如此，平均固定成本的损失就从 6 元减至 2 元，当然是有好处的。亏损 2 元，当然要比亏损 6 元好。此时，利润最大化的原则就变成亏损最小化。若价格低于平均可变成本，则不管怎样都不能继续经营。上面的例子只是一个假想而已。其实在很多行业中都存在这样的情况。

辽宁兴城是一个美丽的海滨小城，这里的旅游业较为发达，一到夏季便游人如织，但每年的 10 月到来年的 4 月，长达半年的时间里，海滨的高级饭店和旅游景点的生意就很清淡，游人很少。不过即使是在旅游淡季，饭店和景点仍然在开门营业。既然这个时段赚钱不多甚至会亏本，他们不关门继续营业的原因就在于固定成本的因素。这是因为饭店和景点的成本主要是固定成本，如租房费用，它已经支出了，如果关门歇业的话，放着也是放着，照样会折旧，不如继续开门营业，只要收入能支付可变成本就行了。

当需求不旺时，以上行业常常使用降价或者打折等办法来吸引消费者。平均可变成本的概念让我们知道降价的下限为多少，即短期内的价格下限为平均可变成本。在正常情况下，不管是进行价格战，还是在淡季用折扣来吸引消费者，价格都不能比平均可变成本低。因为若低于这个水平，连可变成本都无法收回，那么企业就没有办法继续经营了。

就算价格低于平均成本，企业也依然要正常经营，听起来似乎有点不合常理，可是在了解了固定成本和可变成本的区别后，你就会认为这种决策是合乎情理的。

## 规模越大，成本越低？——规模经济

某大型啤酒厂月产10万吨啤酒，耗用资本为100个单位，耗用劳动为50个单位。现在扩大了生产规模，使用200个单位的资本和100个单位的劳动（生产规模扩大一倍）。啤酒厂当然希望产量大于20吨，如果能达到这样的结果，则称之为“规模经济”。

规模经济是指由于产出水平的扩大或者生产规模的扩大而引起产品平均成本的降低。反之，如果产出水平的扩大或者生产规模的扩大而引起的产品平均成本的升高，则将其称作“规模不经济”。

在实际生产中，我们也看到大部分企业都在力争扩大生产规模。那么，规模扩大，为什么很有可能出现成本降低呢？

第一，大规模生产有助于更好地实现“专业化分工协作”。亚当·斯密在《国富论》中已经以大头针行业为例说明了这个问题。一个受过专业训练的人，一天下来也只能做一个大头针，但是如果将生产化分为18道工序，每人只承担一道工序，平均算下来，大头针的人均日产量竟然可以达到4800个。这已经很形象地说明规模经济的显著。

第二，除去生产协作的因素外，某些生产要素自身的特性也需要规模经济。某些大型设备与小型设备相比，每单位产出的制造费用和维修费通常就要低。比如国际上的输油管道，如果将其直径扩大一倍，其周长也相应扩大1倍，但由简单的面积计算公式可知，油管的截面积将超过1倍，即其运输能力也将超过1倍。这就是规模经济，每单位原油的运输成本将随之降低。另外，像电脑管理、流水作业这样的先进工艺和技术，只能在产量达到一定水平时才能够采用。比如汽车制造，实施流水线作业时，其成本优势十分明显。一般计算表明，一家汽车制造厂的年产量如果大于30万辆，其生产成本将会比小规模生产大大降低。在20世纪初，美国的福特汽车公司率先应用了大批量生产工艺，从而大大降低成本，成为汽车工业的领军人物。

在现实中，采取多大规模能实现成本最小化，取决于企业生产与市场的特点。从生产的角度来看，一个行业所使用的设备越大，越专业化，技术越复杂，创新越重要，规模就越大越好。从市场的角度看，产品标准化程度越高，需求越稳定，规模就可以越大。例如，在钢铁、化工、汽车等重型制造业中，这些企业的规模往往相当巨大，小企业难以在这些行业生存。

但是，规模经济并不意味规模并非越大越好，对于特定的生产技术，当规模扩大到一定程度后，生产就会出现规模不经济。由于规模过大，信息传递费用增加，信号失真，滋生官僚主义，使得规模扩大所带来了成本增加更大，出现规模不经济。

要实现规模经济，就必须首先谋求单位成本的有效降低。但在实际经营过程中，往往会出现这种情况：随着产量的增加，平均成本先下降；当产量增加到一定数量时，平均成本达到最低；如果产量再增加，平均成本就增加了。也就是说，平均成本先随产量增加而递减，后随产量增加而增加。

有很多企业，成本降不下来，效率上不去，一个重要的原因就在于没有实现适度规模。实现适度规模的原则适用于所有行业，不过各个行业实现的方式并不一样。像钢铁、家电、汽车这些行业，生产之间的联系强，因此适于集中生产，即工厂的规模要大，而且集中在同一地区，才能发挥规模经济的优势。另外一些行业如零售商业，采取了集中与分散相结合的方式。集中进货，统一的物流配送，统一的管理制度，保证了成本最低。

相反，如果一个行业使用的设备并不是大型的，技术与生产工艺也不复杂，技术创新所需的资金和承担的风险并不大。从市场的角度看，产品标准化程度低，需求多变，规模就可以小一些。所以，对于企业来说，究竟是规模大一点好还是规模小一点好，得依据现实情况而定。

## 当中国制造遭遇狙击——贸易保护主义

一位美国记者萨拉曾经突发奇想：如果没有中国制造，世界将会怎样？于是她决定从 2005 年 1 月 1 日开始带领全家不买中国产品，看看这一年的生活是怎么样的。萨拉把这一年的很多生活经历与有趣的故事记录了下来，这就是后来成为著名畅销书的《离开中国制造的一年》。

在这一年中，萨拉一家的生活中接连遇到了很多有趣而充满挫折的真实经历——萨拉不得不给 4 岁的儿子购买标价为 68 美金的意大利鞋；老鼠横行，一家人还得为使用“人道”的中国捕鼠器还是“非人道”的美国捕鼠器而犯难。最后，为了不让老公造反、不让儿子失望，在 2006 年元旦，萨拉只能向中国制造“投降”，萨拉在《离开中国制造的一年》的结尾写道：“我们最终决定，还是跟中国进口产品共存的好。发誓一辈子不用中国产品，似乎不太现实。不靠中国产品过日子太难了，至少不懈地坚持下去太难了。我不知道自己还有没有勇气再来一次，从某些方面来说，我情愿不去设想，未来 10 年不靠中国产品过活，日子会有多难。”

当物美价廉的“中国制造”在世界市场“攻城略地”时，很多国家通过不同形式实施贸易保护主义。贸易保护主义是一种为了保护本国制造业免受国外竞争压力而对进口产品设定极高关税、限定进口配额或其他减少进口额的经济政策。它与自由贸易模式正好相反，后者使进口产品免除关税，让外国的产品可以与国内市场接轨，而不使它们负担国内制造厂商背负的重税。

很多国家把中国视为非市场经济国家，从而采用对中国不利的反倾销规则。该规则规定，对非市场经济国家，“只要用来确定正常价值的方法是合适与合理的”，就可用某一市场经济国家相似产品的价格作为标准来确定是否是倾销以及倾销的幅度，并施以对应的高征税措施。这样一来，中国很多出口产品没有倾销而被判定为倾销，本来倾销幅度轻微而被裁定为高度倾销，从而受到严重打击。实际上，这就是贸易保护主义的一种形式。

尽管自由贸易对各国都是好事，但自由贸易的实现是有条件的。在条件不具备时通过征收关税、制定配额、出口补贴等措施限制进口，鼓励出口，以保护本国产业仍是必要的。这里一个很重要的问题是本国什么产业值得保护，什么产业不值得保护，因为不可能所有产业都保护。在这方面幼稚产业论值得借鉴。所谓幼稚产业，是指处于成长阶段尚未成熟、但具有潜在优势的产业。像当年日本的汽车工业就是幼稚产业，对这样的产业，政府加以保护是值得的。穆勒认为，当某一产业规模较小，其生产成本高于国际市场价格的时候，如果任由自由竞争，该产业必然会亏损。如果政府给予一段时间的保护，使该产业发展壮大具有一定规模了再去面对国际间的自由竞争，并能获得利润，那么该产业可以称为幼稚产业。

但是，有时适当的贸易保护主义还是必要的。20 世纪 50 年代，日本汽车质次价高。为了扶植汽车工业，日本政府不仅限制外国汽车的进口，而且通过日本发展银行为国产车提供优惠贷款；其他促进出口的措施还包括出口补贴、出口贷款、特殊优惠税收条款等。这些措施帮助日本汽车工业快速发展，终于在 60 年代中期，日本汽车具有了国际竞争力，在美欧市场上占有了很大份额。

但不管怎么说，贸易保护主义盛行，对任何国家都不是好事，我们应该冲开贸易保护的种种壁垒，开创自由贸易的新时代。

## 新配方差点弄垮了可口可乐——顾客忠诚度

20 世纪 80 年代，可口可乐与百事可乐之间竞争十分激烈。可口可乐为了赢得竞争，对 20 万 13 ～ 59 岁的消费者进行调查，结果表明，55%的被调查者认为可口可乐不够甜。本来不够甜加点糖就可以了，但可口可乐公司花了两年时间耗资 4000 万美元，研制出了一种新的更科学、更合理的配方。1985 年 5 月 1 日，董事长戈苏塔发布消息说，可口可乐将中止使用 99 年历史的老配方，代之而起的是“新可口可乐”；当时记者招待会上约有200家报纸、杂志和电视台的记者，大家对新的可口可乐并不看好。

24小时后，消费者的反应果然印证了记者们的猜测。很多电话打到可口可乐公司，也有很多信件寄到可口可乐公司，人们纷纷表示对这一改动的愤怒，认为它大大伤害了消费者对可口可乐的忠诚和感情。旧金山还成立了一个“全国可口可乐饮户协会”，举行了抗议新可口可乐活动，还有一些人倒卖老可口可乐以获利，更有人扬言要改喝茶水。

此时百事可乐火上浇油。百事可乐总裁斯蒂文在报上公开发表了一封致可口可乐的信，声称可口可乐这一行动表明，声称可口可乐公司正从市场上撤回产品，并改变配方，使其更像百事可乐公司的产品。这是百事可乐的胜利，为庆祝这一胜利，百事可乐公司放假一天。

面对这种形势，1985年7月11日，可口可乐公司董事长戈苏塔不得不宣布：恢复可口可乐本来面目，更名“古典可口可乐”，并在商标上特别注明“原配方”。与此同时，新配方的可口可乐继续生产。消息传开，可口可乐的股票一下子就飙升了。

老的可口可乐的口味已在部分消费者中形成了垄断地位，哪怕可口可乐公司总裁也不能动摇这种地位。顾客忠诚度在某件产品上表现得如此明显，却不多见。

由于市场上的产品非常丰富，同类产品之间趋于同质，消费者选购商品时越来越挑剔，稍有不满意就会转向购买企业竞争对手的产品。为了留住顾客，一些企业开始实施顾客忠诚计划。

但很多企业持有一个错误观念，认为只要消费者对企业提供的产品和服务感到满意，那么，他们就会自然而然地对企业产生顾客忠诚。但是，非常不幸的是，很多顾客对企业持有的满意态度常常只能导致短期的伪忠诚，而不会产生长期的真正忠诚。尽管绝大多数顾客对于企业提供的产品和服务都比较满意，但是这样的满意并不代表就会长期忠诚。

企业误把“伪忠诚”当成真正的忠诚，虽花费大量人力和财力却仍然留不住顾客，这是一种不确定的风险。在强大的竞争面前，突然失去部分顾客群，企业面临生存风险。

所谓伪忠诚，是指消费者虽然在一段时间内表现为重复购买，但只要发现有比现在更多更好的产品或服务时，马上转向竞争者。具体说，有三个特征：

1. 表现为重复购买。在一段时间内，消费者的确是在重复购买某一产品或服务，这种重复购买行为随时可能因其他原因而中断，从而造成企业销售额度大幅下降。

2. 没有情感的忠诚。顾客忠诚应该细分为行为忠诚、意识忠诚和情感忠诚。行为忠诚是顾客实际表现出来的重复购买行为；意识忠诚是顾客在未来可能购买的意向；而情感忠诚则是顾客对企业及其产品的态度。严格说来，行为忠诚和意识忠诚在很大程度都具有不确定性，真正能够为企业带来价值的是情感忠诚。伪忠诚不是基于情感的重复购买行为，而是基于价格、方便、习惯、功能等形成的重复购买行为，属于理性决策，会随着商品及营销环境的变化而随时发生变化。

3. 遇到更好的产品或服务就转向。当消费者注重的是价格、方便、功能等利益因素时，他的购买行为是一种理性的利益比较，如果出现新的更大的利益时，他就会毫不犹豫地奔向更大利益。

伪忠诚是一种假象，它使企业在一段时间内的销售额、利润一直保持令人满意的稳定状态。但是，当客户突然离开时，一切都太晚了，吸引新客户则要付出比留住老客户更大的代价，更重要的是竞争者已经抢占了先机，企业失去了发展的良机，在一段时间内很难通过弥补过失而超越竞争者。

伪忠诚以没有情感忠诚的顾客满意为前提，这种满意是顾客利益满足的结果。这种以让利为特征的竞争手段实际上是一把双刃剑，既伤对手又伤自己，而且谁都可以使用。而要取得竞争优势，获得比对手更高的满意度，企业必须再推出更加诱人的服务手段，如此循环往复，这是一个“钱袋陷阱”，陷入其中将不能自拔。

此外，企业吸引“伪忠诚”顾客的做法意味着将顾客满意扩大到所有客户，结果导致真正需要满意的客户没有达到满意的程度。因为企业的资源是有限的，当企业将有限的资源让利于全体顾客的时候，实际上已经冷落了那些应当努力争取的潜在忠诚顾客，他们会选择离去，从而造成公司留下来的只是一些伪忠诚者，当竞争开始激烈时，企业就会面临没有忠诚者留下的严峻局面。

客户的忠诚是一个逐步发展的过程，认知、满意、忠诚。伪忠诚的顾客并非一群“狡诈之徒”，他们只是处于认知和满意时期，没有上升到忠诚阶段而已。如果此时企业趁热打铁，与客户进行心灵沟通，就可能将认知与满意上升为忠诚。

## 面临利益与诱惑时的抉择——诚信

晚上10点半，下了晚自习，饥肠辘辘。超市打烊了，到哪儿买吃的？近日，南京理工大学的几位同学在宿舍楼里摆起了无人售货摊。方便面、火腿肠、饼干、薯片……种类还不少。从下午5点到第二天早8点，同学们可以按需自取，付款则全凭自觉。

刚开始的时候，有的同学拿了东西不付款，还有的同学把钱罐里的钱也一并拿走了。这说明，有些大学生的诚信意识仍旧有待提高，诚信品质仍旧存在缺失。而经过无人售货摊策划者的暗示、提醒，或者是与个别同学私下里交流，绝大多数大学生也都认识到了自己的不足，都看到了这些无人售货摊背后的另类意义。

经过一些日子之后，“试验结果”越来越让人满意，越来越给人信心，现在无人售货摊上应该收到的货款和实际销售额，已经基本相差无几了。其实对于路过这些无人售货摊的大学生而言，这些无人值守，同时又摆满了各种美食的摊位，本身就是一种诱惑。到底是选择拿了食品不付钱，还是自觉付钱拿食品，其实就是在个人诚信和诱惑之间做选择。现实社会中，很多人之所以不讲诚信，也是因为经受不住各种利益诱惑的结果。

另一方面，即使对于那些没有购买需要的大学生，当他们看见这些无人售货摊的时候，也同样可以起到提醒诚信，反思诚信的作用。比如很多人可能会问，这样卖货，会不会有人不付钱？如果自己需要在这里购买食品，会不会留下足够的钱？如果自己拿东西不付钱，会不会被人看见导致个人信誉受损？能有这种扪心自问，无疑也是一种关于诚信的自我教育。

要求每个人天生就具有不受诱惑的品质，这是一种不可能的奢望。面对诱惑时，我们每个人的诚信都是脆弱的。

人类在生活中为了达到自身利益最大化，在受到某种诱惑时，每时每处都会考虑到成本收益这一问题。任何一个人在进行经济活动时，都会考虑具体经济行为在经济价值上的得失，以便对投入与产出关系有一个尽可能科学的估计。

作为经济人，具有自利性、经济性、计算性的特征。具体来说，追求的效用是行为者自己的效用，不是他人的效用；由于行为者具有自利的动机，总是试图在经济活动中以最少的投入获得最大的收益；蕴涵着一种量入为出的计算理性，成本收益的计算特性是达到经济性的必要手段。

以印尼的“诚信商铺”为例，因为“钱盒子都是透明玻璃或塑料的”，并且，“有许多都是安了摄像头的”，如果选择不付钱或少付钱，就会承担一定的风险；因为“钱盒子几乎都是不透明的纸箱”，“这些商铺中没有一家安摄像头”，如果不付钱或少付钱，也不会有什么风险。面对后者的诱惑时，当然会有人选择不付钱或少付钱。

“天下熙熙，皆为利来；天下攘攘，皆为利往”——这是司马迁在2000多年前的精辟论述。可以说，对利益的追求是人类社会进步发展的原动力，对利益的渴望在人类行为的背后发挥着主导性、操纵性的作用。只不过，面对诱惑时，总是容易激起人们心中的贪念。

在海南有一个专门捕捉猴子的办法，就是在椰子上挖一个合适的洞，里面放满猴子喜欢吃的果物，然后把椰子放在路边，待猴子伸手进去抓东西吃时就去捉猴子。由于猴子手里握有果物，手始终出不来，这样抓猴子，一抓一个准。

其实猴子想跑掉都很简单——只要放开手就行了，但是最终它们是被自己的贪念与经不起诱惑给害了。西方有一位哲学家曾经说过，社会上有很大一部分人群，本质不错，但抵御外界“干扰”的道德自律能力稍差。因而，在诸多金钱、利益的诱惑面前，他们迷失了道德的方向，甚至滑向了犯罪的深渊。

如果忽视其道德价值，任由个人追求自己的利益最大化，而不惜损害他人的利益，那就不仅会引发质量危机、责任危机、信用危机，更有可能导致经济生活的全面混乱，祸害整个社会。贪念和诱惑一联手，就变成了带刺的玫瑰、美丽的陷阱。

在人们对于商业道德的关注度越来越高的今天，不管是个人还是企业，要在当今社会有立足之地，就要善于通过诚信交易，抵制各种利益诱惑、克服脆弱性和劣根性，提高核心竞争力，使自己变得更加坚强。